WILLKOMMEN AUF DER ERDE

WILLKOMMEN AUF DER ERDE

Ein Buch über Erlebtes

Impressum
1. Auflage 2020
Eigenverlag
Copyright © Petra Schurian-Krassnig
Druck: Elanders Hungary Kft.
Printed in Europe

ISBN: 978-3-200-07374-6

QR-Code siehe Umschlag, scannen um mehr zu erfahren!

Alle erzählten Geschichten habe ich tatsächlich erlebt, Namen und
Bilder sind – soweit nicht anders erwähnt – zum Schutz der Person
geändert.

Inhaltsverzeichnis

Interview mit einem Neugeborenen	9
Überrumpelt, zwangsentbunden, verraten und gedemütigt	11
Die Wehenmutter Hebamme Resi	26
Meine erste eigene Geburt	32
Mein Traumberuf	36
Meine erste Geburt in freier Wildbahn	47
Die Vollmondgeburt	51
Geburt unterm Kirschbaum	58
Die verflixte Nähkiste	66
Die Gummistiefelgeburt	69
Eine ungewöhnliche Nachbetreuung	74
Der zukünftige Gynäkologe	78
Die Langzeitmieter	82
Die Glückshaube	87
Ein „gewaltiges" Drama	93
Die Rhesus negative Mutter	103
Der große Wechsel von Hausgeburten zum Entbindungsheim	107
Ja wo bleibt er denn?	113
Na servas Rudl, bist du a scho do?	118
Altstadtfest mit Schutzengel	123
Die Vorweihnachtsüberraschung	126
Die skeptische Schwägerin	130
Der Marillenknödel	134
Das Entbindungsheim wächst und wächst und wächst!	137
Geburtsmöglichkeit – Wassergeburt	142
Ihr Hebammen seid's a Volk	148
Die Marathon-Geburt!	154
Die Fortbildungspflicht der Hebammen	158
Wenn die Geburt ein Alptraum war	160
Die Nie und Nimmerfrau	165
Endlich eine Spontangeburt	169
Wenn Eltern nicht mehr können – Schreikinder	173
Die große Slowenienwelle	179
Martinas Rückwärts-Kinder	184

Die Stutenbissigkeit mancher Kolleginnen	192
Brigitte	196
…und die Arbeit hört nicht auf!	201
Die g´stopfte Tante	205
Unsere African-Queen „Jamie"	210
Das Kuckuckskind	222
Scheiße Mann, ich wollt' ja gar kein Kind	228
Doppeltes Glück für eine Löwin	234
Von wegen „Lustverlust"	241
Rettung in letzter Minute	244
Der Wonneproppen	250
Sternenkinder	259
Die Türkin	266
Schulterdystokie – der Schrecken aller Geburtshelfer	272
Nervenkrieg-Vorsorgeuntersuchungen	277
Konkurrenz statt Kooperation	285
Der Kärntner „Mundl"	295
Eine Winternachtsgeburt	300
Geburtserlebnis von einem Vater festgehalten	300
Die gewagte Kärntenfahrt	306
Trauriger Abschied	311
Väter erzählen über ihr „Geburtserlebnis"	316
„Ägypten"	318
„Mein wertvoller Erfahrungsschatz"	330
Akupunktur und die zwei wichtigsten Typen der Frauen (Milz- und Lebertyp)	330
Der „Milztyp"	331
Der „Lebertyp"	331
Vor- und Nachteile bei der Geburt und im Wochenbett bei den verschiedenen Typen:	332
Anti-D-Immunglobuline	334
Apgar Test	335
Ausrotiert	336
Asphyxie	336
Baihui	336
Bäuchlein- oder Vierwindeöl	337
Beckenendlage: Mutter und Kind sind perfekt für diese Geburt eingerichtet	337

Die Beckenendlage (BEL) ist eine Normvariante und keine Pathologie	338
Was sagen uns die Leitlinien?	338
Erfahrungen und Vorurteile	339
Geburtshelfer UND Eltern müssen lernen Verantwortung zu tragen	341
Eine vollkommene Choreografie der Natur	341
„Man muss viel wissen, um wenig zu tun"	342
Blütenessenzen	342
Blutungen	343
Cranio Sacrale Osteopathie	344
Dammfleck (Fleck = Kärntner Bezeichnung für Kompresse)	345
Damm massage	345
Meine Dammmassage-Öl-Rezeptur:	346
Ductus arteriosus	346
Einleitungsmöglichkeiten	347
Entspannungs- oder Genussbad des Neugeborenen	349
Fruchtwasser	350
Geburtsstillstand in der Austreibungsperiode	351
Kehrtwende	352
Kinder alt genug, um bei der Geburt dabei sein zu können	353
Kindspech und Mekoniumaspiration	353
Lebensbaum – Plazenta	354
Lösungszeichen	355
Lotusgeburten	356
Nabelschnur	356
Nachwehen- und Rückbildungsöl	358
Neugeborenen Gelbsucht	359
Omphalozele	359
Periduralanästhesie (PDA)	360
Pelvic Press	361
Das richtige Stillen	361
Beckenringlockerung (Symphysiolyse = starke Schmerzen im Schambeinbereich, während der SS)	363
Übertragungszeichen beim Neugeborenen	365
Ululation	366
Vorzeitiger Blasensprung	366

Vorzeitige Wehentätigkeit in der Frühschwangerschaft 367
Physischer und psychischer Stress! 367
Die Wirkung von Bryophyllum 368
Wassergeburten 369
Die verschiedensten Argumente gegen Wassergeburten wurden in die Welt gesetzt wie: 369
Geburten, die nicht im Wasser stattfinden sollten: 371
Vorteile der Wassergeburt, die ich und meine Mütter bestätigen können: 372
TCM Akupunktur Leitfaden 376
Milztyp 376
Lebertyp 378
Danksagung 380
Literatur 382

INTERVIEW MIT EINEM NEUGEBORENEN

Gödersdorf
Donnerstag
13. August
1998
Nr. 1
Österreichs
meistgelesene
Geburtsnews
unabhängig;
neutral.

Geburtswetter:
wolkenlos, 33°C
ideales
Badewetter

Wahnsinns-Geburtstag: Ich kam mit einem Freudenschrei

POLITIK

In Österreich gibt es wieder einen Löwen mehr, der in der Wirtschaft, Kunst und Politik das Sagen hat.

Sensation des Tages: Constantin! Galaauftritt des jedermann als Sputnik bekannten Actioners in Feldkirchen. Nach langem Zögern entschloß er sich endlich, sein Miethaus zu verlassen, um der Welt ins Auge zu schauen. Er wurde von den Anwesenden mit tosendem Applaus empfangen.

Der Geburtstriathlon - race across the channel of birth!

Harry Hirsch im Interview mit Constantin

HH: Herr Constantin. Sie sind einer der wenigen, der es gewagt hat, den Geburtstriathlon (Eröffnungs-,Übergangs-, Austreibungsphase) unter non-apparativen Bedingungen, alternativ einzugehen. Warum so ein Abenteuer eingehen?
Constantin: Da müssen Sie eher meine Mutter fragen, die als mein Coach solche Entscheidungen übernimmt. Ich konnte mich daher völlig unbelastet 10 Trainingsmonate in geschütztem Terrain auf dieses Ereignis vorbereiten.
HH: Ist das nicht etwas fremdbestimmt?
Constantin: Nein, unsere Symbiose ist professionelst. Sie kennt mich gut genug. Ich glaube insbesondere in diesem Fall wollte sie mir einen optimalen Start und einen schönen Zieleinlauf ermöglichen.
HH: Man munkelte etwas von Startschwierigkeiten. Ist hier etwas wahres dran?
Constantin: Ja, ich hätte den Start zum Geburtstriathlon bald verschlafen. Erst mit der Drohung zur Einweisung ins städtische LKH, falls ich mich entschließen sollte, doch zu kneifen, wurde mir bewußt, wie ernst meine Sponsoren und Trainer meine aktive Teilnahme erwarteten. Einen Tag vor Ablauf der 14tägigen Frist, nach einem intensiven mentalen Training, stürzte ich mich rein in den Geburtskanal.
HH: Wie erlebten Sie den Rennverlauf?
Constantin: Erlebt ist gut gesagt. Ich habe alles etwas tranceähnlich wahrgenommen.
Start war in Gödersdorf, wo ich in der Eröffnungsphase ich mich mit 3min.-Takt-Wehen ca. 3 Stunden fortbewegte. Dann wurde mir bewußt, daß ich den Schauplatz wechseln mußte. Mein Vater brachte mich in die Wechselzone nach Buchscheiden, wo ich mich auf die Übergangsphase vorbereitete. Um den letzten cm Muttermund zu überwinden beschleunigte ich den Wehentakt.
H.H: Wie das?
Constantin: Durch einen Blasensprung bekam ich mehr Speed und ich wechselte das Medium.- Ich ging ins Wasser.
HH: Und die letzte Phase?
Constantin: Der letzte Zentimeter vor dem Ziel erschien mir endlos. Zu lang, um schon mit Preßwehen anzusetzen, zuwenig effektive Übergangswehen, um der ersehnten Linie näher zu kommen. Dann ging alles ganz schnell. Alle feuerten mich an. Mein Vater motivierte mich allein durch seine Anwesenheit. Mutter gab mir Druck von hinten. Meine Geburtshelferin reichte mir ihre Hand entgegen und Raimund, ihr Mann, machte mir Dampf unter dem Hintern. Und ich war da. ....
HH: Wie fühlten Sie sich im Ziel?
Constantin : Ich war graublau. Ich kam mir vor, wie durch einen hautengen Schlitz gequetscht. Nach der Ziellinie bekam ich einen kalten Luftzug in die Lungen, daß ich laut aufschreien mußte. Emotionen erregte bei mir auch die Kündigung des Vertrages meines Sponsors „Plazenta" gleich nach dem Rennen.
HH: Abschließende Worte zu diesem gigantischen Rennen?
Constantin: Noch einmal tu ich mir das sicher nicht an. Aber: Es war ein Ereignis, das meine Persönlichkeit sehr geprägt hat.

© Bei dem Text oben handelt sich um eine privat erstellte Kopie im Layout der Kleinen Zeitung. Die Autorisierung für diesen Abdruck wurde von der Kleinen Zeitung erteilt.

ÜBERRUMPELT, ZWANGSENTBUNDEN, VERRATEN UND GEDEMÜTIGT

Wenn du den wahren Charakter eines Menschen
erkennen willst, dann gib ihm Macht!
Abraham Lincoln

Es war der 20. November 1981.

Die plötzlich einsetzende Wehe überrollte mich wie eine Lawine. Von jetzt auf gleich hatten die Geburtswehen eingesetzt.

Solche Schmerzen kannte ich überhaupt nicht von meinen beiden vorigen Geburten. In der Wehenpause sah ich die riesige Uhr über der Türe. Sie zeigte auf 8 Uhr 10 Minuten. Schon kam die nächste Wehe und erfasste meinen ganzen Körper. Ich musste die Augen schließen, rang nach Luft, um dem unbändigen Schmerz entgegen zu treten. Meine Gebärmutter war steinhart, mein Herz pochte wie wild. Der Schmerz überwältigte mich so sehr, dass ich laut zu jammern begann.

O Gott was hat der Arzt nur mit mir gemacht? Es ist ja noch viel zu früh, war mein einziger Gedanke.

Was bisher geschah:

Am Vortag hatte ich meine letzte Mutter-Kind-Pass-Vorsorgeuntersuchung (MKP) im Krankenhaus St. Veit a.d. Glan, das ich mir dieses Mal zur Geburt meines dritten Kindes ausgesucht hatte. Ich war in der 36. Schwangerschaftswoche (SSW) und wollte an diesem Tag auch die Geburtenstation und den Entbindungsraum ansehen, die ich nicht kannte, da meine beiden anderen Kinder in Villach zur Welt kamen.

Der diensthabende Arzt fragte mich nach meinen beiden vorherigen Geburten. Ich antwortete, dass ich zwei Spontangeburten ohne Komplikationen hatte. Beide Kinder kamen 4 Tage vor dem errechneten Geburtstermin (EGT). Es waren zwei gesunde Buben mit 3000 g und 3800 g. Beide Male wurde der obligate Dammschnitt gemacht.

„Jedes Mal war ich vier Tage nach der Geburt im Krankenhaus und konnte mit ausreichend Muttermilch und guter Gebärmutterrückbildung nach Hause gehen", gab ich ihm zur Antwort.

„Dieses Mal haben sie am 24. Dezember Ihren Geburtstermin (GT). „Wollen sie wissen, was es dieses Mal wird?"

„Eigentlich soll es eine Überraschung bleiben", antwortete ich.

Er verteilte reichlich Ultraschallgel auf meinen Bauch und begann zu schallen. Zur Assistentin sagte er lächelnd: "Sollen wir ihr sagen, dass es wieder ein Bub wird?" Na toll, das war´s dann mit der Überraschung.

Aber es sollte noch ganz anders kommen. Die Türe ging auf und der Herr Primarius persönlich stand im Untersuchungsraum. „Na was haben wir denn da für einen Fall?" Waren seine Begrüßungsworte.

„Lassen Sie mich einmal zum Schall", sagte er zum Assistenzarzt. „Das ist aber ein riesiges Kind, das Sie da im Bauch haben. Meiner Meinung nach sind sie bereits am Termin."

„Wie bitte?", sagte ich, „nein, nein, mein GT ist der 24. Dezember und heute ist ja der 19. November. Auch weiß ich ganz genau, wann die Befruchtung stattgefunden hat."

Mit einer abwehrenden Handbewegung sagte er: „Glauben Sie einem Arzt mit 30 jähriger Erfahrung: ihr Kind ist ausgetragen und am Termin. Ich werde gleich veranlassen, dass man Ihnen ein Zimmer auf der Station gibt, um sie stationär aufzunehmen. Danach komme ich rauf und werde Ihnen einen Wehentropf anhängen, um das Ganze in Schwung zu bringen."

„Das möchte ich auf gar keinen Fall", sagte ich „und außerdem habe ich überhaupt nicht damit gerechnet, dass ich da bleiben muss. Ich habe weder für meine beiden Kinder jemanden, noch habe ich Pyjama und Waschzeug dabei."

„Das kann man alles telefonisch regeln und ein Nachthemd und eine Zahnbürste bekommen Sie auch von uns", war seine barsche Antwort. Er drehte sich spontan um und verließ den Raum.

So schnell konnte ich gar nicht auf die Situation reagieren, da war bereits eine Schwester in der Türe, die mich aufforderte mitzukommen.

Ich wurde in ein Zimmer mit vier Betten gebracht. In einem Bett lag eine Frau in der 29. Woche mit vorzeitigen Wehen. Man hatte ihr eine Tokolyse (wehenhemmende Infusion) angehängt. Sie blickte nur in die eine Zimmerecke und weinte leise vor sich hin.

Im anderen Bett lag eine Frau bereits in den Wehen. Sie stöhnte alle paar Minuten.

Ich setzte mich auf mein Bett und überlegte ernsthaft, wie ich aus dieser Situation wieder raus komme. Mein Auto stand ja auf dem Parkplatz und ich musste eigentlich nur runter gehen und heimfahren.

In diesem Moment kam die Stationsschwester, um meine Daten aufzunehmen. „Muss ich denn jetzt wirklich dableiben", fragte ich sie ganz verzweifelt. „Der Herr Primarius hat es so angeordnet. Außerdem wird er gleich kommen und Ihnen den Wehentropf anhängen."

Alles in mir sträubte sich und ich fühlte mich wie im falschen Film: überrumpelt und der Situation einfach ausgeliefert.

Mein Mann wusste noch gar nichts davon, dass ich stationär aufgenommen war. Ich musste schnellstens telefonieren. Sobald die Schwester das Zimmer verließ, schnappte ich mir meine Geldbörse und suchte nach einem Telefonautomaten, den ich auch in der Eingangshalle fand.

Mein Mann reagierte zwar überrascht, vertraute aber voll den Ärzten und meinte nur: "Dann wird das schon seine Richtigkeit haben" und wünschte mir alles Gute.

Eigentlich hatte ich mir mehr Unterstützung und Anteilnahme von ihm erwartet.

Damals (1981) war es nicht üblich, dass Männer bei der Geburt dabei waren.

Wieder in meinem Zimmer angekommen, wartete schon die Schwester. „Wo sind Sie denn jetzt gewesen?" „Ich habe nur kurz meinem Mann Bescheid gesagt, dass ich hier bleiben muss", erklärte ich ihr. „Sie müssen mir immer sagen, wenn sie die Station verlassen, sonst bekomme ich Schwierigkeiten", war die barsche Antwort.

Gegen 18 Uhr kam dann der Herr Primarius mit zwei Assistenten in den Raum. „So, jetzt werden wir Ihnen den Wehentropf anhängen und Sie werden sehen, dass sie bald ihr Kind in den Armen halten werden."

„Nein, das will ich nicht und das werde ich auch nicht zulassen. Ich habe erst in einem Monat meinen Termin und ich will nicht, dass mein Kind deshalb Probleme bekommt."

„Nun gut, Frau Schurian, ich kann Sie nicht zwingen," sagte er mit zusammen gekniffenen Lippen und verließ kopfschüttelnd den Raum mit seinen Assistenten.

Die Nacht war einfach furchtbar. Die Frau mit dem Wehentropf wurde alle zwei Stunden ans CTG (Cardiotokograph zur kindlichen Herztonüberwachung) gehängt. So hörte ich ständig den Pulsschlag des Kindes. Im anderen Bett wurde die Gebärende jede Stunde vaginal untersucht. So war an Schlaf überhaupt nicht zu denken.

Gegen 7 Uhr morgens ging plötzlich im Raum der Lautsprecher mit der Durchsage: „Frau Schurian, bitte ins Kreiszimmer – Frau Schurian, bitte ins Kreiszimmer im 3. Stock!"

Das gibt´s doch gar nicht, habe ich bei mir gedacht. Wie soll ich jetzt ohne Schlafrock mit dem Nachthemd, das vorne offen war und das man nicht schließen konnte in den dritten Stock gehen? Und was sollte das, dass ich ins Kreiszimmer kommen soll?

In diesem Moment öffnete die Stationsschwester die Türe und fragte mich, ob ich verstanden hätte, was durchgesagt wurde.

Also blieb mir nichts anderes übrig. Ich öffnete vorsichtig die Türe zum Gang. Niemand war zu sehen und so hielt ich – so gut es ging – mein Nachthemd vorne zu und suchte das Kreiszimmer, welches ich bis dahin noch nie gesehen hatte.

Ein roter Knopf mit einem Pfeil „Kreiszimmerklingel" bestätigte mir, dass ich es gefunden hatte.

Die Schiebetüre wurde aufgemacht und der Herr Primarius begrüßte mich mit den Worten: „Na, Frau Schurian, sind Sie über Nacht vernünftig geworden?"

„Wieso vernünftig?" sagte ich. „Auf keinen Fall möchte ich, dass ich an einen Wehentropf angehängt werde. Ich möchte ganz normal gebären, wie bei meinen anderen Kindern."

„Das werden Sie auch, da bin ich mir ganz sicher", sagte er mit einem Lächeln. Legen Sie sich jetzt auf das Bett, ich werde sie noch einmal untersuchen."

Provokant hielt er die Hände hoch und ließ die Gummihandschuhe jedes Mal, wenn er sie über die Hand gezogen hatte schnalzen.

Er ließ sich von der Hebamme Gel auf die Finger drücken und aus dem Augenwinkel sah ich ein Gerät, wie eine Häkelnadel, die er in die Hand an seinen Zeigefinger legte. „So, Frau Schurian, jetzt entspannen Sie sich, ich werde Sie jetzt untersuchen." Im selben Moment spürte ich in mir einen deutlichen Knacks und warme Flüssigkeit rann aus mir heraus.

Es traf mich wie ein Blitz – sofort wusste ich, jetzt hat er meine Fruchtblase geöffnet und ich hatte überhaupt keine Chance mehr, aus dieser Situation heraus zu kommen.

So schnell konnte ich gar nicht reagieren, wie er sich die Handschuhe ausgezogen und den Raum verlassen hatte.

Die Tränen strömten nur so aus meinen Augen. Es ist viel zu früh, dachte ich und strich mit der Hand über meinen Bauch. Angst kroch in mir hoch und schnürte mir die Kehle zu.

Ich fühlte mich so ausgeliefert und derart überrumpelt. Wieso macht ein Arzt so etwas? Was hat er denn davon? Es gab ja gar keinen Grund, mein Kind vorzeitig zu holen. Meine Gedanken überschlugen sich regelrecht. Die Hebamme kam kurz zu meinem Bett und wechselte die Unterlage, die jetzt mit Fruchtwasser getränkt war. „Sie dürfen jetzt auf gar keinen Fall aufstehen, da der Kopf noch nicht abdichtet und so die Nabelschnur vorfallen könnte."

Da ich nicht darauf antwortete, fragte sie nach, ob ich sie verstanden hätte. Ich nickte nur.

Vollkommen alleine gelassen lag ich nun in diesem Bett. Meine Knie zitterten vor Aufregung und Ärger. Die Vorhänge von meiner Koje waren zugezogen und außer dem Ticken der Uhr über der Türe war nichts zu hören.

Es war kurz vor 8 Uhr, als ich ein deutliches Ziehen in meinem Rücken spürte.

Immer wieder kam mir der Gedanke: „Es ist zu früh!" Eine unsagbare Wut hatte sich breit gemacht.

Der überwältigende Schmerz einer Wehe hatte mich gerade wieder voll im Griff, als der Herr Primar mit einem triumphierenden Lächeln neben mir stand und sagte: „ Das ging ja jetzt schneller als ich dachte – und so gewehrt haben Sie sich. Na sehen Sie, es geht alles seinen Weg." Wütend drehte ich mich von ihm weg auf die andere Seite.

Die Hebamme kam und erklärte mir, dass ich durch die Nase einatmen und durch den Mund wieder ausatmen soll.

„Sehr gut machen Sie das" und verließ wieder meine Koje. Die Wehen kamen jetzt schon in sehr kurzen Abständen und ich hatte dazwischen kaum Zeit, mich zu erholen. Als ich mich gerade wieder durch eine Krampfwehe kämpfte, spürte ich, dass mich jemand am Oberarm streichelte und sagte: „Ich habe es auch zwei mal überlebt und alles hört irgendwann wieder auf. Sie tun mir richtig leid, weil bei uns in Rumänien darf die Schwester und die Mutter zur Geburt mitgehen und einen unterstützen. Wenn Sie möchten, bleibe ich noch eine Weile bei Ihnen."

„Sehr gerne", sagte ich zu der Unbekannten. „Es tut so gut, wenn sich jemand um einen kümmert." Sie hielt meine Hand mehrere Wehen lang. Sie summte irgendeine beruhigende Melodie, ganz leise neben meinem Kopf und streichelte dabei meine Schulter. Jemand öffnete gerade die Schiebetüre zum Kreißzimmer und schon wischte dieser liebe „Engel" unter meinem Bett auf und war wieder verschwunden. Ich konnte mich nicht einmal bei ihr bedanken.

In diesem Moment schwor ich mir, dass ich Hebamme werden wollte und es ganz bestimmt anders machen werde. Dieser

Gedanke verankerte sich so tief in mir, dass er 1992 war werden sollte. Dies ist aber eine andere Geschichte!

Es war mittlerweile 10 Uhr vormittags und meine Presswehen setzten vehement ein.

Ich spürte bei jeder Wehe wie der Kopf tiefer trat und nach außen drängte. „Mein Kind kommt," rief ich flehend. Ein paar Minuten später war ich von Menschen umringt.

Die diensthabende Ärztin hatte eine Kollegin mitgebracht, die noch keine Geburt gesehen hatte. „Warum liegt die Patientin auf dem Rücken?", fragte die Kollegin. „Weil wir sonst nicht richtig werkeln können".

„Ich habe vor kurzem gelesen, dass es sich die Frauen viel einfacher machen könnten, wenn sie sich beim Gebären hinhocken würden." „Na wir sind ja hier nicht im Busch", war die Antwort der Ärztin und sie drehte die grelle OP-Lampe über mir auf. Zwei Hebammen Schülerinnen standen am Fußende und flüsterten miteinander. Meine Hebamme hatte sich ein grünes OP-Gewand angezogen und trug eine Gesichtsmaske. „So, jetzt greifen Sie mit beiden Händen in ihre Kniekehlen und ziehen sie ihre Knie so weit, wie möglich zu sich zurück. Bei der nächsten Wehe versuchen Sie, hier her zu meinen Fingern zu drücken," die sie in meine Vagina eingeführt hatte. „Es ist noch ein kleiner Saum da, aber der zieht sich bei der nächsten Wehe schon zurück." „Darf ich mich bitte aufsetzen oder hinhocken?" fragte ich sie. „Nein, Sie bleiben jetzt so, wie Sie sind, sonst sehen die Anderen nicht, wie ich den Dammschutz mache und die wollen ja schließlich was lernen. Außerdem werde ich wieder einen Dammschnitt machen, nachdem sie ja schon zwei hatten."

Super, einmal Dammschnitt, immer Dammschnitt!

Alles Unsinn, wie ich später in meinem Traumberuf selbst herausfand.

Nach zwei Presswehen, es war gerade 10 Uhr 28 war mein kleiner Andreas auf der Welt. Ich sah noch, wie blau er war und wollte ihn in die Arme nehmen. Sein ganzer Körper war dick mit Käseschmiere überzogen. Sie rubbelten ihn mit Tüchern trocken, eine Hebammen Schülerin klemmte die Nabelschnur sofort ab. Die Ärztin durchtrennte sie und weg waren sie mit meinem Kind. Er schrie nicht, sondern gab nur ein gurgelndes Geräusch von sich.

Mir wurde plötzlich ganz schwindlig und im selben Moment sah ich, dass mir eine Ärztin eine Spritze in meinen Venenweg spritzte. „Sie werden jetzt genäht", war das letzte, was ich noch mitbekam.

Als ich aus der Narkose erwachte, war ich in einem Überwachungsraum. Kein Mensch war da. Wie ging es meinem Kind? Wie lange habe ich hier schon gelegen? Ich spürte, wie ein Schwall Blut in meine Vorlage rann. "Hallo, ist hier jemand? Hallo!" Da ging die Türe auf und eine Schwester kam mit einer Tasse Kaffee herein, an der sie nippte und fragte, was mein Problem sei.

Ich fragte nach meinem Kind und wo es denn jetzt sei. Sie sagte: „Sie werden jetzt ohnehin auf die Station verlegt. Ich bin gerade erst in den Dienst gekommen und weiß im Moment noch gar nichts, wer wann geboren hat und wo die Kinder gerade sind."

Die Angst um mein Kind wuchs mehr und mehr und wollte einfach nicht aufhören.

Nachdem ich wieder in mein Zimmer von gestern Nacht verlegt worden war, sah ich, dass die Frau mit dem Frühchen im Bauch nicht mehr da war. Das andere Bett war auch leer.

Hatte ich das alles geträumt oder war es wirklich wahr?

Die Türe ging auf, ein mir unbekannter Arzt stützte sich am Bettende auf und hatte eine sorgenvolle Miene aufgesetzt. Er stellte sich mit seinem Namen vor und sagte: "Ich hab´ leider eine schlechte Nachricht für sie, Frau Schurian: Ihr Kind hat Probleme mit der Atmung und wird immer wieder blau, der Zuckerstoffwechsel entgleist uns und deshalb haben wir uns entschieden, ihn nach Klagenfurt auf die Frühgeburtenstation zu transferieren. Sie können sich aber noch von ihm verabschieden.

Es tut mir sehr leid, dass ich ihnen keine bessere Nachricht überbringen kann."

Er schüttelte meine Hand, lächelte kurz verlegen und verließ wieder das Zimmer.

Für mich wurden meine schlimmsten Befürchtungen wahr. Also war er doch nicht am Termin und viel zu früh auf die Welt gekommen. Ich wusste auch, dass ein 8-Monatskind es viel schwieriger hat, als ein Kind, das schon im 7. Monat geboren wird. Wieder stieg diese unbändige Wut auf diesen selbstherrlichen Primarius in mir hoch.

Zwei Männer vom Roten Kreuz brachten mir Andreas in einem tragbaren Brutkasten ans Bett. „Wir dürfen den Brutkasten leider nicht mehr aufmachen, da er die Wärme und den Sauerstoff dringend braucht." Andreas hatte ein blaugraues Gesicht und sah überhaupt nicht glücklich aus. Mir wurde ganz schwer ums Herz. Ich hatte ihn noch nicht einmal im Arm gehabt. Tränen traten in meine Augen und ich wünschte ihm, dass er stark sein soll! Ich versprach ihm im selben Moment, sobald wie möglich zu ihm zu kommen.

Am Abend wurde meine Bettnachbarin ins Zimmer gebracht. Sie hatte per Kaiserschnitt entbunden und bekam gerade ihr Kind vom Kinderzimmer. Es war ihr erstes Kind und sie wusste überhaupt nicht, wie sie ihn halten oder stillen sollte. „Darf ich dir helfen?", fragte ich sie und sie nahm mein Angebot dankend an. Nach ein paar Minuten trank die kleine Emilie ihre erste Milch von der Brust.

Wie es wohl meinem Kind im Moment geht, dachte ich ganz wehmütig und hatte wahnsinnige Sehnsucht, bei ihm zu sein.

Bei der Morgenvisite fragte ich eine Ärztin, ob sie wüsste wie es meinem Kind geht und sie versprach mir, nachzufragen. Mittlerweile war auch bei mir der Milcheinschuss da und immer wenn die kleine Emilie zu weinen begann, tropfte auch bei mir die Milch.

Die Ärztin von der Visite kam und erklärte mir, dass ich für mein „Biaberl" beten soll, dass er es schafft. „Was heißt denn das genau?", wollte ich jetzt doch wissen. „Es war doch etwas früh dran mit dem Rauskommen und deshalb ist seine Lunge noch nicht ganz ausgereift." Bei mir begannen die Alarmglocken zu läuten. Sobald sie den Raum verlassen hatte, stand ich auf, ging im Treppenhaus zum Telefonautomaten und rief meinen Mann an. Ich erklärte ihm die Situation, wie es um unseren Sohn stand und ob er als Tierarzt nicht im Krankenhaus nachfragen könnte.

Er würde es versuchen, war seine Antwort. Außerdem könne er mich erst am Nachmittag besuchen kommen, da er so viele Visiten hätte. Solange wollte ich auf gar keinen Fall mehr warten und entschloss mich, selbst mit dem Auto zu ihm ins Krankenhaus zu fahren.

Bei der Stationsschwester erklärte ich, dass ich noch heute auf Revers austreten möchte. Sie lachte nur und meinte, dass das nur der Oberarzt entscheiden kann. Sie würde es ihm weitergeben. Große Chancen hätte ich allerdings nicht, meinte sie.

Nun begann mein Selbstbewusstsein zu wachsen. Na das werden wir ja sehen dachte ich bei mir selbst.

Der diensthabende Arzt meinte, es wäre für mich noch viel zu früh, auszutreten. Da müsste er sich erst das Einverständnis vom Primarius holen.

Eine halbe Stunde später wurde ich regelrecht ins Büro vom Herrn Primarius zitiert. Er begrüßte mich kurz mit meinem Namen und bat mich, mich hinzusetzen. „Was wollen sie jetzt genau," fragte er und lehnte sich mit verschränkten Armen in seinen Sessel zurück. „Ich möchte zu meinem Kind, da meine Muttermilch da ist und ich der Meinung bin, dass er mich braucht!", sagte ich mit selbstsicherer, lauter Stimme. „Das ist unverantwortlich von ihnen, wenn Sie jetzt auf Revers austreten". Er hätte die Verantwortung und ich sollte wenigstens vier Tage da bleiben. Nachdem ich ihm nachdrücklich erklärte, dass ich dennoch gehen werde, wurde er sehr ungehalten. Er hätte alles für mich getan, dass mein Kind gesund zur Welt kommt und ich würde mit einer noch nicht ausreichend zurückgebildeten Gebärmutter Nachblutungen anregen. Bis heute weiß ich nicht, warum ich mich damals nicht getraut hatte, ihm die Meinung zu sagen. Er hatte einfach meine Fruchtblase viel zu früh aufgemacht, hatte damit mein Kind in Gefahr gebracht und wollte mir nun Vorschriften machen. Mein Mutterinstinkt war Gott sei Dank so stark, dass ich noch einmal mein Vorhaben wiederholte. „Ich kann Sie nicht gegen ihren Willen hier behalten, aber Sie riskieren jetzt auch noch Komplikationen bei Ihnen selbst. Sie bekommen jetzt von der Schwester einen Mutterkornextrakt gespritzt, damit sich Ihre Gebärmutter fest zurückbildet. Darauf bestehe ich und sonst wünsche ich ihnen alles Gute."

Kaum im Zimmer angekommen, stand die Schwester mit der Rückbildungsspritze vor mir. Mir war in diesem Moment alles egal und nachdem sie sie mir verabreicht hatte, packte ich meine Tasche und ging zu meinem Auto auf dem Parkplatz.

Meine Knie waren schon noch etwas weich und ich spürte auch feste Nachwehen von dem Medikament. Egal, ich wollte so schnell, wie möglich zu meinem Kind.

Im Landeskrankenhaus Klagenfurt musste man damals zur generellen Anmeldung in ein eigenes Gebäude gehen.

Ich hatte meine Entlassungspapiere bei mir und fragte, auf welcher Station mein Sohn liegt. „Wie war noch einmal der Name von Ihrem Kind?"

„Schurian Andreas, geboren am 20.11. um 10 Uhr 28, erklärte ich."

„Wir haben keinen Schurian Andreas, auf der Frühchen-Station eingeliefert bekommen. Kann es sein, dass er wo anders hin verlegt wurde?"

„Nein, er ist mit dem Roten Kreuz nach Klagenfurt transferiert worden", erklärte ich noch einmal.

„Da kann was nicht stimmen", meinte die Sekretärin. „Nehmen Sie draußen am Gang Platz, ich werde noch einmal die Eingänge vom 20. November durchgehen".

Was war das denn? Jetzt finden die meinen Sohn nicht und mein T-Shirt war bereits mit Muttermilch getränkt. In meiner Verzweiflung legte ich beide Hände vors Gesicht und begann bitterlich zu weinen. Das kann doch alles gar nicht sein. Eine

Ärztin kam vorbei, setzte sich neben mich und fragte ganz lieb, was ich denn hätte. Ich sagte nur kurz: „Mein Kind ist nicht mehr da!" Sie hatte mich völlig missverstanden und meinte, ich wäre noch so jung und könne sicherlich wieder ein Kind bekommen. „Mein Kind ist nicht gestorben, sondern sie wissen bei der Aufnahme nicht wo er liegt", sagte ich etwas lauter, als ich eigentlich wollte.

„Das tut mir jetzt aber sehr leid, dass ich Sie da missverstanden hatte! Ich werde Ihnen helfen, Ihren Sohn zu finden." Gemeinsam gingen wir noch einmal in die Aufnahme und die Ärztin telefonierte mit dem Krankenhaus St. Veit, wo ich entbunden hatte.

Mein Sohn hatte bei der Geburt 3400 g und war 51 cm groß. Deshalb lag er nicht auf der Frühchen-Station, sonder auf der Neugeboren-Station. Endlich hatte ich ihn gefunden. Die nette Ärztin begleitete mich noch auf die Station, musste dann aber wieder wo anders hin.

Richtig aufgeregt, läutete ich an der Türe zur Neugeborenen Station. Eine etwas ältere Schwester fragte, was ich wolle und lies mich dann mit hochgezogenen Augenbrauen herein. „Sie müssen sich desinfizieren und einen eigenen Kittel anziehen, wenn sie zu Ihrem Kind wollen. Außerdem müssen sie eine Gesichtsmaske tragen, um ihn nicht mit irgendwelchen Keimen anzustecken." Kein Problem, dachte ich, wenn ich nur endlich zu ihm durfte. Nach der ganzen Prozedur zeigte sie auf Zimmer 3. Ich öffnete vorsichtig die Türe und die betreuende Schwester zeigte auf das Bettchen mit Andreas. Mir zog es mein Herz zusammen. Wie sah er denn aus?! Vollkommen aufgedunsen und in der Nase einen Schlauch. Am Körper waren überall Elektroden mit Kabeln angeklebt und am Finger blinkte ein rotes Licht im Pulstakt. Wie im Tiefschlaf lag er da – ohne jede Reaktion. Ich fragte die Schwester, ob ich ihn anfassen dürfte. Sie meinte nur, dass er dann eventuell eine Infektion bekommen könnte und die kann er jetzt nicht brauchen, so wie er beieinander ist.

Er trinkt sehr schlecht, wird künstlich ernährt und ist eben ein typisches 8-Monatskind. Die Buben machen immer mehr Probleme, als die Mädchen.

Mittlerweile war es 16 Uhr und ich musste mich um einen Platz im Mütterheim kümmern, welches sich auch auf dem Krankenhausgelände befand. Ich stellte mich bei der Heimleiterin vor und erklärte meine Situation. „Sie können schon ein Bett haben, aber ich sage Ihnen gleich: wir haben Mütter hier untergebracht, die eine kriminelle Vergangenheit haben. Sperren Sie ihr Hab und Gut immer ein und lassen Sie vor allem keine Wertgegenstände liegen!"

Wo war ich denn jetzt gelandet? Es gab eine gemeinsame Küche und einen Aufenthaltsraum. Mein Doppelzimmer war leer und so konnte ich die erste Nacht alleine verbringen. Alle vier Stunden dürfe ich zu Andreas gehen, wenn ich wolle, sagte die Schwester.

Ich soll im Aufenthaltsraum warten, denn um 17 Uhr gäbe es Nachtmahl. Zwei Frauen waren im Raum und als ich grüßte, kniff die eine ihre Augen zusammen und sagte zu mir, dass ich aufpassen soll, denn sie hätte ihren Mann abgestochen. Hilfe, dachte ich mir, was mach ich hier bloß? Die sind ja lebensgefährlich! Stumm und verängstigt aß ich mein Nachtmahl und ging dann wieder zu Andreas auf die Station.

Jetzt hatte eine andere Schwester Dienst und lächelte mir freundlich zu, als ich das Zimmer betrat. „Hallo, ich bin die Schwester Irmgard und Sie sind die Mama vom Andreas, gell? Möchten Sie ihn nicht anlegen und probieren ihn zu stillen?" „Na klar", sagte ich ganz überrascht. „Darf ich das denn?"

„Wer sollte ihn denn sonst stillen?", lachte sie und öffnete den Brutkasten.

Das erste Mal seit der Geburt hatte ich meinen Sohn im Arm. Es war ein so überwältigendes Gefühl, endlich bei ihm sein zu dürfen. Ich packte meine Brust aus und versuchte, ihn mit der Brustwarze zu animieren. Irgendwie schlief er und war so gar nicht aktiv. So öffnete ich seinen kleinen Mund und spritze Muttermilch hinein. Er begann mit seiner Zunge zu lecken und ich spritze noch einmal. Jetzt war das mir vertraute hin und her vom Kopf endlich da, wenn ein Kind die Brust sucht. Noch einmal versuchte ich, ihm meine Warze in den Mund zu schieben und plötzlich saugte er kurz an. Noch einmal Andreas, versuch es, sagte ich leise zu ihm. Beim nächsten Versuch dockte er so richtig an und saugte und saugte. Aus meiner anderen Brust floss die Muttermilch durch den Milchspende Reflex jetzt auch. Ich bog die Warze nach oben und hielt die Stoffwindel davor. Ich hatte ja schon zwei Kinder gestillt und deshalb Erfahrung damit. Die Schwester schaute mir über die Schulter und war hoch erfreut. Super, du kleiner Kämpfer, jetzt kriegst du Kraftnahrung. Andreas hatte auf einer Seite 40 ml Muttermilch getrunken. Für die zweite Seite war er definitiv zu müde. Das war ja jetzt ein guter Anfang, dachte ich und sagte Schwester Irmgard, dass ich in vier Stunden wieder kommen werde. „Daumen hoch", meinte sie. Um 22 Uhr trank Andreas 80 ml Muttermilch insgesamt von beiden Seiten. Heute noch bin ich Schwester Irmgard unheimlich dankbar für ihr Verständnis und ihre Kompetenz. Nach drei Tagen im Mütterheim mit verschlossener Zimmertüre konnte ich das Krankenhaus mit Andreas verlassen. In den wenigen Tagen hatte er sein Geburtsgewicht wieder erreicht und der Stoffwechsel war wieder normal.

Heutzutage ist das Selbstbewusstsein und die Eigenbestimmtheit der Frauen viel größer, als bei mir damals. Deshalb glaube ich, würde es sich eine Frau heute sicher niemals gefallen lassen, wie die Ärzte damals mit mir umgegangen sind.

Was mir so klar bei der Geburt von Andreas wurde war, dass die Begleitung und die Aufmerksamkeit während der Geburt mit die wichtigsten Dinge für eine Gebärende sind. Einen liebevollen Menschen an seiner Seite zu haben, lässt erst das Urvertrauen in die eigene Geburtsfähigkeit zu.

Auch heute gibt es in der Geburtshilfe immer noch zwei Richtungen, die sich nach wie vor bekämpfen: die eine Gruppe besteht aus den konservativen, technologieorientierten und rein schulmedizinischen Geburtshelfern, die an Zahl die andere Gruppe bei weitem übertrifft. Die zweite Gruppe umfasst die

Anhänger der natürlichen, intuitiven und somit an die Frau individuell angepassten Geburtshilfe. Beide Gruppen geben vor, dasselbe zu wollen nämlich, dass es Mutter und Kind bei der Geburt gut geht und beide gesund bleiben. Beide Seiten verstehen aber unter "gut gehen" etwas völlig anderes. Die Konservativen meinen damit eher den körperlichen Zustand, während die Anhänger der natürlichen Geburtshilfe darunter nicht nur körperliches, sondern auch seelisches Wohlbefinden verstehen. Für Frauen, die auch auf körperliches und seelisches Wohlbefinden Wert legen, muss man sich allerdings viel mehr Zeit nehmen, die Frau beobachten, hinhören und sie als Ganzes begreifen.

Tatsächlich findet sich hier ein uraltes Problem der Menschen schlechthin: dass es nämlich einerseits immer Kräfte gibt, die die wissenschaftliche Tradition mit allen Mitteln verteidigen und alle Neuerung zunächst bekämpfen, und andererseits Revolutionäre, die neue Wege beschreiten. Hat sich das Neue einmal durchgesetzt, begreift niemand mehr, wieso es so viel Energie gekostet hat, einer so klaren Sache zum Durchbruch zu verhelfen. Aber schon Galileo Galilei wusste, dass es der Pioniere bedarf, etwas Neues zu wagen und zu bewegen.

DIE WEHENMUTTER HEBAMME RESI

Geburtshilfe ist ein Cocktail aus Wissen, Kompetenz, Erfahrung, Intuition und Empathie!

Österreich kann auf eine sehr lange Hebammen Tradition zurückblicken: 1742 gab es das erste Hebammen Diplom.

Die Hebammenschulen waren immer an Gebäranstalten angegliedert und standen unter ärztlicher Leitung. An den Schulen wurden neben den Hebammen Schülerinnen auch Geburtshelfer unterrichtet. Der Lehrkurs dauerte zwei bis drei Monate und beinhaltete theoretischen Unterricht und eine praktische Ausbildung. Die Hebammen wurden für eine komplikationslose Geburt ausgebildet und die Geburtshelfer, später Medizinstudenten, lernten die operativen Handgriffe anzuwenden.

In Österreich erfolgte im Zuge des Bologna-Prozesses die Umstellung auf eine Ausbildung an der Hochschule mit akademischem Abschluss.

Im Wintersemester 2006 starteten am Fachhochschuhl Campus Wien, an der FH Salzburg sowie an der FH Krems die ersten Jahrgänge. Im Jahr darauf begann der erste Jahrgang am FH-Campus Wien mit dem Bachelorstudium „Hebammen".

Heutzutage können Hebammen eine spezialisierte medizinische Ausbildung in Anspruch nehmen. Sie sind im gesunden Bereich von Schwangerschaft, Geburt und Wochenbett tätig und im pathologischen Bereich praktizieren sie in Zusammenarbeit mit Ärzten.

In Österreich war es nie so, dass Hebammen bei den Geburten gänzlich verschwunden sind, wie etwa in den USA. In Österreich ist es sogar gesetzlich verankert, dass eine Hebamme bei einer Geburt anwesend sein muss.

Ein Arzt kann dabei sein, eine Hebamme muss dabei sein!

Früher war es ganz normal, dass die Hebamme des Dorfes ins Haus zur Geburt kam. Man kannte sich und vertraute ihrer Erfahrung.

So war es nicht selten, dass ein und dieselbe Hebamme mehreren Generationen einer Familie half, auf die Welt zu kommen.

Meine Einstellung war und ist immer noch, „das auf die Welt kommen und sich von ihr zu verabschieden, sollte zu Hause und in familiärer Umgebung stattfinden dürfen!"

Vor mehr als 30 Jahren hätte das niemand in Frage gestellt. Da war spontan Gebären der normale Ablauf und selbstverständlich für jede werdende Mutter.

War der Moment der Geburt gekommen, musste sie stark und tapfer sein. Sie wusste, es wird nicht unbedingt einfach, aber schließlich haben es ja so viele vor mir auch geschafft und das nicht nur einmal in ihrem Leben als mehrfache Mutter.

Erst als die Frage nach dem Sinn des Geburtsschmerzes aufkam und es möglich geworden war, „gefahrlos" einen Kaiserschnitt zu wählen, versuchten Frauen in diesem Moment das Für und Wider des Gebärens abzuwägen.

Heute haben wir einen ganzen Katalog von Alternativen. Wann – und sogar an welchen Datum (Sternzeichenwahl) wird mein Kind zur Welt kommen? Wann hat mein Partner in seinem Kalender noch Zeit? Soll ich mir prophylaktisch eine PDA (Periduralanästhesie) setzen lassen, um gar keine Schmerzen zu haben, bis hin zu der Wahl, will ich überhaupt gebären oder nehme ich gleich den Kaiserschnitt!

Trotz aller Wahlmöglichkeit – was hindert uns denn eigentlich daran, einfach „Ja" zu sagen zum Gebären, zu unserer Natur, zu unserer Physiologie?

Unterstützung für die richtige Entscheidung finden Frauen heute nur sehr schwer.

Die Angstmacherei und Demoralisierung wird von den meisten Ärzten massiv und sehr geschickt praktiziert.

Die Vorsorgeuntersuchungen werden immer mehr und aus einem ganz natürlichen Vorgang wird plötzlich etwas „ganz Gefährliches".

Ärzte punkten mit Statistiken von Müttersterblichkeit und dem Rückschritt ins Mittelalter, was uns Hebammen betrifft.

Bis in die 70-er Jahre des vergangenen Jahrhunderts stand für die Geburtshelfer das gesunde Überleben der Mutter absolut im Mittelpunkt. Bedingt durch die zunehmende Möglichkeit das Kind zu überwachen, wuchs auch berechtigterweise der Anspruch auf ein gesundes Kind. Im Zuge dieser Entwicklung ist uns jetzt aber die Frau mit ihrem eigenen Anspruch auf eine selbstbestimmte Geburt und ihre seelische und körperliche Unversehrtheit komplett aus dem Fokus „gerutscht".

Hat denn nicht auch das Kind einen Anspruch darauf, von seiner Mutter geboren zu werden? Zur Welt gebracht und nicht heraus operiert zu werden? Gebären ist der Ursprung jeden Lebewesens. Geburt ist Menschlichkeit und Menschwerdung. Gebären ist absolut der „Spiegel" unserer Gesellschaft.

Geburt ist heutzutage nur scheinbar sicher. Zwar ist die eigentliche Geburtshilfe immer die gleiche: Hygienestandards, Beherrschung aller Ausnahmesituationen, wie z.B. schwerer Blutungen und die operative Geburt, sprich Kaiserschnitt, das alles hat scheinbar einen Durchbruch für Mütter und ihre Kinder gebracht. Garantien für das gute Gelingen einer Geburt kann es dennoch nie geben. Das Schicksal wird es uns immer wieder deutlich zeigen und zwar völlig unabhängig davon, wie ängstlich oder wie mutig wir entschieden haben. Unabhängig davon, ob wir uns für mehr kontrollieren oder für mehr vertrauen entschieden haben.

Ohne mit der Physiologie der Geburt genau vertraut zu sein und die Psychosomatik der Geburt sowieso ignorierend, wird mit akademischer Überheblichkeit behauptet, dass nur die ärztliche Kunst für ein gutes Gelingen einer Geburt zuständig wäre.

Verantwortungsvolle Eltern und Geburtshelfer gehen den Weg größtmöglicher Sicherheit. Sicherheit ist vermeintlich nur durch einen direkt an den Kreißsaal angrenzenden OP-Saal und effiziente, technische Apparate zu gewährleisten. Auch ein Krankenhaus ohne Pädiatrie (Kinderabteilung) zu wählen, wird bereits als fahrlässig betrachtet.

So wurden die Hausgeburten immer weniger, nicht nur wegen der Aussagen der Ärzte, sondern auch wegen der immer mehr um sich greifenden Verunsicherung der Eltern.

Frauen, die dennoch ihre Hebamme bei der Geburt dabei haben wollten, suchten dann die Möglichkeit der Entbindungsheime, die den goldenen Mittelweg (zumindest augenscheinlich für Ärzte) zwischen Hausgeburt und Klinik darstellten.

1988 gab es zwei Entbindungsheime in Kärnten. Eines in Eisenkappel und das zweite in Ludmannsdorf.

Immer wieder nahm ich mir vor, eines dieser Entbindungsheime interessehalber anzusehen. Nachdem ich aber selber vier Kinder zu versorgen hatte, war es sehr schwierig, dieses Vorhaben zu realisieren.

Dennoch ergab es sich dann von selbst, dass eine werdende Mutter mich fragte, ob ich sie denn nicht zur Geburt bei der Resi, so hieß die frei praktizierende Hebamme mit dem Entbindungsheim in Ludmannsdorf, begleiten möchte.

Nichts lieber als das, ich musste sie unbedingt kennen lernen und so begleitete ich Stefanie bei ihrem nächsten Termin.

In einem kleinen Einfamilienhaus in Ludmannsdorf hatte Resi schon viele Jahre ihr Entbindungsheim eingerichtet.

Als sich die Haustüre öffnete, stand da eine kleine, sehr herzliche Frau mit einer Küchenschürze um den Bauch. So wie man sich eben eine Hebamme vorstellt, wie ich später immer wieder zu hören bekam. "Griaß eich", sagte sie mit ihrem unverwechselbaren Dialekt, der zwischen kärntnerisch und slowenisch lag.

Wir sagen dazu Sie sprechen „windisch". Da ersetzt plötzlich ein windischer Ausdruck ein deutsches Wort, aber dennoch versteht man was sie meinen.

Wir waren uns von Anfang an sehr sympathisch und Resi zeigte mir voller Stolz alle Räumlichkeiten. Sie meinte, als ich von meinem Berufsvorhaben erzählte, dass es dringend notwendig wäre, wieder Hebammen Nachwuchs zu bekommen.

Ihre eigene Tochter versuchte es als Krankenschwester jahrelang, aber sie wurde nicht aufgenommen.

„Du wirst sehen Petra, die schmeißen dir sämtliche Prügel zwischen die Füße. Vor allem, wenn du schon vier Kinder hast." Wie recht sie damals hatte!

In einem Zimmer standen zwei Krankenhausbetten, in denen die Frauen ihre Kinder bekamen und anschließend dort das Wochenbett von vier bis fünf Tagen verbringen durften.

In meinem Kopf begannen sofort Bilder zu entstehen, wie ich mein Entbindungsheim einrichten würde. Wie ich „meine" Frauen bekochen und verwöhnen werde.

So begleitete ich Stefanie bei ihrer Geburt und lernte vor allem, wie wichtig es war, sich bei einer Geburt Zeit zu lassen. Selber die Ruhe in Person zu sein und dadurch Vertrauen zu vermitteln.

Als erstes verpasste Resi der Stefanie im Badezimmer einen Einlauf und untersuchte sie ein einziges Mal vaginal.

Nach diesem Befund, der Muttermund (MM) war 4 cm weit offen, ließ Resi die Geburt einfach geschehen, indem sie von Zeit zu Zeit die Herztöne des Babys kontrollierte und dann wieder ihrer Arbeit in der Küche nachging. Natürlich wusste sie auch, dass ich bei Stefanie war und sie holen würde, sobald Hilfe notwendig wäre.

Die Selbstverständlichkeit mit der sie die Wehen Intensität beurteilte und den Geburtsfortschritt einschätzte, beeindruckte mich sehr. Sie ermunterte Stefanie, aus dem Bett raus zu gehen, um die Schwerkraft auszunützen, um das Baby tiefer in den Geburtskanal kommen zu lassen. Die eigentliche Geburt fand aber dann doch im Liegen statt.

Sie schob Stefanie ein aufblasbares Becken unter ihr Gesäß und hielt sie dann an, kräftig mit zu pressen. Ich höre heute noch in meinem Kopf ihr Kommando: „na komm, noch an Schiaba!"

Nach etlichen Presswehen war dann das Baby in das kleine Plastikbecken geboren. Resi saugte das Neugeborene mit einem Mundsauger ab und wickelte es in warme Tücher, die auf der Heizung vorgewärmt wurden.

Resi kontrollierte nach einer halben Stunde, ob sich die Plazenta gelöst hatte. Mit zwei geschickten Handgriffen war die Nachgeburt abgegangen.

Danach untersuchte sie mit einer Lampe noch den Damm auf Einrisse. Alles war heil geblieben.

Anschließend mussten noch alle Eintragungen, wie Geburtsverlauf, Maße des Kindes und die Geburtsanzeige für die Gemeinde ausgefüllt werden.

„Die Dokumentation über den Geburtsverlauf und das Wochenbett ist eines der wichtigsten Dinge, um später eventuell forensisch Rede und Antwort stehen zu können!", erklärte sie mir mit erhobenem Zeigefinger.

„Du mechst net glab'n mit wos ollem di dann daher kommen, wenn ich a Frau ins Krankenhaus schicken muss. Die wort'n wie die Geier drauf, dass dir wos anhängen können. Immer alles genau aufschreiben."

Anschließend saßen wir dann alle in ihrer Küche und bekamen ein köstliches Abendessen.

Nachdem ich ganz berauscht von dieser Geburt heim fuhr, war es klar, dass ich mehr Frauen dorthin begleiten wollte.

Resi war dies natürlich sehr recht, da damals von den Krankenkassen nur eine geringe Entbindungsheimpauschale für eine Geburt bezahlt wurde und sie ausschließlich davon leben musste.

Ich lernte bei Resi bei jeder Geburt was Neues, viele Handgriffe und Geheimnisse der Geburtshilfe und konnte einiges später sehr gut davon nützen.

Es waren an die 40 Geburten, die ich mit dieser erfahrenen Hebamme erleben durfte und ich bin heute noch sehr, sehr dankbar dafür.

MEINE ERSTE EIGENE GEBURT

Das Leben ist eine Herausforderung - stelle dich ihr!

An einem Sonntag waren wir mit dem Auto unterwegs und fuhren durch Klein St. Veit.

Mein damaliger Ehemann war Tierarzt und so war es nicht ungewöhnlich, dass speziell Bauern, wenn sie das Auto von ihm sahen winkten und eventuell Medikamente oder einen Rat brauchten.

In Ingelsdorf kam Franz die Straße entlang gelaufen und fuchtelte aufgeregt mit den Armen und deutete an, mit dem Auto anzuhalten.

„Hans ich weiß mir nicht mehr zu helfen, aber meine Frau hat solche Kreuz- und Bauchschmerzen!"

Da ich zu diesem Zeitpunkt die Sanitäterausbildung beendet hatte, erklärte ich mich bereit, nach seiner Frau zu schauen. Hans war dies sichtlich sehr recht, da er ja eher für die Viecher zuständig war.

Franz begleitete mich ins Haus und zeigte auf die Zimmertüre, wo sie drinnen wäre.

Ich kannte damals Christa nur vom sehen und konnte auch nicht wissen, dass ihre zweite Tochter, Angi, die schon auf der Welt war mit meinem Sohn Andreas ein paar Jahre später meine Schwiegertochter werden würde und ich meine Enkelkinder Marco und Simon auch zur Welt bringen dürfte. Allerdings dann ganz legal! Wie das Leben so spielt!

„Was für Beschwerden hast denn Christa?" frage ich sie und sie zeigte schmerzverzerrt mit der Hand auf ihren Bauch." Es zieht schon seit Stunden, auch im Kreuz und es wird immer schlimmer."

Sie war mit Ihrem dritten Kind schwanger, aber da der Geburtstermin erst in gut zwei Wochen sein sollte, erwähnte sie auch nichts davon und erkannte offensichtlich keinen Zusammenhang damit.

Als ich die Bettdecke hochhob, sah ich schon, wie der Damm gespannt war und sich bereits das Köpfchen mit den Haaren in der Scheide leicht vorwölbte.

„Christa, du bekommst gerade dein Baby."

„Was, echt?" war ihre Antwort.

Zum lange Überlegen war da keine Zeit mehr. Nachdem ich schon bei der Resi Valentinitsch viele Geburten begleiten durfte und selber vier Kinder zur Welt gebracht hatte, war es für mich überhaupt kein Problem instinktiv zu handeln.

„Franz, ruf bitte die Rettung, deine Frau bekommt gerade ihr drittes Kind", erklärte ich dem verblüfften Ehemann.

Ich lief schnell ins Badezimmer, wusch mir meine Hände mit Seife und rannte dann sofort wieder ins Zimmer.

Nachdem ich bei Resi bei so vielen Geburten dabei war, wusste ich auch, was zu tun war.

„So und jetzt holst einfach einmal tief Luft und drückst g'scheid an." „Na, Petra ich trau mich nicht, was ist, wenn jetzt was passiert?"

„Was passiert, sage ich dir: du bekommst jetzt gleich dein Kind und ohne drücken wird es nicht raus können. Du hast doch schon zwei bekommen und weißt, wie es geht – oder?"

Ich atmete tief und laut ein und zeigte ihr so, was ich von ihr wollte.

Endlich machte sie mit und drückte zwar zaghaft an, aber die Gebärmutter half dann auch mit einer guten Wehe mit.

Ganze zwei Wehen brauchte es und der Kopf war geboren. Bei der nächsten Wehe, die nicht lange auf sich warten ließ, rutschte ein kleines Mädchen in meine Hände.

Mensch, dachte ich mir, ist die klein und zart (2950 g und 49 cm, wie sich später herausstellte) und wischte sie mit einer Stoffwindel trocken.

Sofort und mit einer derart hohen und kräftigen Stimme machte die Kleine auf sich aufmerksam.

Ich legte sie Christa auf die Brust und deckte sie mit der Bettdecke zu.

Inzwischen war der Rettungswagen mit Blaulicht und Folgetonhorn in den Hof gefahren und ein Sanitäter stürzte ganz verschwitzt ins Zimmer.

Als er das Baby, an der Brust liegend sah und schreien hörte, setzte er sich hin, wischte sich die Stirn mit dem Handrücken ab und ich konnte seine durchgeschwitzten Achseln sehen.

„Gott sei Dank ist es schon auf der Welt, denn ich habe selber noch keine Geburt gemacht und war sehr nervös beim Herfahren."

In dem Moment kam der zweite Rettungsfahrer mit dem Geburtenkoffer herein.

„Kannst du bitte noch die Plazenta für mich holen, wennsd' schon dabei bist, sagte er mit einem verschmitzten Lächeln."
Wir kannten uns ja alle vom Kurs her.

„Mach' ich doch glatt", sagte ich zu ihm und prüfte mit der Handkante, so wie wir es im Sanitätshilfekurs gelernt hatten, ob die Nachgeburt schon gelöst war.

Nachdem die Lösungszeichen* (* = siehe Erfahrungsschatz im Anhang) in Ordnung waren, drückte ich auf den Fundus (oberer Rand der Gebärmutter), den man sehr gut tasten konnte und ermutigte Christa noch einmal mitzuhelfen. Schon war die Nachgeburt da und die Sanitäter nahmen sie dann in einem speziellen Sack mit in die Klinik, um die Vollständigkeit überprüfen zu lassen. Reste der Nachgeburt können nämlich auch zu starken Blutungen führen, die aber bei einer spontan abgegangen Plazenta so gut wie nicht vorkommen.

„Wie soll denn die Kleine heißen?" fragte ich jetzt und die Antwort war „Sandra".

Christa war so erleichtert, dass alles so gut gegangen war und bedankte sich überschwänglich bei mir.

Nachdem ich schon mehrere Frauen in den Krankenhäusern bei ihren Geburten begleitet hatte, kannten mich viele Hebammen, aber nicht alle waren mir wohl gesinnt. Sie spürten in mir die Konkurrenz und konnten nicht damit umgehen, dass die Frauen mehr Vertrauen zu mir hatten. Das war auch nachvollziehbar, da ich sie schon Monate vorher in der Schwangerschaft begleitete, ihnen viele Tipps gab und vor allem versuchte, ihnen die Angst vor der Geburt zu nehmen. Es war eher ein Frauentreffen bei mir zu Hause, als ein Austausch von Ängsten und Sorgen.

Eine Geburtsvorbereitung war nämlich nur diplomierten Hebammen erlaubt und so beschwerten sie sich über mich beim Sanitätsdirektor.

Deshalb begleitete dann Franz seine Frau in die Klinik und erzählte auch, wie es wirklich gewesen war und, dass ich nur durch Zufall seiner Frau bei der Geburt beigestanden hatte.

Christa hatte weder einen verletzten Damm oder sonst Schaden genommen und so konnten sie mir nichts anhängen.

Mit einem riesengroßen Glücksgefühl fuhren wir nach Hause und ich hatte nur noch eine weitere Bestätigung bekommen, dass das meine Berufung sein musste.

MEIN TRAUMBERUF

*Gehe nicht auf ausgetretenen Pfaden,
sondern bahne dir selbst einen Weg und hinterlasse deine Spur.*
Ralph Waldo Emerson

Schon als Kind faszinierte mich dieses „Wunder", welches mit dem Geburtsakt an und für sich in Verbindung stand.

Meine Geschwister und ich hatten eine Menge Tiere rund um uns, da meine Mutter uns dieses „Versorgungsgen" vorgelebt hatte.

Angefangen von kleinen Igeln, aus dem Nest gefallenen Vögeln, zugelaufenen Katzen und Rehkitzen wuchsen wir damit auf, dass Tiere wertvoll sind und wir so mit ihnen umgehen sollten, wie auch wir behandelt werden möchten.

Es war 5 Uhr in der Früh, als ich in meinem Kasten ein ganz zartes, hohes Miauen hörte. Neugierig wie ich nun einmal bin stehe ich auf, um nachzusehen, was denn da solche Geräusche von sich gab.

Meine Katze, „Mausi", war gerade dabei, ihre Jungen auf die Welt zu bringen.

Vollkommen fasziniert sah ich, wie die Fruchtblase aus ihr herausgepresst wurde und sich das Katzenbaby durch die Blase abzeichnete. Sie drehte sich um und in diesem Moment platzte die Fruchtblase und das Katzenbaby lag nass und quiekend da. Mausi leckte es mit einer derartigen Inbrunst, dass das Kleine am Rücken liegend sich nicht aufrichten konnte. Kurz darauf kam etwas aus ihr heraus, was aussah, wie ein Stück Leber. Ich weckte meinen Vater und er erklärte mir dann, dass das die Nachgeburt wäre und es ganz wichtig für sie ist, diese zu fressen, weil sie sehr nährstoffreich ist und auch wichtige Hormone für die Milchbildung enthält.

„Hat das die Mama auch machen müssen?", fragte ich ihn. Mein Vater lachte nur und verneinte es.

Durch dieses Erlebnis wurde ich regelrecht infiziert, was die Geburtshilfe betraf. Ich wünschte mir als 10-jähriges Mädchen zu Weihnachten ein Buch über Geburten. Später kaufte ich mir dann Fachliteratur und verschlang jede „Eltern" Zeitschrift die sich um dieses Thema bewegte. Mein Berufswunsch war damit besiegelt. Erst Jahre später erzählte mir dann meine Großmutter, dass ihre Großmutter bereits Hebamme gewesen war.

Nach der Matura beendete ich erst die 5-jährige Frauenberufsschule und wurde prompt 1976 selber zum ersten Mal schwanger. So musste ich erst einmal den Wunsch nach einer Hebammenausbildung verschieben.

Dass dies dann allerdings mehrere Jahre dauern sollte, wusste ich zu diesem Zeitpunkt nicht.

1978 wurde mein zweiter Sohn Martin und 1981 mein dritter Sohn Andreas geboren.

1983 bekam ich dann im Jänner meinen vierten Sohn Thomas und stellte dann aus Vernunftgründen meinen Berufswunsch erst einmal ganz hinten an.

Erstmals versuchte ich es 1986 bei der Hebammenakademie, früher hieß es noch Hebammenschule, mich anzumelden.

Ich wusste, dass nach der Ausschreibung im Kärntner Landesblatt, wieder ein Hebammen Kurs starten würde und einiges an Bürokratie erledigt werden musste, bis es zu einer Aufnahme kommen konnte.

Ein amtsärztliches Zeugnis, ein gültiger Strafregisterauszug, Abgangszeugnisse, Geburts- und Heiratsurkunde (Originale) und sämtliche Formulare mussten ausgefüllt und rechtzeitig an die Landesdirektion Kärnten abgeschickt werden.

Nach Wochen kam dann ein Schreiben mit der Absage, dass es dieses Mal leider nicht möglich wäre, da nur 15 Mädchen aufgenommen werden und sich an die 150 gemeldet hätten.

Wieder zwei Jahre warten und hoffen, dass es das nächste Mal funktioniert.

Auf der einen Seite war es gut so, da meine Kinder doch noch relativ klein waren und ich so noch einmal zwei Jahre zu Hause war.

Damals gab es für die Ausbildung eine Altersgrenze, von 35 Jahren. Zu diesem Zeitpunkt war ich 33 Jahre alt und die Zeit lief mir davon. So versuchte ich Kontakt mit der Lehrhebamme zu bekommen und rief in der Hebammenschule an.

„Was, sie wollen mit vier Kindern die Ausbildung machen? Sie nehmen den jungen Mädchen den Ausbildungsplatz bzw. den Arbeitsplatz weg, da sie ja offensichtlich verheiratet und versorgt sind", sagte die Lehrhebamme. Außerdem wäre das nicht ein Teilzeit- sondern ein Fulltimejob. Ich wäre in einem Tretrad und müsste nicht nur die Unterrichtsstunden, sondern später auch Tages- und Nachtdienste machen.

„Ich sag es ihnen gleich, ich werde mich persönlich dafür einsetzen, dass sie nicht aufgenommen werden, denn nur ich habe dann die Schwierigkeiten mit ihnen", sagte sie und beendete das Telefonat ohne, dass ich noch antworten konnte und legte einfach auf.

Na wunderbar, dachte ich mir, das sind ja gute Voraussetzungen für meinen Traumberuf! Jetzt fielen mir auch wieder die Worte von der Hebamme „Resi" ein, als sie damals zu mir sagte: „Du wirst sehen, die schmeißen dir nur Prügel zwischen die Füße."

Nur wer mich besser kennt weiß, aufgeben gibt es bei mir nicht und so überlegte ich, was ich denn noch alles tun könnte, um meine Chancen zu erhöhen.

Beim letzten Ansuchen hatte ich auf Anraten eines Bekannten parteipolitisch agiert. Ich trat der SPÖ bei und erhoffte mir durch das Parteibuch – wie mir auch versprochen wurde – vorgereiht zu werden. Denkste!

Im Herbst standen Landeshauptmannwahlen an und so ging ich zu einem Vortrag von Dr. Jörg Haider. Er appellierte unter anderem für gleiches Recht für Frauen am Arbeitsmarkt und bessere Bezahlung in den Sozialberufen.

Am Ende des Vortrags erklärte ich ihm meine Situation und er war sofort bereit, sich persönlich um meine Bewerbungsunterlagen zu kümmern. Es kann nicht sein, dass eine vierfache Mutter nicht Hebamme werden darf, war sein Argument. Ich solle die Unterlagen gleich am nächsten Tag seiner Sekretärin im Landeshauptmannbüro abgeben. Gesagt, getan.

Nun hieß es wieder warten, bis der Bewerbungsbescheid per Post kam. Meistens war es um die Osterzeit, dass die Unterlagen geschickt wurden.

Ich war gerade beim Brot backen, als ein Mädchen von unserem Ort anrief und mich fragte, ob ich denn auch eine Zusage bekommen hätte.

"Wie, was, welche Zusage?", fragte ich sie. Sie hätte vor genau 14 Tagen die Zusage für die Hebammenakademie per Post bekommen und ob wir nicht in einer Fahrgemeinschaft nach Klagenfurt fahren könnten.

Nun läuteten bei mir die Alarmglocken. Hatte die Lehrhebamme wieder ihre Hand im Spiel gehabt oder etwa der Landeshauptmann nichts unternommen?

Ich wusste, wenn ich nicht sofort etwas unternehme, ist meine Zeit abgelaufen. Denn wieder zwei Jahre zu warten war unmöglich, denn dann hätte ich die Altersgrenze erreicht und überhaupt keine Möglichkeit mehr, die Ausbildung zu machen.

Mühsam versuchte ich, den Brotteig von meinen Händen zu waschen. Legte die Küchenschürze zur Seite, nahm meinen Mantel und meine Autoschlüssel und fuhr nach Klagenfurt ins Landeshauptmannbüro. Unterwegs entdeckte ich, dass ich noch meine Hausschuhe anhatte. Es wird mir schon keiner auf die Füße schauen, war meine Überlegung, denn zum Umdrehen hatte ich keine Zeit mehr.

In der Landeshauptstadt Klagenfurt war leichter Schneeregen, bei der Landesregierung kein freier Parkplatz und ohne eine Münze für die Schranke zum abgesperrten Parkplatz, ging diese nicht auf.

In meiner Verzweiflung gab ich Gas und fuhr einfach über die Blumeninsel in das Areal hinein. Ein Autofahrer zeigte mir den Vogel und hupte. Na, wenn der noch sieht, dass ich in Hausschuhen unterwegs bin, liefern die mich garantiert bei der Psychiatrie ab, dachte ich mir.

Nun stand ich vor einer riesigen Treppe mit rotem Teppich. Kein Mensch weit und breit. Gott sei Dank! Endlich fand ich die Türe mit der Aufschrift

Landeshauptmannbüro
Dr. Jörg Haider

Beherzt klopfte ich an und eine Frauenstimme sagte: „Herein". Eine ältere Sekretärin blickte über ihre Brille und sagte: „Ja, bitte, wie kann ich Ihnen weiterhelfen?"

„Ich muss ganz dringend zum Landeshauptmann," sagte ich ihr und sie begann in einem Kalender zu blättern. „Ich hätte da in vier Wochen einen Termin."

Ich war instinktiv einfach weiter gegangen und öffnete die Türe zum Büro des Landeshauptmann.

Dr. Jörg Haider saß da mit seiner Pfeife und war derart erschrocken, dass er vom Sessel aufstand. Ob er meine Hausschuhe gesehen hatte, weiß ich nicht. Seine Sekretärin kam ganz aufgeregt hinter mir her und versuchte, die Situation zu erklären. „Schon in Ordnung, jetzt ist sie ja schon drinnen", meinte Dr. Haider und bot mir im selben Moment einen Sessel an, um mich zu setzen. „Wo brennt denn der Hut?" meinte er jetzt ganz gelassen."

In zwei Sätzen erklärte ich ihm, wer ich war und warum ich da bin. „Ja, ich kann mich jetzt an Ihren Namen erinnern. Es ist was ganz Unangenehmes passiert", fuhr er fort, „in meinen Schreibtisch wurde eingebrochen und dabei sind alle Ihre Unterlagen abhanden gekommen", versuchte er, mir klar zu machen. "Ich wusste leider Ihren Namen nicht mehr und so konnten wir Sie nicht verständigen, denn alle Dokumente sind dabei auch verschwunden."

Jetzt war aber das Fass voll! „Den Blödsinn können sie wem anderen erzählen, aber nicht mir", gab ich ihm zu verstehen. „Ich bleibe jetzt hier solange sitzen, bis ich in der Hebammenakademie aufgenommen werde" und verschränkte dabei meine Arme.

In diesem Moment machte sich ein schräges Lächeln auf seinem Gesicht breit.

„Sie gefallen mir!". Er nahm sein Telefon und verlangte eine Verbindung mit der Lehrhebamme und dem Sanitätsdirektor. Die Lehrhebamme gab zu, meine Bewerbung bisher abgelehnt zu haben. Nach einem kurzen Gespräch wählte er noch eine Nummer und wurde bei dem Gespräch etwas ungehalten.

„Sie nehmen jetzt die Frau Schurian als 16. Schülerin auf und geben als Begründung an: ‚Anordnung des Landeshauptmannes'. Ist das jetzt bei Ihnen angekommen?"

„So, das wäre erledigt. Ich werde versuchen über das Magistrat Wien, wo Sie ja geboren sind, Ihre Geburtsurkunde und ihr Abschlusszeugnis als Kopie wieder zu beschaffen. Nun hoffe ich, dass wir wieder Freunde sind." Erhob sich von seinem Sessel, gab mir die Hand und wünschte mir noch alles Gute.

Ich konnte mein Glück noch gar nicht fassen. Ich war aufgenommen in der Hebammenakademie. Mein Traum sollte endlich wahr werden.

Im September 1990 ging es dann los mit dem Studium. Die Lehrhebamme ging mir aus dem Weg, wo immer sie konnte, aber letztendlich sind wir ganz gut miteinander ausgekommen, da sie sah, dass es mir wirklich ernst war und ich meine Kinder gut versorgt hatte.

Gott sei Dank hatte ich da vorgesorgt, indem eine Tante mir zugesagt hatte, sich um meine Kinder in der Ausbildungszeit zu kümmern und für sie da zu sein.

Ohne Tante Resi hätte ich niemals die Hebammenakademie machen können. Vielen Dank, Resi!!!

Die Ausbildung war echt hart. Die ersten acht Wochen hatten wir Unterricht von 8 Uhr bis 14 Uhr, dann Praktikum auf den verschiedenen Stationen bis 18 Uhr.

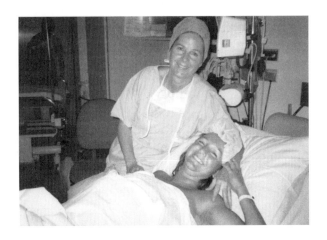

Dazwischen immer wieder Prüfungen und ich musste beim Heimfahren noch einkaufen gehen und abends vorkochen für den nächsten Tag. Die Schultaschen von meinen Kindern kontrollieren, ob auch keine Mitteilungen im Heft standen oder sie Malgeld oder sonst was brauchten.

Meine Kinder waren sehr tolerant und akzeptierten meine Ausbildung. Am Wochenende hatten wir anfangs noch frei und so konnte ich auch einiges mit ihnen unternehmen.

Danach wurde es immer schwieriger. Nicht nur der Stoff, der zu bewältigen und zu lernen war, sondern auch der „Radldienst". Das hieß: zwei Tage Nachtdienst zwei Tage frei. Aber wir mussten, auch wenn wir frei hatten, zum Unterricht erscheinen.

Ich war praktisch überhaupt nicht mehr zu Hause und musste mich um eine Haushaltshilfe umsehen. Ich fragte Freundinnen, ob sie welche wüssten und hatte riesiges Glück, die Margit gefunden zu haben. Sie erledigte meinen Haushalt, ging einkaufen und war dann da, wenn die Tante Resi nicht konnte. Allerdings verschlang es alle meine Ersparnisse. Aber was soll's, die Ausbildung war mir wichtiger. Von meinem damaligen Mann konnte ich nicht viel Unterstützung erwarten.

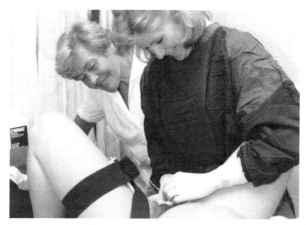

Im ersten Ausbildungsjahr gab es auch noch Spätdienste bis 23 Uhr statt der Nachtdienste und so kam mir die Lehrhebamme dann sogar entgegen und ließ mich des öfteren die Spätdienste machen.

Beim Hin- und Herfahren in die Klinik nutzte ich die 25 Minuten Fahrzeit, um die mit Lehrstoff besprochenen Tonband-Kassetten, die ich mir aufgenommen hatte, zu lernen. Manchmal lernte ich auch noch nach den Spätdiensten bis 1 Uhr Früh.

Die Fächer wie Anatomie, Chemie, Physik, Ernährungslehre, Hygiene, Pathologie, usw. wurden schon vorher in den ersten 18 Monaten geprüft.

Endlich kamen dann die Tage des Diploms und ich fuhr mit Baldriantee im Magen und dem Kopf voller Lernstoff zur Prüfung.

Mir war bewusst, dass ich nicht im Krankenhaus arbeiten konnte und wollte und deshalb lernte ich umso intensiver. Wir mussten alles an diesen zwei Tagen zum Besten geben: den Lernstoff von zwei Jahren in Geburtshilfe I und II, Kinderheilkunde, Gesetze usw..

Der Primarius Dr. Gerhard Bartussek, der mir die mündliche Prüfung abnahm, sagte noch zu den Beisitzenden: „Ich muss diese Frau anders prüfen, als die Kolleginnen, weil sie ja in die Freipraxis gehen möchte. Bevor ich sie auf die Menschheit loslasse, muss ich sicher sein, dass sie auch sattelfest ist und mit allem zurecht kommt." Deshalb prüfte er mich ausschließlich Notsituationen.

Im Oktober 1992 hatte ich dann ganz stolz mein Diplom in der Hand und hatte sogar die Prüfungen mit Auszeichnung bestanden.

Endlich war meine Berufung zur Hebamme geschafft!!!!!!!!!!!!

Nach meinem Diplom musste ich all die Bürokratie erledigen, die notwendig war, um als frei praktizierende Hebamme arbeiten zu dürfen. Dafür war viel Schreibarbeit und Post erforderlich: Verträge mit den verschiedensten Krankenkassen waren sehr wichtig, ich musste mich bei der Amtsärztin vorstellen, die mich zu kontrollieren hatte, was die Hygiene betraf und mich beim Hebammengremium anmelden.

All dies brauchte seine Zeit und der Jahreswechsel war vorbei, bis ich alles beieinander hatte, was ich brauchte. Dazu gehörten auch die Anschaffung von medizinischen Geräten, geburtshilflichen Utensilien und Medikamenten.

Kolleginnen, die bereits in der Freipraxis arbeiteten, gaben mir dabei wertvolle Tipps. Damals waren wir acht Hausgeburtshebammen, die sich bei Fortbildungen hin und wieder trafen oder miteinander telefonierten, wenn eine Hilfe brauchte.

Außerdem hatte ich mir fest vorgenommen, mich in der ganzheitlichen Geburtshilfe weiter zu bilden, wie Homöopathie, Cranio Sakrale Therapie und vor allem die TCM (Traditionelle chinesische Medizin) zu erlernen, war mir ganz wichtig.

Eine Geburt sollte so natürlich bleiben dürfen, wie sie auch von Natur aus vorgesehen ist, wenn sie ihren Weg gehen darf.

Alternativmedizin zu verstehen, war mir ein großes Anliegen, um nicht nur Symptome zu behandeln, sondern bereits die Ursachen zu erkennen und dementsprechend helfen zu können.

MEINE ERSTE GEBURT IN FREIER WILDBAHN

Bildung ist das, was übrig bleibt, wenn man all das vergisst,
was man in der Schule gelernt hat.
Albert Einstein

Es war an einem Februartag, gegen 17 Uhr, als das Rote Kreuz bei mir anrief und mich bat, so schnell wie möglich nach Poitschach zu kommen. Eine Zweitgebärende mit Steißlage wäre bereits unter der Geburt.

Es hatte den ganzen Tag durch geschneit und es lagen an die 40 cm Neuschnee auf der Straße.

So schnell ich konnte, packte ich meine Hebammen Tasche, die immer mit den notwendigsten Dingen fertig dastand zusammen.

Mein Auto damals hatte keinen Vierradantrieb und so bat ich meinen lieben Mann Raimund, mich mit seinem Auto zur Geburt zu fahren. Raimund war mein zweiter Mann, ohne den ich nie so als Hebamme hätte wirken können, wie ich es jahrelang getan habe – aber dazu später.

Die Straßenbeleuchtung war bereits an und ein Schneepflug fuhr vor uns her wegen des starken Schneefalls. Wir kämpften uns mit 30 km/h durch die Schneemassen und das Auto konnte kaum die Spur halten.

Als wir dann von Feldkirchen Richtung Poitschach fuhren, sahen wir schon in der Ferne ein Meer von Blaulichtern. Es hatten sich sage und schreibe drei Einsatzfahrzeuge versammelt.

Ein Rettungswagen von der Sirnitz woher die Frau stammte, ein Feuerwehrauto, das von Feldkirchen kam und der Notarztwagen mit dem Notarzt.

Ich öffnete die Schiebetüre vom Rettungswagen und fragte freundlich, ob sie noch eine Hebamme brauchen können. So schnell konnte ich gar nicht reagieren, wie ich auch schon in den Rettungswagen gezogen wurde.

Was ich da sah, war allerdings sehr beunruhigend. Der Notarzt schimpfte aufgeregt mit der Gebärenden, sie möge mit dem Pressen sofort aufhören, sonst würde uns ihr Kind unter den Händen wegsterben.

Das kann doch nicht wahr sein, war mein erster Gedanke. Wie kann man so mit einer Frau sprechen, die in einer Ausnahmesituation ist.

Die werdende Mutter lag auf dem Rücken mit aufgestellten Beinen, zitterte am ganzen Körper und bedeckte mit beiden Armen ihr Gesicht.

„Wie weit ist denn der Geburtsfortschritt?", wagte ich dann zu fragen. „Weiß nicht, habe sie noch nicht untersucht, aber es ist eine Steißlage, laut Mutter Kind Pass."

„Ich möchte die Frau, wie heißt sie denn bitte, gerne einmal untersuchen und die Herztöne des Kindes kontrollieren", sagte ich dann ganz bestimmt. „Sie heißt Martina und kommt aus der Sirnitz, es ist ihr drittes Kind", sagte der Sanitäter, der mit Schreibarbeiten zu tun hatte.

Ich beugte mich über die zitternde Frau, nahm ihre Hand und sagte, dass ich Hebamme sei, selber vier Kinder hätte und jetzt solle sie auf mich hören. Sie reagierte kaum auf mein Sprechen. Erst als ich sie dann mit dem Vornamen ansprach schaute sie mich an und sagte ganz verzweifelt.: „Der Arzt hat gesagt, dass mein Kind sterben würde und ich nicht pressen darf."

„So ein Unsinn", flüsterte ich und sagte dann etwas lauter: „Jetzt möchte ich Sie gerne einmal untersuchen, um mir ein Bild zu machen, wie weit die Geburt eigentlich schon ist und vor allem die Herztöne des Kindes abhören."

Als ich dann das Tuch zur Seite schob wölbte sich bereits der kleine Po in der Scheide nach oben. Ich kontrollierte die Herztöne , die etwas erhöht waren, aber nicht besorgniserregend. „Das Baby hat sich schon gut auf den Weg gemacht und wird in ein paar Minuten geboren werden," erklärte ich allen Anwesenden. Ich verabreichte ihr je einen Hub Syntocinon Nasenspray in beide Nasenlöcher und sagte, dass sie bei der nächsten Wehe ordentlich mithelfen darf.

Im Augenwinkel sah ich, wie der Sanitäter eine Infusion herrichtete. „Was ist da drinnen?" fragte ich ihn. „Der Doktor hat angeordnet, dass ich eine Tokolyse (wehenhemmendes Medikament) herrichten und sie auch gleich anhängen soll."

„Na, das wäre jetzt absolut kontraproduktiv und völlig unsinnig – bei dem Befund", sagte ich etwas ungehalten zu ihm.

In diesem Moment stand der Arzt voll adjustiert mit Handschuhen und einer Dammschere in der Hand neben mir und sagte: „ Bei der nächsten Wehe schienen sie mir, damit ich den Dammschnitt machen kann."

„Das kommt überhaupt nicht in Frage, denn die Frau hat bereits zwei Kinder auf normalen Wege geboren und hat genügend Platz, ihr Kind auch ohne Dammschnitt auf die Welt zu bringen". „Wie bitte, sie wollen eine Steißgeburt ohne Dammschnitt machen?", er schüttelte den Kopf und murmelte etwas wie, „na ‚die hat vielleicht einen Mut."

Bei der nächsten Wehe ermutigte ich Martina, mir jetzt von oben zu helfen und ich würde unten aufpassen, dass alles ganz bleibt. Den Sanitäter, den ich gut kannte, bat ich, mir von oben das Köpfchen im Beckeneingang zu stützen und nach zwei Wehen war das kleine Mädchen ganz spontan und ohne Schnitt geboren.

Vor lauter Aufregung hatten sie den Vater vor dem Krankenwagen draußen stehen gelassen und ich bat nun alle anderen den Wagen zu verlassen und den Vater herein zu holen.

Martina konnte es noch gar nicht fassen, dass alles überstanden war und der Vater bedankte sich überglücklich bei mir.

Da die Plazenta noch nicht da war, vergaß ich vollkommen die Frau zu fragen, ob ich sie denn nachbetreuen soll im Wochenbett und so wurde sie ins Krankenhaus nach Villach gebracht.

Eine Woche später traf ich den Vater im Baumarkt. Da erzählte er mir, dass er dem Notarzt eine Rechnung mit einer größeren Summe für den Beistand bei der Geburt bezahlt hätte.

„Wie bitte?", sagte ich, „ Der Arzt hat doch überhaupt nichts bei der Geburt gemacht!"

Außer Angstmacherei und Nervosität zu verbreiten, hatte er geburtshilflich nichts getan. Dies ließ mein Gerechtigkeitssinn einfach nicht zu. Ich hatte bereits die Geburt ganz normal über die Krankenkasse der Frau abgerechnet und mein Honorar bekommen. Noch am selben Tag rief ich bei der Kasse an und erzählte, dass der Arzt ein Privathonorar für die Rettungsgeburt verlangt hatte.

Die Familie bedankte sich einen Monat später mit einem wunderschönen Blumenstrauß und 2 kg Honig. Da erzählten sie mir, dass sie vom Notarzt das komplette Geld wieder zurückbezahlt bekommen hatten.

DIE VOLLMONDGEBURT

Guter Mond du gehst so stille...

Immer mehr Frauen riefen bei mir an und wollten sich für eine Hausgeburt anmelden. Nun ist es aber wichtig, sich auch persönlich kennen zu lernen, um zu sehen, ob die „Chemie" zwischen uns passt.

Ich besuchte dann die Frauen auch direkt bei Ihnen zu Hause, um den Fahrweg, die Fahrtdauer, die Wohnsituation und natürlich die werdende Mutter besser kennen zu lernen.

Zur damaligen Zeit, also um 1994, war die Telefontechnik noch sehr in den Kinderschuhen. Um rund um die Uhr – auch ohne ein Festnetz-Telefon – erreichbar zu sein, kaufte ich mir einen sogenannten Pager (Piepser), der mit vier verschiedenen Tönen ausgestattet war. So konnte ich zum Beispiel auf Ton 1 (ein Piepston) bis Ton 4 (vier Piepstöne hintereinander) vier verschiedenen Frauen eine bestimmte Piepser -Telefonnummer geben, mit der sie für mich sofort erkennbar waren und ich für sie jederzeit erreichbar war.

Ich klebte dann auf den Piepser einen Aufkleber, auf dem von 1-4 der jeweilige Name der werdenden Mutter mit der dazu gehörenden Telefonnummer stand.

Das kann man sich mit den heutigen Handies gar nicht mehr vorstellen!

Damals war es die einzige Möglichkeit, auch unterwegs erreichbar zu sein, aber um dann auch zurückrufen zu können, musste man ein Festnetztelefon oder eine Telefonzelle finden. Meistens funktionierte das auch ganz gut.

An diesem Nachmittag wollte ich Kathrin, die ihr viertes Kind erwartete, kennen lernen und machte mich auf den Weg zu ihr. Sie wohnte an einem Berg, der sehr bewaldet war und von der Hauptstraße führte ein Forstweg zu ihr, von dem man immer wieder abbiegen musste, ziemlich tief in den Wald hinein. Nach einer guten halben Stunde Fahrt konnte man auf einer Anhöhe durch die Bäume ein gelb gestrichenes Haus erkennen. Die Hausnummer drei war schon sehr alt und man konnte sie kaum mehr lesen.

Kathrin begrüßte mich sehr herzlich und zeigte mir ihr Haus und wo sie ihr Baby bekommen wollte. Sie hatte noch drei Wochen bis zum errechneten Geburtstermin und war sehr froh, dass ich sie trotzdem noch nehmen konnte. Bis zur 36 Woche war ihr Baby noch in Steißlage gelegen und so rechnete sie eigentlich mit einer Krankenhausgeburt.

Als ihr die Frauenärztin bei der letzten MKP-Untersuchung aber erklärte, dass das Baby sich nun doch noch mit dem Kopf nach unten gedreht hatte, war ihr Entschluss, dieses Kind zu Hause auf die Welt zu bringen, konkret geworden.

Ihre Mutter hatte all ihre Kinder zu Hause geboren und deshalb war der Wunsch, nach drei Krankenhausgeburten eine Hausgeburt zu erleben sehr groß.

Sie erzählte mir dann von ihren ersten drei Spontangeburten und dass sie dieses Mal endlich eine Hausgeburt erleben wollte. Wir tranken noch einen Tee miteinander und ich erklärte ihr, was sie für die Geburt herrichten musste.

Richtig glücklich war Kathrin gewesen, als sie mich dann zum Auto begleitete. Weißt du Petra, was toll ist: „dass mein Mann auch einverstanden damit ist!" Sie umarmte mich und ich fuhr richtig selig nach Hause.

Es war mehr als drei Wochen später, als gegen 23 Uhr die Piepsernummer von Kathrin anschlug. Ich packte meine Hebammentasche und rief ihre Nummer zurück.

Hans, ihr Mann, war am Apparat und erklärte mir, dass vor einer halben Stunde die Fruchtblase geplatzt wäre und Kathrin jetzt auch deutlich Wehen verspürte. „Bin auf dem Weg und bis gleich", verabschiedete ich mich von ihm.

Als ich das Auto startete, sah ich, wie der Vollmond groß am Himmel stand. Eine Nacht zum Gebären, dachte ich bei mir selber und musste lächeln.

Ich bog bei der Abzweigung von der Hauptstraße in den Forstweg ab und fuhr den Weg entlang. Nach 20 Minuten kamen mir Zweifel, ob ich richtig war.

Das letzte Mal brauchte ich ungefähr eine halbe Stunde. Bei Nacht sah alles hier im Wald ganz anders aus, als bei Tag. Mein Orientierungssinn war schon immer nicht der beste. Irgendwie musste ich eine Abzweigung verpasst haben. Der Weg wurde immer schmaler und tiefe Traktorspuren machten das Fahren fast unmöglich.

Der Piepser schlug wieder an. Es war die Nummer von Kathrin. Ich konnte hier nirgends zurückrufen und wurde schon etwas nervös. So entschloss ich mich das Auto bei der nächsten Möglichkeit zu wenden. Beinahe wäre ich beim Zurückstoßen an einem Wurzelstock hängen geblieben. Das hätte mir noch gefehlt, erleichtert konnte ich weiterfahren.

Der Vollmond leuchtete sehr hell zwischen den Fichten und dann sah ich ein Schild auf einem Baum „zu den Häusern 1-3". Gott sei Dank, das war der richtige Weg.

Vor der Haustüre war eine große Kerze angezündet und die Haustüre angelehnt.

Ich ging gleich durch zu dem Zimmer, wo die Geburt stattfinden sollte.

Kathrin lehnte sich mit den Unterarmen an einer Kommode an und veratmete gerade eine Wehe. Hans stand hinter ihr und massierte ihr dabei den Rücken.

„Echt gut, dass du da bist", sagte sie mit einem Lächeln und bat ihren Mann, ihr Wasser zum Trinken zu holen. „Seit die Fruchtblase gesprungen ist, sind die Wehen sehr kräftig und kommen alle drei Minuten."

Nachdem ich mir im Badezimmer gründlich die Hände gewaschen hatte, richtete ich mir alles für die Geburt her. In meinem Hebammenkoffer hatte ich immer ein Geburtspaket fertig vorbereitet. Darin war meine sterile Instrumentenkassette, ein Einmalabsauger, eine sterile Nabelklemme, sterile Untersuchungshandschuhe, ein Einmal-Harnkatheter und verschiedene Medikamente, die ich eventuell bei der Geburt brauchen konnte. Meine neueste Errungenschaft war mein Fetal Doppler. Mit diesem Gerät konnte man punktgenau die Herztöne des Babys kontrollieren.

Damals kontrollierten die Hebammen in der Freipraxis zum Teil die kindlichen Herztöne noch mit dem hölzernem Hörrohr. Der Vorteil des neuen Gerätes war aber, dass man die Herztonfrequenz digital auf dem Display hatte und auch die Mutter akustisch die Herztöne mithören konnte, was manchmal sehr wichtig und geburtsfördernd war. Auch für die werdenden Väter war es beruhigend, die Herztöne ihres Kindes mithören zu können.

Als die Wehe am Abklingen war, bat ich Kathrin sie untersuchen zu dürfen. Der MM war auf 6 cm geöffnet und das Köpfchen gut eingestellt. Was mir sofort beim Tasten auffiel war, dass dieses Kind sehr viele Haare hatte.

Mittlerweile war es kurz nach Mitternacht, als eines der größeren Kinder aufgewacht war und ins Zimmer kam. Das Mädchen war 8 Jahre alt und erkannte gleich, dass sich das Baby jetzt anschickte, zur Welt zu kommen. „Mama, darf ich da bleiben und zuschauen, wie das Baby rauskommt?"

Die Eltern schauten im gleichen Moment zu mir und fragten mich, ob ich denn was dagegen hätte, wenn Emelie dabei wäre.

Also, wenn Kinder mit der Materie vertraut gemacht wurden und wussten, dass eine Geburt auch mit Schmerzen verbunden ist, hatte ich im Großen und Ganzen nichts dagegen, wenn sie alt genug* (siehe Erfahrungsschatz) dafür waren.

Emilie hatte mich ganz viel über die Geburt gefragt, wir haben uns auch Hausgeburtsvideos angesehen und sie war auch im Stall des öfteren bei Geburten dabei. „Also ich habe nichts dagegen," sagte Kathrin. „Irgendwann wird sie selber Kinder bekommen."

Die Geburtswehen kamen nun alle zwei Minuten und Kathrin hatte sich einen eigenen Geburtston während der Wehen angeeignet.

Als sie wiederum zu tönen anfing, sagte Emelie ganz selbstbewusst: „ Jetzt kommt das Baby bald raus, weil der Ton schon so hoch ist." Wir mussten alle dabei herzlich lachen. Emelie streichelte ganz sanft den Arm ihrer Mutter und ging dann wieder in die Küche, um was zu trinken.

Jetzt wurde es Zeit, sich die richtige Geburtsstellung zu suchen, da die Presswehen eingesetzt hatten. Zuerst versuchte sie es im Stehen, was für sie zu schmerzhaft war. Die nächste Wehe war im Liegen, was noch unerträglicher von ihr empfunden wurde. Gemeinsam halfen wir ihr, wieder auf die Beine und Hans setzte sich an den Bettrand.

Ich legte ein paar Unterlagen auf den Boden, Kathrin hockte sich vor ihn hin und Hans hielt sie unter den Armen fest. Jetzt hatte sie die richtige Haltung gefunden. Kräftig drückte sie bei der nächsten Presswehe mit. Der Kopf mit den vielen schwarzen Haaren war in der Scheide zu sehen. Als die Wehe wieder nachließ, schlüpfte er wieder in die Tiefe zurück.

Emilie kniete mit großen Augen davor und erklärte ihrer Mutter, dass sie das Baby schon gesehen hätte, aber es noch nicht raus kommen wollte.

Sie feuerte ihre Mutter richtig an, als sich die nächste Wehe anbahnte. Diesmal musste ich schon Dammschutz machen, da der Kopf am Durchschneiden war. Ich hielt den warmen Dammfleck auf den Damm (Fleck ist eine Kärntner Bezeichnung für eine Kompresse)*, der mit Geburtsöl getränkt war.

„Mei tut das gut", sagte Kathrin in der Wehenpause.

Sie streichelte wie selbstverständlich dabei den Kopf ihres Kindes und ermunterte auch Emilie, ihre Schwester zu berühren. Dazu kam es dann aber nicht, da die Kleine in diesen Moment geboren wurde. Es waren genau acht Minuten nach ein Uhr Früh. Ich hob das Baby in die Arme der Mutter und half beiden, sich ins Bett zu setzen.

Hans liefen vor Rührung die Tränen über die Wangen herunter. Er umarmte mich und bedankte sich dabei.

Auch Kathrin streckte jetzt ihre Hand nach mir aus und sagte: „Petra, wie schön war das denn jetzt?"

Emilie streichelte jetzt den Kopf des Babys und schaute ganz verblüfft auf ihre Finger, die mit Käseschmiere voll waren. Vorsichtig zerrieb sie sie zwischen Daumen und Zeigefinger und schaute mich dabei fragend an. „Das ist die Käseschmiere, die das Baby im Bauch davor geschützt hat, dass die Haut nicht runzelig wird", erklärte ich ihr. „Ach so," sagte Emilie, „aber die geht schon irgendwann einmal wieder weg – oder?"

„Na klar, die zieht jetzt in die Haut ein und macht sie ganz weich."

„Gott sei Dank, ich habe schon geglaubt, die schaut immer so aus", meinte Emilie beruhigt.

Kathrin stillte dann die Kleine und nach fünf Minuten kam dann eine vollständige Plazenta.

Charlotte, so hieß das Neugeborene, war 4380 g schwer und 54 cm lang. Sie war rosig und fürchterlich hungrig.

Hans hatte in der Zwischenzeit in der Küche eine köstliche Kärntner Jause mit eigenem Hausbrot hergerichtet.

Da die anderen beiden Mädchen nicht wach geworden waren, mussten wir etwas leiser miteinander reden und so flüsterte mir Emilie ins Ohr: „ich glaube, ich werde auch einmal Hebamme werden, denn das war richtig cool!" Super, wir brauchen ohnehin Nachwuchs!

Gegen 2 Uhr 30 machte ich mich auf den Heimweg, nachdem die Gebärmutter gut kontrahiert und Charlotte selig neben ihrer Mama eingeschlafen war.

Eine wunderschöne Hausgeburt mit einem sehr interessierten Geschwisterchen war gut überstanden.

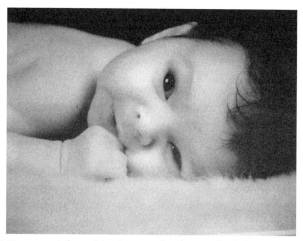

Mit ganz viel Dankbarkeit und sehr müde fiel ich dann zu Hause in einen tiefen Schlaf.

GEBURT UNTERM KIRSCHBAUM

Der Gemahl und der „Geh' mal!"
Ausspruch des werdenden Vaters

Das Telefon klingelte und eine Frau mit schwäbischem Akzent war am anderen Ende.

„Hallo, ich bin sie Silke und wollte fragen, ob ich hier richtig bin bei der Hebamme Schurian?"

„Ja da sind sie richtig, was kann ich denn für Sie tun?"

„Also, ich bin jetzt so zirka drei Wochen über meinem errechneten Geburtstermin und wollte fragen, ob ich einmal bei Ihnen vorbeikommen kann, denn ich bräuchte eine Hebamme!"

„Habe ich sie gerade richtig verstanden, sie sind bereits drei Wochen über dem Geburtstermin?", fragte ich etwas ungläubig und überrascht.

„Ja, aber, das könnte auch verrechnet sein, denn ich weiß meinen letzten Menstruationstermin nicht mehr so ganz genau. Eigentlich hatte ich ja eine Hebamme kontaktiert, diese kann ich aber seit Wochen nicht mehr erreichen. Ich weiß auch nicht warum?"

„Wo sind Sie denn jetzt zur Geburt angemeldet?", wollte ich wissen.

„Ich war mir jetzt schon zwei Kliniken anschauen, aber dort gefällt es mir nicht so richtig und da ich schon vier Kinder habe, dachte ich jetzt doch wieder an eine Hebamme."

Na die ist ja früh dran mit der Suche, dachte ich mir und vereinbarte noch am selben Tag ein Treffen bei ihr zu Hause.

Sie gab mir ihre Adresse und am Nachmittag versuchte ich verzweifelt, die mir angegebene Hausnummer zu finden.

Ich sah ein eingezäuntes Grundstück mit einem kleinen gelben Haus. Im Garten war ein Baumhaus, eine Feuerstelle und Schafe, die weideten.

Da sonst weit und breit kein anderes Haus zu finden war, stieg ich aus. Es gab keine Haustürklingel, also öffnete ich einfach die Gartentüre.

Ein mit Steinplatten gepflasterter Weg führte zu einem Gartentisch mit Bank und Stühlen.

Irgendwo muss doch dieses Haus einen Eingang haben, dachte ich bei mir und ging ums Haus herum. Ich entdeckte an die zwanzig Paar Schuhe. Stiefel und Straßenschuhe in den verschiedensten Größen und siehe da, hinter dem Berg Schuhe und einem Bambusvorhang war auch die Haustüre, die nur angelehnt war.

Im Flur rief ich dann laut: „ Hallo, ist da jemand?" – Keine Antwort. Nach ein paar Schritten erreichte ich eine hölzerne Treppe, die in das obere Stockwerk führte. Noch einmal versuchte ich mich durch Rufen bemerkbar zu machen.

„Ja, hallo, einen Moment bitte, ich sitze in der Wanne und komme gleich runter. Gehen sie bitte in die Küche und warten dort auf mich."

Noch nie in meinem Leben habe ich eine so chaotische Küche gesehen. In der Mitte stand ein riesiger Holztisch, der mit Tellern, Obst, Gläsern, Kochgeschirr und verschiedensten Essensresten voll war. Es gab keinen Platz, um auch nur eine Tasse abstellen zu können. Dementsprechend sah auch der Rest der Küche aus. Der Herd war voll mit Töpfen und das schmutzige Geschirr türmte sich im Küchenwaschbecken. Wo bin ich hier nur gelandet!!!???

Nach einer Weile stand Silke eingehüllt in einen Bademantel, der durch den hochschwangeren Bauch vorne geöffnet war und einem Turban um ihren Kopf geschlungen vor mir. Ein breites Lachen und zwei kleine, braune Augen blickten mich an. „Hallo, ich hatte gerade Lust auf ein Bad, bevor meine Rasselbande heim kommt."

Sie streckte mir ihre Hand entgegen und meinte etwas entschuldigend, dass ihr Mann noch nicht zum Aufräumen gekommen sei.

Sie wäre seit gestern etwas unruhig, da sie ja jetzt bald entbinden würde und sich nicht sicher war, ob sie jetzt Geburtshilfe zu Hause bekommen würde.

„Silke, ich würde mir jetzt gerne deinen MKP ansehen."

Sie suchte eine Weile in einer Schublade und fand ihn dann auch schließlich. Die letzte Untersuchung lag acht Wochen zurück.

„Also, wenn du möchtest, dass ich dir bei deiner Geburt zur Seite stehe, möchte ich, dass du morgen zu deinem Frauenarzt gehst und noch einmal eine Ultraschall Kontrolle machen lässt. Mir ist wichtig zu wissen, ob deine Plazenta das Baby noch ausreichend versorgt."

„Kann ich ja machen", sagte sie nicht sehr überzeugt.

„Jetzt würde ich noch gerne die Kindslage und die Herztöne des Babys kontrollieren und einen Vaginalbefund machen."

„Da gehen wir besser nach oben", meinte sie, „da haben wir mehr Platz."

Das Schlafzimmer sah so ähnlich wie die Küche aus. Überall lag Kleidung auf dem Bett und dem Boden.

Sie legte einfach ein Schaffell auf das Bett und legte sich darauf, damit ich sie untersuchen konnte. Der Muttermund war bereits verkürzt, das Köpfchen auch schon sehr tief und auch die Herztöne waren in Ordnung.

„Das sieht ja alles recht gut aus und ich denke, dass es sich nur mehr um ein bis zwei Tage handeln wird, bis es losgeht."

„Also bist du dann mit einer Hausgeburt einverstanden?"

„Wenn bei der Untersuchung morgen alles in Ordnung ist, gerne."

In diesen Moment hörte ich Kinderstimmen im Flur und eine Männerstimme hielt sie dazu an, etwas leiser zu sein.

Ihr Mann Jürgen war ein hagerer „Jesustyp". Blondes Haar, etwas gebückte Haltung und ein sehr liebevolles Lächeln im Gesicht. Er begrüßte mich ganz herzlich, reichte mir die Hand und stellte sich vorstellte. Auf dem Schoß hatte er die Jüngste sitzen, der er gerade den Anorak und die Stiefel auszog.

Die anderen drei Kinder hatten ihre Sachen einfach auf den Boden geschmissen und waren in ein Zimmer zum Spielen gelaufen.

„Wir haben etwas Chaos hier, aber das bin ich schon gewohnt. Die Kinder müssen jetzt Abend essen und ich muss noch für morgen Einiges herrichten. Ist denn bei Silke alles in Ordnung?"

„Soweit ich es beurteilen kann: ja! Aber, ich möchte, dass ihre Frau morgen noch einmal zum Frauenarzt geht, damit wir kein Risiko eingehen."

„Da freue ich mich aber, dass Sie jetzt die Geburt machen werden."

Wir verabschiedeten uns und ich dachte mir noch beim Hinausgehen: Der steht ja ganz schön unter der Fuchtel seiner Frau.

Nach zwei Tagen war es dann tatsächlich soweit. Silke rief mich gegen neun Uhr morgens an, dass sie schon in der Nacht leichtes Ziehen verspürt hätte und jetzt so alle 10 Minuten eine Wehe käme. Ich müsste mich nicht beeilen, denn sie bräuchte immer sehr lange zum Gebären.

Nachdem ich meine Sachen eingepackt hatte, machte ich mich auf den Weg.

Silke saß vor dem Haus auf der Bank und wippte mit dem Oberkörper hin und her.

„Einen wunderschönen, sonnigen Tag hast du dir zum Kinderkriegen ausgesucht", begrüßte ich sie. „Ach ja," kam von ihr mit einem ernsten Gesicht.

„Wie oft kommen den die Wehen?" „Weiß nicht so recht ich möchte noch einen Spaziergang machen", sagte sie etwas muffelig.

„Aber vorher möchte ich mir bitte noch einen Überblick schaffen, wie es dir und dem Baby geht, einverstanden?"

Wir gingen wieder in den oberen Stock. Dieses Mal war ein anderes Zimmer mit einem Bett hergerichtet. Es war frisch überzogen, wie ich wohlwollend feststellte. Ich legte eine Zellstoffunterlage aufs Bett und untersuchte Silke.

Der MM war erst auf 3-4 cm geöffnet, das Köpfchen gut eingestellt und auch die Herztöne in Ordnung. „Wo hast du denn den MKP hingelegt?" „Der liegt rechts auf dem Schränkchen".

Der Frauenarzt hatte den US-Befund (US = Ultra Schall) eingetragen, der allerdings unauffällig war und das heutige Datum zur Einweisung ins Krankenhaus dazugeschrieben.

Silke nahm das jüngste Kind bei der Hand und ging spazieren.

In der Zwischenzeit hatte ich die Gelegenheit, mit Jürgen zu sprechen. Wir unterhielten uns über alles mögliche und dabei boten wir uns auch das Du an. Er war damit beschäftigt ein rundes Wasserplanschbecken aufzublasen.

Er positionierte es im Halbschatten unter einem Kirschbaum. Der letzte Ring am Becken war aufgeblasen und durch einen Gartenschlauch lief Wasser hinein.

So ein lieber Vater, dachte ich mir. Jetzt richtet er noch für die Kinder ein Becken zum Schwimmen neben all der vielen Arbeit, die er zu machen hat.

Silke kam gerade von ihrem Spaziergang zurück und sagte zu ihrem Mädchen: „Geh du mal zum Papa, ich brauch jetzt meine Ruhe!"

Immer wieder stützte sie sich auf und veratmete eine Wehe.

Sieht ganz gut aus, dachte ich so bei mir und kontrollierte noch einmal die Herztöne, die in Ordnung waren.

Mittlerweile war eine ältere Dame mit dem Auto vorgefahren und lud die restlichen Kinder aus. Wie sich herausstellte, war das die „Omma" (sie sprachen das „m" so zackig in ihrem Dialekt aus), die aus Deutschland angereist war, um ihrer Tochter nach der Geburt zu helfen. Sie hatte sämtliche Kinder aus den Schulen abgeholt, damit sie bei der Geburt anwesend sein konnten. Die drei Größeren elf, neun und sieben Jahre alt waren Buben und das Mädchen war sechs Jahre alt.

Die Omma war eine sehr feine und gepflegte Frau. Sie stellte sich bei mir vor und erklärte mir auch gleich, dass sie die Kinder soweit, wie möglich beschäftigen wird, bis das Baby geboren wäre.

Mir fiel regelrecht ein Stein vom Herzen, da ich zugegebener Maßen doch etwas überfordert gewesen wäre.

Als ich wieder nach Silke schauen wollte, traute ich meinen Augen nicht. Sie hatte sich nur mit einem BH bekleidet in das Wasserbecken gesetzt und gab ihrem Mann lauthals Kommandos: „Das Wasser ist mir noch viel zu kalt, du musst die Eimer etwas schneller tragen, jetzt geh´ doch endlich los und mach' schon."

Als Jürgen dann mit dem leeren Wassereimer auf mich zukam, meinte er: „Weißt du Petra, ich bin hier nicht nur der Gemahl," sondern auch der "Geh' mal!!!"

„Geh' mal dahin, mach mal dies und mach mal das, wirst du ja schon bemerkt haben – oder?"

Wie recht er hatte, er war hier einfach zum Dienen verurteilt.

Silke war, was das persönliche Gespräch mit Jürgen betraf, sehr einsilbig und ich wurde von Omma aufgeklärt, dass sie am Vortag miteinander gestritten hätten.

Das auch noch, dachte ich bei mir selber, ist keine gute Voraussetzung für eine Hausgeburt.

Die Wehen kamen in immer kürzeren Abständen und ich schlug deshalb vor, in den oben hergerichteten Geburtsraum zu gehen.

„Mich bringen hier keine zehn Pferde mehr heraus", war die Antwort von Silke.

Na wunderbar und jetzt? Zu dieser Zeit hatte ich einiges über Wassergeburt gelesen, wie das ausgezeichnete Buch „Erlebnis Wassergeburt" von Cornelia Enning. Ich hatte aber bis dahin noch nie eine Geburt im Wasser gemacht.

„Oje!", kam aus dem Wasserbecken. „Mir ist gerade meine Fruchtblase geplatzt."

Jetzt war bei einer Fünftgebärenden nicht mehr viel Zeit zum Überlegen. Ich schickte den „Geh' mal", meine Geburtstasche zu holen.

Nachdem ich eine kurze Sommerhose trug, zog ich meine Schuhe aus und kniete mich ins Wasserbecken, um Silke untersuchen zu können.

Der Kopf war bereits etwas sichtbar und ich hatte nicht einmal mehr Zeit, Handschuhe anzuziehen, was ja ohnehin kontraproduktiv gewesen wäre. Sie hätten sich sofort mit Wasser gefüllt.

Silke begann jetzt bei jeder Wehe richtig laut zu werden. Jürgen hatte mit zwei langen Holzstangen Leintücher bei der Hecke aufgehängt, um den Nachbarn die Sicht zu nehmen. Dennoch stand in diesem Moment der Briefträger am Gartenzaun und wollte eine Unterschrift. Super!

Jetzt ging alles ganz schnell: Omma erledigte die Unterschrift, der „Geh' mal" hatte sich hinter Silke im Becken positioniert und hielt sie in seinen Armen. Bei der nächsten Wehe musste ich aktiv Dammschutz machen und ich sah, wie unter Wasser das Köpfchen geboren war. Eine Kirsche plumpste ins Becken, eines der Kinder fischte sie heraus und aß sie. Die kleine Miri war bei der nächsten Wehe geboren und lag auf der Brust von Silke. Vorsichtig blinzelte sie in die Sonne und nuckelte an ihrer Hand.

Wie zufrieden und selig dieses Kind war, beeindruckte mich wahnsinnig. Dies war auch der Grundstein, mich mehr mit Wassergeburten zu beschäftigen.

Silke tönte immer noch vor sich hin und irgendwie hatte man den Eindruck, dass sie es noch gar nicht begriffen hatte, dass ihr Kind bereits geboren war.

Jürgen machte dann den Anfang und hob die Kleine unter Wasser etwas an. Ich bedeckte sie mit einer großen Windel.

„Ach her je, du bist ja schon gelandet", waren die ersten Worte von Silke.

Der größere Bruder Tobias durfte dann die Nabelschnur durchtrennen und oben im Zimmer versammelten sich alle rund ums Baby.

Silke genoss es sichtlich von allen betreut, verwöhnt und gestreichelt zu werden.

Die Nachbarn waren dann auch nach zwei Stunden mit einem frisch gebackenen Kuchen zum Bestaunen des kleinen Zauberwesens gekommen.

Trotz aller Umstände war dies eine der für mich beeindruckendsten Geburten, mit sehr großem Einfluss auf meine weitere Tätigkeit.

Die kleine Miri war wie ein kleiner Engel, nie schrie sie beim Wickeln oder Anziehen und war rundherum zufrieden.

Das musste doch etwas mit der Art und Weise ihrer Geburt zu tun gehabt haben, was sich später bei meinen ganzen Wassergeburten* bestätigte.

Diese Kinder waren einfach „anders".

DIE VERFLIXTE NÄHKISTE

Das einzige Mittel, den Irrtum zu vermeiden, ist die Unwissenheit.

In Hermagor hatte ich in 14 Tagen eine Hausgeburt geplant. Anita eine Zweitgebärende, hatte am Piepser die zweite Nummer und so warteten wir gemeinsam auf den Geburtsbeginn – sie in Hermagor, ich in Feldkirchen.

Bereits beim Hausbesuch in der Schwangerschaft hatte ich gut eine Stunde Fahrzeit benötigt und so hofften wir, dass die Geburt in der Nacht beginnen würde.

Wünschen ist das Eine und Realität das Andere.

Es war an einem Freitag Nachmittag, als Anita mich zu Hause anrief, um mir mitzuteilen, dass Fruchtwasser abgehen würde, sie aber nur ein leichtes Ziehen im Kreuz hätte. Ihr Mann käme erst gegen 18 Uhr nach Hause und sie würde sich noch einmal bei mir melden, wenn die Wehen konkreter wären.

Nachdem das Fruchtwasser* klar war und tröpfchenweise abging, war auch ich nicht besorgt.

In der Nähe von Feldkirchen hatte ich am Nachmittag noch zwei Wöchnerinnen zu betreuen und danach machte ich mich auf den Weg.

Es war so gegen 17 Uhr 45, als mein Piepser mit der Nummer zwei anschlug.

Eine Mutter hatte zu wenig Milch und so war ich noch dabei, ihr das richtige Stillen* zu erklären.

Wir brauchten noch 20 Minuten und dann fuhr ich bereits Richtung Hermagor.

Auf der Autobahn war für unsere Verhältnisse viel Verkehr und ich musste immer wieder vom Gas weg.

Bei der Abzweigung Hermagor fuhr ich die Gailtalstraße entlang, die mehrere Kilometer in Serpentinen verläuft. Vor mir waren zwei Lastkraftwagen, einer davon mit Anhänger. Sie fuhren mit „satten" 40km/h. Ans Überholen war nicht zu denken, da man durch die vielen Kurven keine Übersicht hatte.

Seit gut einer Stunde war ich nun unterwegs, als wieder die Nummer zwei piepste. Nirgends war hier eine Möglichkeit zu telefonieren. Als zum dritten Mal das Signal anschlug, bekam ich feuchte Hände.

Na hoffentlich bin ich bald da. Ich hatte genau noch acht Kilometer zu fahren. Als ich dann wieder freie Fahrt hatte, drückte ich auf´s Gaspedal.

Die Haustüre ist angelehnt, sah ich schon bei der Hauseinfahrt. Das Auto von Heinz war bereits in der Garage.

Im Laufschritt war ich an der Türe. Zog schnell meine Straßenschuhe und den Mantel aus und lief ins Wohnzimmer. Heinz kniete am Teppich und hatte vor sich eine große Nähkiste ausgeleert. Ganz hektisch wühlte er zwischen Nähspulen und Stopfwolle herum.

„Servus, wo ist die Anita und was machst denn da?"

„Das Baby ist schon da, in der Dusche und ich kann keine Schere finden," schrie er ganz hysterisch.

Als ich die Badezimmertüre öffnete, saß Anita bei laufendem Wasserstrahl im Türkensitz in der Duschwanne. Sie hatte das Neugeborene im Arm und hielt schützend die Hand über das Gesicht des Babys.

Nachdem ich den Wasserhahn abgedreht hatte, gratulierte ich Anita mit einer Umarmung.

„Wie hast denn das jetzt so schnell geschafft?"

„Die Wehen wurden immer schmerzhafter und so hab' ich mir gedacht, dass Wärme im Kreuz gut tun würde. Nach nur 10 Minuten duschen musste ich in die Hocke gehen und mitpressen. Heinz ist dagestanden und hat nur groß geschaut. Als dann das Baby da war ist, er wie von der Tarantel gestochen raus gelaufen und da bist du auch schon gekommen."

Nun half ich beiden aus der Dusche und legte ihr ein großes Badetuch um die Schultern.

„Heinz, magst abnabeln?" rief ich ins Wohnzimmer.

Mit schneeweißen Gesicht stand er an der Türe. „Geht´s dem Baby eh gut? „Beide sind wohlauf ", lachte ich ihn an.

Jetzt liefen ihm die Tränen über das Gesicht und es sprudelte nur so aus ihm heraus. „Ich hab´geglaubt, dass das Baby gleich erstickt, wenn ich die Nabelschnur* nicht schnell durchschneide und ich hab´ keine Schere gefunden. Ich war so froh, wie du bei der Türe hereingekommen bist."

Erst jetzt begriff ich, warum Heinz so panisch reagiert hatte. Er wusste es einfach nicht, dass die Nabelschnur die Kinder noch eine ganze Weile weiter versorgt – auch und vor allem mit Sauerstoff. So wurde mir immer mehr bewusst, wie wichtig auch für die werdenden Väter eine Geburtsvorbereitung wäre.

In aller Ruhe erklärte ich Anita und Heinz, wie grandios die Natur diese Verbindung von Mutter und Kind geschaffen hat.

Danach wog ich den kleinen Erdenbürger ab, wickelte ihn und zog ihn an.

Ich blieb noch zwei Stunden bei der Familie und half Heinz ein Nachtmahl herzurichten.

Das erste Kind von beiden war bei der Großmutter untergebracht, was ich dann sehr schade fand, da es sein Geschwisterchen erst am nächsten Morgen kennenlernen durfte.

Dennoch ging eine turbulente Hausgeburt friedlich und glücklich zu Ende.

Als ich meinen Heimweg antrat lagen sie zu dritt im Ehebett und schliefen.

DIE GUMMISTIEFELGEBURT

Im Rausch des Geburtsstiefels!!!

In meiner Hausgeburtszeit durfte ich sehr viele Frauen kennenlernen, die sehr unterschiedliche Auffassungen rund um die Geburt hatten.

Da gab es welche, die mich als „rettenden Strohhalm" im Hintergrund haben wollten, aber eigentlich alleine entbinden wollten, wie manche Frauen, die auf einer Almhütte oder im Wald lebten.

Solche Vorstellungen respektierte ich, lehnte sie aber aus Sicherheitsgründen definitiv ab.

Es ist schon eine große Herausforderung, wenn Geburten von sich aus beim Spazierengehen, im Keller oder wie ich es auch erlebt hatte, im Fahrstuhl „passieren", aber herausfordern sollte man das Schicksal dennoch nicht.

Es war an einem wunderbaren Sommerabend, als ich von Regina den Anruf bekam, dass ihr Kind sich auf den Weg gemacht hätte, aber ich solle mir noch Zeit lassen mit dem Vorbeikommen. Sie hätte erst seit einer Stunde so alle zehn bis fünfzehn Minuten eine Wehe. Beim ersten Kind hätte es von da an noch zehn Stunden gedauert.

Zwei Tage davor, also an ihrem Geburtstermin, kam Regina mit dem Heurechen auf dem Autodach bei mir vorbei und erzählte mir, dass sich in der Nacht der Druck auf den Magen so verstärkt hätte, dass sie kaum Luft bekäme.

Ich tastete ihren Bauch ab und hatte unter dem Rippenbogen sofort das Köpfchen in der Hand. Das Baby hatte sich in die Steißlage gedreht. Im Mutter-Kkind-Pass war eingetragen, dass sich das Kind ab der 32. SSW (SSW = Schwangerschaftswoche) immer wieder gedreht hatte. Also von der Schädellage in die Steißlage und umgekehrt.

In meiner 25-jährigen Tätigkeit als Hebamme habe ich festgestellt, dass sich Kinder von Frauen, die anstrengende Arbeiten machen oder sich häufig bücken, auch ständig drehen, wenn sie die Möglichkeit dazu haben.

Solche Steißlagen* unterscheiden sich aus mehreren Gründen von Steißlagen, die sich einstellen und auch so bleiben.

Bei Regina war es definitiv das viele Bücken und das relativ kleine Baby. Also viel Platz, um Purzelbäume zu schlagen.

Beim Liegen legte ich zwei große, stabile Polster unter ihr Becken und erreichte damit, dass der Steiß aus dem kleinen Becken rutschte. Dann kontrollierte ich auf welcher Seite sich der Rücken des Babys befand und drehte es mit einer Rolle vorwärts in die Schädellage.

So einfach geht es leider nicht immer, da die Babys rund um den Geburtstermin meist ausgewachsen sind und sich deshalb ziemlich fest im kleinen Becken einstellen.

Die Bauchdecke der Mutter muss weich genug und es muss genug Platz sein, um sich umdrehen zu können. Am besten lassen sich Kinder um die 34. SSW – je nach Befund* – noch umdrehen.

In diesem Zeitraum hatte ich etliche Frauen vor dem Kaiserschnitt bewahrt, da immer weniger Ärzte die Steißgeburt wirklich erlernen oder es sich aus Sicherheitsgründen nicht mehr zutrauen.

Im Prinzip ist es eine Längslage und sollte zumindest – überwacht mit einem CTG (Cardiotokogramm = Gerät zur simultanen Aufzeichnung der mütterlichen Wehentätigkeit und der kindlichen Herztöne) – versucht werden.

Ich empfahl ihr jetzt einen längeren Spaziergang, da das Kind in der Schädellage war. Regina lachte und erklärte mir, dass sie ja ohnehin auf dem Weg zum Heurechen war und sie so genug aufrechte Bewegung hätte. Da gab ich auf und fuhr heim.

Bäuerinnen haben da ihren eigenen Kopf und es ist völlig sinnlos sie davon abhalten zu wollen.

Mein sehr ausgeprägter Hebammeninstikt sagte mir aber eindeutig, als ich – kaum zuhause angekommen – den Telefonhörer aufgelegt hatte, dass ich mich gleich wieder auf den Weg Richtung St. Veit machen sollte.

Als ich auf dem Hof ankam war es 17 Uhr 45. Mein Auto parkte ich vor der Haustüre, um meine Hebammentasche und alles, was ich sonst noch brauchte in das für die Geburt vorgesehene Zimmer zu bringen. Das Haus war definitiv leer und auch lautes Rufen hatte keinen Erfolg.

Hubert, ihr 6-jähriger Sohn fuhr mit dem Fahrrad im Hof herum und so fragte ich ihn, wo denn die Mama sei.

„Die ist um diese Zeit immer im Stall, melken", sagte er und fuhr gleich wieder weiter.

„Na bravo!", dachte ich mir und ging zielstrebig Richtung Stalltüre.

Regina saß mit einem Kopftuch, einer blauen Latzhose und Gummistiefeln bei einer Kuh und massierte das Euter, um die Melkmaschine anzuschließen.

„Na wie geht's dir und wie sind die Wehenabstände?" „Alles noch im grünen Bereich, aber sie kommen schon a bißl öfters", sagte sie ohne mich anzuschauen.

Mit der Zeit lernt man auch als Hebamme, in Frauengesichtern zu lesen. Dieser Ausdruck war mir sowas von vertraut, wenn Frauen tapfer sein wollen und die Wehen regelrecht herunterschlucken.

„Ich muss noch die zwei Kühe melken, denn der Franz kommt erst gegen 19 Uhr von der Arbeit und dann bin ich fertig", meinte sie mit einem kurzen Lächeln und wischte sich mit dem Handrücken über die Stirn."

„Regina ich sehe doch, dass du schon sehr gute Wehen hast und würde nur all zu gerne die Herztöne des Babys kontrollieren."

„Das geht jetzt mit dem Stallg'wand nicht gut, aber ich bin in einer viertel Stunde fertig und gehe mich dann duschen, dann kannst du gerne alles kontrollieren. Geh' einstweilen ins Haus und richt' alles her."

Als ich gerade den Stall verlassen wollte, hörte ich im Hintergrund ein tiefes Stöhnen. Regina hielt sich mit beiden Händen den Bauch und hatte beim Ausatmen ein Geräusch von sich gegeben, dass sich nach pressen anhörte.

„So jetzt können wir aber nicht mehr darauf warten, bis du die Kühe fertig gemolken hast. Du kommst jetzt auf der Stelle mit mir ins Haus, Regina."

Als die Wehe abgeklungen war, konnte Regina kaum mehr gehen.

Ich schleppte sie irgendwie über den Hof und nach zwei weiteren Presswehen landeten wir in der Küche.

Auf der Türschwelle platzte die Fruchtblase und ein kleiner See bildete sich am Boden.

Mit vereinten Kräften zog ich ihr einen Gummistiefel aus, um die Latzhose ausziehen zu können. Wir schafften es aber nur mit einem Bein aus der Hose zu bekommen. Schnell legte ich eine Krankenbettunterlage unter ihr Gesäß. Gerade noch konnte ich mir Handschuhe anziehen. Denn bei der nächsten Wehe musste ich die kleine Lilli regelrecht auffangen.

Geburten an den verschiedensten Orten und auch im Freien hatte ich schon erlebt, aber eine Frau in Gummistiefeln hatte ich noch nicht entbunden.

Wir mussten beide wegen der Situationskomik herzlich lachen und machten sogar noch ein Foto zur Erinnerung mit dem Baby auf dem Arm und dem einen Gummistiefel am Fuß.

Da Regina sehr streng nach Stall roch, durchtrennte ich nach dem Auspulsieren die Nabelschnur, wickelte das Baby in ein Flanelltuch und legte es ins Babykörbchen.

In diesen Moment kam Hubert, der Bruder von Lilli, zur Küchentüre herein. „Was ist denn da passiert?", fragte er ganz erstaunt und ging sofort zum Körbchen. „Mei das Baby ist schon geschlüpft!", und streichelte ganz sanft über die Wange. „Das ist ja noch ganz 'nackabazi'", sagte er mit einem Lächeln im Gesicht.

„Du bist jetzt der große Bruder und passt bitte auf die Lilli auf, ich gehe jetzt mit der Mama ins Badezimmer, damit sie sich waschen kann, ok?"

„Ok", sagte er und blieb auch brav bei der Kleinen.

Regina schaffte es bis zum Bidet, was sehr praktisch war, da die Plazenta sich gelöst hatte und direkt ins Bidet plumpste.

Diese Methode habe ich mir auch für später gemerkt, da dann die Lösungsblutung kontrolliert werden konnte und durch das aufrechte Sitzen der Frauen die Plazenta ohne Zutun von selbst kommt.

Regina ging dann frisch geduscht mit mir ins Schlafzimmer, wo ich ihr half, Lilli anzulegen.

Als dann ihr Mann nach Hause kam, staunte er nicht schlecht, dass der Nachbar die zwei Kühe fertig gemolken, seine Frau bereits seine Tochter geboren und er es nicht mehr geschafft hatte, dabei zu sein.

„Beim nächsten Kind sagst du mir aber a biß'l früher Bescheid, denn ich will auch einmal dabei sein." Franz war nicht der Vater von Hubert und so war es für ihn das erste Kind.

So eine Meldung kann doch nur von einem Mann kommen, denkt jetzt schon wieder an das nächste Kind.

Gemeinsam saßen wir alle an dem großen Holztisch in der Küche und feierten mit dem Nachbarn das kleine Wunder, das uns da beschert wurde.

EINE UNGEWÖHNLICHE NACHBETREUUNG

Wenn man die Natur einer Sache durchschaut hat,
werden die Dinge berechenbar!
Blade

Als frei praktizierende Hebamme übernimmt man auch die Wochenbettbetreuung von Müttern, die eine ambulante Geburt oder eine sogenannte vorzeitige Entlassung aus dem Krankenhaus hatten.

Man fährt dann für eine Woche täglich zur Familie und unterstützt die Wöchnerin bei der Babypflege, beim Stillen und kontrolliert die Rückbildung der Gebärmutter.

So bekam ich vom Krankenhaus den Anruf, dass eine Frau, die in der Nähe von Hochosterwitz zuhause ist, letzte Nacht ihr Kind geboren hatte und eine Nachbetreuung bräuchte.

Am Nachmittag machte ich mich zu der angegebenen Adresse auf und läutete an der Haustüre.

Ilse hatte ihr Neugeborenes mit einem Tragetuch an ihren Körper gebunden. Wir begrüßten uns und sie führte mich ins Wohnzimmer. „Wie war denn die Geburt?"

„Ganz ok", meinte sie und lenkte gleich vom Thema ab.

Erst beim Hinsetzen sah ich, dass sie und das Baby vollkommen nackt unter dem Tragetuch waren. Sie hatte lediglich eine Sweatshirt Jacke darüber an.

Aus dem Kinderzimmer rief plötzlich ein anderes Kind: „Mama!"

„Das ist Maxi, er ist jetzt zwei Jahre alt und ist ziemlich eifersüchtig auf den Kleinen. Er lässt mich kaum aus den Augen und will immer, dass ich mit ihm spiele." Als sie dann aufstand, um ins Kinderzimmer zu gehen, ging ich mit.

Es hatte einen unangenehmen Geruch im Zimmer, den ich anfangs nicht zuordnen konnte. Bei genauerem Hinschauen blieb mir allerdings die Spucke weg.

Direkt neben der Legokiste war ein Kackhaufen zu sehen. Der Bub lief ebenfalls nackt durch die Gegend. Auf dem Parkettboden hatten sich bereits helle Flecken abgezeichnet, die eindeutig von Urinspuren kamen.

Als Ilse mein Erstaunen sah, erklärte sie mir entschuldigend, dass sie und ihr Mann sich vorgenommen hatten, die Kinder ohne Windeln groß zu ziehen.

Sie hätte von ihrer besten Freundin vor Jahren das Buch „Es geht auch ohne Windeln", von Ingrid Bauer, geschenkt bekommen und ihr Mann wäre auch sofort damit einverstanden gewesen, da sie beide sehr umweltbewusst wären.

„Alles gut und schön", sagte ich zu ihr, „aber hier habe ich ein riesiges Hygieneproblem!"

Alleine, dass hier die Exkremente vom zweijährigen Max mitten im Kinderzimmer waren, dass es fürchterlich nach Exkrementen stank und, dass auch das Neugeborene ohne Windeln am nackten Körper getragen wurde, war mir einfach zu viel.

Außer bei Eingeborenen in heißen Ländern, hatte ich es noch nicht erlebt, dass Eltern ihre Kinder ohne Windeln groß ziehen wollten. Aber doch BITTE nicht bei uns in Mitteleuropa!

„Du musst mir bitte jetzt erklären, wie das mit dem Neugeborenen funktionieren soll! Was ich hier sehe, ist der reinste Sauhaufen und damit kann ich nicht umgehen", sagte ich etwas ungehalten zu ihr.

„Bitte beruhigen Sie sich meinte sie" und setzte sich neben mich. „Ich habe das beim Maxi auch erst ausprobieren müssen. Im Prinzip funktioniert es ganz gut, man muss halt ständig mit dem Baby im Kontakt sein und auf gewisse Laute oder Körperregungen aufpassen. Mit der Zeit versteht man dann ganz genau, wann das Kleine sich lösen will. Sie fangen an, unruhig zu werden und dann muss ich halt immer das gleiche Codewort, wie zum Beispiel ‚pss pss pss' sagen und das Baby über das Waschbecken oder eine Schüssel halten."

„Und das machst du dann auch in der Nacht so?", fragte ich ganz ungläubig.

„Ja ich lege mir zur Sicherheit einen Kautschuk ins Bett, falls ich zu tief schlafen sollte. Außerdem kann auch mein Mann das übernehmen, falls er es mitbekommt."

„Na prost Mahlzeit!", dachte ich mir. „Warum kommen hier Menschen auf so eine Idee?"

Ich habe noch keinen Erwachsenen mit vollgesch.... Hosen erlebt, irgendwann geht jedes Kind von selber aufs Klo – ob sie vorher gewickelt werden oder nicht.

„Der Maxi protestiert jetzt auf diese Weise, dass er ständig sich auf dem Boden löst und nicht wie bisher seinen Topf verwendet. Er will dadurch mehr von meiner Aufmerksamkeit bekommen."

„Das kann ich gut nachvollziehen", erklärte ich ihr, „da hat er eine sehr gute Waffe gegen euch, die er einsetzen kann. Doch ich möchte gerne eure Motivation verstehen, die Kinder ohne Windeln groß zu ziehen."

„Wir denken da sehr alternativ und umweltbewusst: wenn man an den riesengroßen Müllberg denkt, den Windeln erzeugen, sich einen Haufen Geld spart und Allergien vorbeugen kann, ist es doch nachvollziehbar – oder?"

Irgendwie leuchteten mir diese Argumente ein, aber die konsequente Umsetzung schien mir doch sehr fraglich, aufwendig und kompliziert.

Bei uns hat man immer Babys und Windeln als Symbiose gesehen und kennt es einfach nicht anders. In warmen Ländern mag es deshalb einfacher sein, da es keine kalten Jahreszeiten gab und die Kinder sich jederzeit draußen im Gras oder Sand lösen können. Aber in Mitteleuropa stelle ich mir das fast unmenschlich vor, was die Mutter betrifft und ihre Verantwortung. Ständig muss sie Körperkontakt mit dem Kind haben, um seine Bedürfnisse zu erkennen. Vor allem, wenn sie noch weitere Kleinkinder hat, es ist unvorstellbar für mich.

Wann kann die Frau einmal für sich sein, wie zum Beispiel beim Duschen oder selber auf die Toilette gehen? Alles Fragen, die mich noch Tage danach beschäftigten.

Eine Woche lang betreute ich Ilse und musste einsehen, dass jeder mit seinen Vorstellungen und Wünschen glücklich werden soll, aber nicht, wenn es zu Krankheiten oder Infektionen kommen kann, dann müsste ich als Hebamme einschreiten.

Was die Hygiene im Kinderzimmer betraf, einigten wir uns darauf, dass auf den Parkettboden eine Folie gelegt wurde, die täglich mit Desinfektionslösung gereinigt wurde.

Ich traf die Familie dann später bei einer Ausstellung und da erklärten sie mir, dass sie nach sechs Wochen einen Kompromiss eingegangen waren. Sie wickelten die Kinder, wenn sie außer Haus gingen und lassen sie zu Hause weiterhin ohne Windeln.

Na dann, fröhliches Boden schrubben und gemütliches beisammen wohnen, dachte ich bei mir!!!

DER ZUKÜNFTIGE GYNÄKOLOGE

Berufung ist die Einladung, sich in Gott zu verlieben und diese Liebe unter Beweis zu stellen!
Mutter Teresa

Im Mölltal war eine Mutter zur Hausgeburt bei mir gemeldet.

Franziska war eine großgewachsene, dunkelhaarige Frau mit sehr viel Power. Sie hatte einen wunderbar eingerichteten Naturkostladen und arbeitete noch in der 39. SSW von morgens bis abends.

Ihr 11-jähriger Sohn, Matthias, war ein aufgeweckter, blonder Junge, der sehr interessiert immer wieder bei meinen Hausbesuchen in der Schwangerschaft Fragen stellte.

Einmal wollte er wissen, ob das Baby ihn hören kann, wenn er mit ihm spricht. Das nächste Mal fragte er mich, wann das Baby denn weiß, dass es „ausziehen" muss.

Bei dieser Frage mussten wir alle herzlich lachen, denn es klang genauso, als ob dem Kleinen der Mietvertrag gekündigt wird.

„Gute Frage", sagte ich zu ihm, „das weiß keiner so wirklich. Die einen meinen es seien Botenstoffe, die der Mutterkuchen sendet, die anderen meinen es wäre das Baby selber."

„Und wer ist es dann?", fragte er weiter.

„Ich denke es sind Hormone, die zwischen Mutter und Kind hin und herwandern. Irgendwann bemerkt dann das Gehirn der Mutter die hormonelle Veränderung und schüttet das Wehenhormon Oxytocin aus. Dann beginnt die Gebärmutter zu arbeiten."

„Ja, aber wie arbeitet denn die Gebärmutter?"

Also erklärte ich ihm, dass dieses Organ wunderbar von der Natur her geschaffen ist: "es wächst in der SS mit dem Baby mit und hat drei verschiedene Muskeln."

„Was, echt?"

„Du musst dir das so vorstellen: sie hat Längs-, Quer- und Schrägmuskeln, die bei einer Wehe das ganze Kind einhüllen und nach unten schieben."

„Ja aber erst, wenn das Baby fertig ist oder?"

„Ja, normalerweise beginnt die Gebärmutter so zwei, drei Wochen vor dem Termin zu üben. Dann wird der Bauch von der Mama immer wieder hart und so bekommen die Muskeln richtig Kraft für den wichtigen Tag."

„ Das ist ja alles richtig spannend", meinte Matthias und erzählte mir gleichzeitig, dass er in der Schule am liebsten Biologie hat und unbedingt jetzt Frauenarzt werden möchte.

Als ich dann bei Franziska die Herztöne kontrollierte, hatte er auch da eine unglaubliche Idee: „Man könnte doch aus diesen Tönen ein Babylied komponieren. Die Babys erinnern sich dann an den Bauch zurück und bekommen ein gemütliches Gefühl."

Also ich bin echt davon überzeugt, dass der Matthias mit seinem Einfühlungsvermögen noch Einiges bewegen wird.

Wie selbstverständlich war es dann auch, als die Wehen bei Franziska einsetzten, dass er mich zur Geburt anrief und ganz aufgeregt war. Von Anfang an war er bei der Geburt dabei, reichte mir Dinge zu oder brachte seiner Mutter etwas zu trinken. Sogar den Rücken hat er mit mir gemeinsam während der Wehen mit Öl massiert und war sichtlich stolz darauf, dass es der Mama dabei gut ging. Auch machte er immer wieder Fotos und zog sich dann wieder in sein Zimmer zurück.

Die eigentliche Geburt hat dann auf dem Gebärhocker stattgefunden. Matthias saß im Schneidersitz vor seiner Mama und erzählte mit einer Hingabe, was er alles sah.

Bei jeder Wehe feuerte er sie an, weiter zu machen, denn er sehe schon die Haare. Als er dann fast hektisch wurde, als nach einer Presswehe das Köpfchen wieder zurückschlupfte, musste ich ihn etwas einbremsen.

„Matthias, das ist jetzt ganz normal, denn die Scheide braucht jetzt auch etwas Zeit sich zu dehnen. Du kannst mir jetzt aus der Küche die Teekanne mit dem warmen Wasser bringen." Sofort sprang er auf, glücklich endlich was tun zu können.

Ich tauchte meinen Dammfleck in warmes Wasser und tröpfelte gleichzeitig reichlich Babyöl darauf.

„Mei, das tut sooo gut! Jetzt weiß ich auch wieder, wohin ich drücken soll", meinte Franziska mit einem kurzen Lächeln zu mir.

Nach ein paar kräftigen Presswehen war David geboren.

Noch nie hatte ich es erlebt, dass ein Kind so emotional nach einer Geburt reagiert hatte, wie Matthias. Er hüllte seinen Bruder mit unfassbarer Hingabe in warme Tücher. Streichelte immer wieder über sein Köpfchen und sprach mit ihm, als ob er schon immer da gewesen wäre.

Allerdings abnabeln wollte er dann doch nicht. „Das kannst du sicher besser", meinte er.

Der kleine David hat dann im Waschbecken von mir ein „Genussbad"* bekommen. Ich legte ihn im warmen Wasser in die Bauchlage, das Gesichtchen auf meine Handfläche und wie wir dann auf dem Foto (übrigens hat Matthias von ganz alleine die gesamte Geburt fotografiert) gesehen hatten, war er tatsächlich eingeschlafen. Von Geburtsstress keine Rede!!!

Auch im Wochenbett waren die Fragen von Matthias eine Herausforderung: „Wann weiß der David, dass ich sein Bruder bin? Wird ihm das nicht langweilig, jeden Tag das gleiche zu essen? Warum schreit er eigentlich immer, wenn er Hunger hat? Wann kapiert er endlich, wann es Nacht ist und wir schlafen wollen?" ...

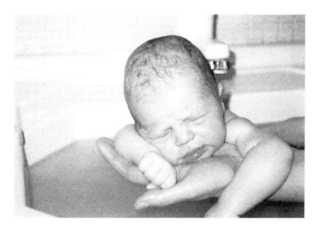

Nicht immer konnte ich seinen Wissensdurst stillen, aber von einem war ich hundert prozentig überzeugt: der wird einmal Gynäkologe aus Berufung.

DIE LANGZEITMIETER

*Ich liebe die Bequemlichkeit und finde es
äußerst mühsam, mich jetzt zu bewegen!*
Molière

Der errechnete, von allen ersehnte Tag X ist da und der Tag geht – und nichts, aber schon überhaupt nichts passiert.

Einen sehr hilfreichen Tipp an dieser Stelle – allerdings erst für die nächste Schwangerschaft – wäre: von Anfang an niemandem das genaue Datum des Geburtstermins zu verraten. Bleiben Sie bei Mitte oder Ende des bestimmten Monats. Sie ersparen sich eine Menge Stress durch Anrufe von lieb gemeinten und besorgten Bekannten und Verwandten.

Spürst du noch gar nichts? Kein Ziehen im Kreuz? Bewegt sich das Baby eigentlich noch? Wann gehst du denn wieder zum Arzt? Hoffentlich geht es dem Kind noch gut?

All diese Meldungen kann man zu diesem Zeitpunkt so überhaupt nicht brauchen. Als ob man selber Schuld wäre, dass das Kind immer noch nicht geboren ist!

Die meisten Frauen rechnen insgeheim damit, dass sich das Kind möglicherweise sogar früher, als erwartet auf den Weg macht; die wenigsten Frauen können sich – speziell beim ersten Kind – vorstellen, dass sie über den errechneten Termin gehen.

Diese unbewusste Erwartungshaltung und die Einstellung, unser Leben vorwiegend nach Terminkalender und Datum zu leben, führt dazu, dass viele Eltern und Ärzte viel zu schnell ungeduldig werden.

Der errechnete Termin ist nur ein Richtwert, nicht mehr und nicht weniger. Er kann nach meiner Erfahrung vollkommen falsch sein, trotz aller bisherigen Berechnungen und technischen Einrichtungen, die uns zur Verfügung stehen.

Eine Schwangerschaft dauert 9 Monate oder 40 Wochen und aus, Schluss, basta!!

Dieses rigide Denken hat leider viel zu oft zu vorzeitigen Einleitungen geführt, nach denen man dann nach der Geburt einsehen musste, es hätte ja eigentlich noch Zeit gehabt, da das Neugeborene überhaupt keine Übertragungszeichen* hatte.

Sehen Sie den Geburtstermin nicht zu eng. Wenn Sie auch ganz genau wissen, wann „es passiert" sein soll, sagt das noch lange nichts darüber aus, wie lange Ihr Kind noch braucht, um „ausgebacken" zu sein.

„Lasst sie doch einfach mal machen!" Das ist grob gesagt die Zusammenfassung einer, soeben (Februar 2018) von der Weltgesundheitsorganisation (WHO) veröffentlichte Richtlinie zum Thema Geburt.

So die These des Berichtes, bräuchten Frauen vor und während der Entbindung in den allermeisten Fällen keine Hochleistungsmedizin, sondern Ansprache, Verständnis und Vertrauen in die Natur.

Und somit zerstören rigide und längst überholte Gewohnheiten den Zauber der Geburt!!!

Auch meiner Meinung nach „gehorchen" manche Frauen viel zu überstürzt ihren Frauenärzten und lassen – nach nur wenigen Tagen die Geburt künstlich einleiten, nur weil der Termin um ein paar Tage überschritten ist.

Die Frauen werden um eine natürliche Geburt regelrecht betrogen. Ich persönlich bin davon überzeugt, dass dieser Betrug nicht ohne Folgen bleibt.

Möglicherweise sind es diese künstlich-beschleunigt entbundenen Kinder, die sehr unruhig sind, ständig zusammenzucken und trotz liebevollem Umgang verhältnismäßig viel schreien und die Eltern zur Verzweiflung treiben. Denken sie an die vielen hyperaktiven Kinder im Kindergarten oder in der Schule. Bisher weiß kein Arzt woher dieses Verhalten wirklich kommt und was es ausgelöst hat.

Die Kinder sind einfach viel zu früh aus ihrem Nest herausgeholt worden. Haben deshalb eine langwierige Geburt hinter sich, können diese einfach nicht verarbeiten und sind rundherum unzufrieden.

Heutzutage gilt leider nur das, das wissenschaftlich belegt werden kann. Wie will man diesbezüglich eine wissenschaftliche Untersuchung machen?

Die Neugeborenen können sich nicht artikulieren und uns nur mit ihrer Körpersprache mitteilen, dass es ihnen absolut nicht gut geht. Selbst diese Sprache verstehen nicht alle, die diese Kinder betreuen oder wollen sie einfach nicht sehen.

Wenn man seinen Hausverstand einschalten würde, müsste man nach so vielen Wiederholungen dieser Anzeichen und Verhaltensformen doch endlich darauf reagieren.

Für mich hat schon immer das Motto gegolten: „Wenn man in die Natur eingreift, rächt sich das früher oder später!"

Lassen Sie alle notwendigen und möglichen Untersuchungen durchführen, um festzustellen ob es ihrem Kind gut geht. Wenn das der Fall ist, dann schenken sie ihrem Kind noch die paar wenigen Tage, die es noch braucht!

Es war an einem Donnerstag, sechs Tage nach dem EGT (errechneten Geburtstermin), als Sabine mich anrief: „Jetzt geht das Theater der ständigen Kontrollen schon wieder los. Ich soll, wie bei meinen ersten beiden Kindern alle zwei Tage zur Kontrolle kommen. Wenn das Baby nicht bis nächsten Sonntag geboren ist, wird es eingeleitet."

„Sag mal Sabine, in welcher Schwangerschaftswoche sind denn deine beiden anderen Kinder gekommen?"

„In der 42. Woche + 6 Tage also genau am 300. Schwangerschaftstag."

Da war sogar ich mehr als überrascht und wollte wissen, ob ihre Mutter denn auch drei Wochen über den Termin gegangen ist.

„Bei meiner Mutter hat man eigentlich bei den drei Schwangerschaften nie so genau gerechnet, wie es heute üblich ist. Man ist im 9. Monat noch einmal zum Frauenarzt gegangen und hat einfach gewartet, bis es los ging. Meine Mama hat immer schon gesagt: ‚die kommen schon, wenn sie fertig sind.' "

Nachdem ich im Laufe meiner Tätigkeit drauf gekommen war, dass die Mütter mit einem sehr kurzen Zyklus von 25 bis

28 Tagen (von einer Monatsblutung zur nächsten) ihre Kinder alle früher geboren hatten, war die Überlegung da, ob es umgekehrt eventuell auch so ist.

So fragte ich Sabine nach ihrem normalen Zyklus und sie antwortete mir, dass dieser meistens 36 bis 38 Tage lang war.

Jetzt hatten wir ja die Antwort, warum ihre Kinder drei Wochen über den Termin gingen. Ihr natürlicher Monatszyklus war ungewöhnlich lange und so haben auch ihre SS länger gedauert.

Nach meinen Berechnungen und auch Feststellungen bekamen Frauen mit einem Zyklus von 28 Tagen so ziemlich genau am EGT ihre Kinder. Wenn sie einen Monatszyklus von 32 Tagen hatten, konnte man schon von vorneherein pro Tag über 28 zwei Tage mehr SS rechnen. Also diese Kinder kamen meistens acht Tage später.

Diese Erkenntnis kann man nicht immer mit Sicherheit auf den Tag genau festlegen, da auch die verschiedensten Umstände, wie Stress, die Geburt früher auslösen können.

Dennoch war es für viele Paare jetzt nachvollziehbar, dass durch diesen natürlichen Biorhythmus, die Schwangerschaft ein paar Tage länger dauern werde und führte zu einer gewissen Gelassenheit.

Nachdem wir das alles geklärt und besprochen hatten, hörte ich die nächsten 14 Tage nach zwei unauffälligen Untersuchungen nichts mehr.

An einem Mittwoch, gegen 22 Uhr 30, wurde ich dann in der Nacht zur Geburt gerufen. Das Baby kam exakt um 0 Uhr 49 zur Welt mit 3560 g und 52 cm und es war genau wieder der 300. Tag.

Geburt, Wochenbett und das Stillen waren ohne Komplikationen vorüber gegangen und ich um einen sehr wertvollen Erfahrungsschatz reicher.

DIE GLÜCKSHAUBE

Ein durchsichtiger Luftballon mit wertvollem Inhalt!

Gabriele ist eine Bäuerin mit Herz und Seele. Hat bereits einen Sohn und eine Tochter mit 10 und 8 Jahren und erwartet mit großer Freude das sogenannte „Nachzügerl", wie wir das in Kärnten nennen.

Die Familie wohnt in einem wunderbaren, alten Bauernhaus mit drei Generationen unter einem Dach. Die Eltern von ihrem Mann Franz packen beide noch kräftig mit an und unterstützen Gabi auch im Haushalt mit Holz tragen, kochen, backen und allem, was sonst noch bei einer Großfamilie anfällt.

Nebenbei verkauft die Familie auch noch Produkte vom eigenen Hof wie Milch, Topfen (Quark), Butter, Bauernbrot und Honig. So kann man sich gut vorstellen, dass die Arbeit nie ausgeht.

Meistens beschäftigen sich diese Frauen auch nicht so intensiv mit ihrer Schwangerschaft, sondern lassen so ganz nebenbei das Kind in sich wachsen.

Sie reagieren auch nicht gleich panisch, wenn es des öfteren zieht oder der Bauch immer wieder steinhart wird.

Sie arbeiten körperlich bis zum letzten Tag ihrer SS und diese Frauen gebären auch relativ schnell und unkompliziert, wie ich immer wieder feststellen konnte. Die Geburt überrascht sie meistens unverhofft und kommt ihnen manchmal so gar nicht gelegen, da noch so viel zu erledigen wäre. So auch bei Gabriele, die vier Tage vor ihrem EGT, seit dem Nachmittag immer wieder Kontraktionen verspürt und unbedingt noch die Äpfel unter den Bäumen in den Keller bringen will.

Beide Kinder helfen brav mit. Ihre Tochter Franziska sieht, wie ihre Mutter unter die Schürze greift und ihren Bauch festhält und tief durchatmet.

„Bewegt sich der Kleine wieder?" fragt sie ihre Mama und bekommt zur Antwort: „Na gor so long wird's neama dauern."

Am frühen Abend sagt Gabriele mir telefonisch Bescheid, dass sie so alle 10 Minuten Geburtswehen hätte und ob ich nicht mit ihnen Abendessen möchte. Sie hätten heute frisches Bauernbrot, Schnittlauch-Topfen und herrliche Bauernbutter fertig gemacht.

Na, da kann man ja gar nicht „nein" sagen und so mache ich mich eine halbe Stunde später, gegen 18 Uhr 30 auf den Weg.

Die Abendsonne beleuchtet den etwas höher gelegenen Hof, wie in Gold getaucht. Die Kühe weiden friedlich und eine muntere Schar Hühner begrüßt mich beim Aussteigen.

Die Großmutter kehrt gerade vor der Haustüre und streckt mir lächelnd ihre Hand entgegen. „Jetzt wo sie kumman, erinner i mi, als bei mir die Hebamm zur Geburt vor 36 Johr beim Franz kumman is. Wir hom domals die 'Hebamm' noch mit Naturalien zoit. A Stongan Salami, a Suppenhendl und a gonze Log Eier hots' kriagt. A gonze Woch'n is sie zu uns z'Fuaß no raufkomman und hat mi im Wochnbett betreut. Wor echt a schene Zeit g'wes'n. Kent ma gor net vurstelln, a Kind im Kronkshaus zan kriagn", lachte sie und öffnete mir die Haustüre.

Gabi steht mit ihrem imposanten Bauch in der großen, gemütlichen Küche mit dem riesen Herd, der noch mit Holz gefeuert wurde.

Über dem Herd war eine Metallstange angebracht, wo zwei Windeln mit Topfen aufgehängt waren und die Molke in eine riesige Rein' tropfte. Es hatte einen mir so vertrauten Geruch in dieser Küche, da wir als Kinder immer den ganzen Sommer auf einem Bauernhof verbrachten, wo diese einfachen Produktionsweisen noch selbstverständlich waren.

Eine Mischung aus Gemütlichkeit und Aufgehoben sein.

„Griaß di, mir geht's no gonz guat und i g'frei mi, doss endlich los geht," begrüßt sie mich und trocknet noch schnell ihre Hände in die Schürze ab.

„Setz di hin am Tisch, i hol nur no schnöll den Großvota und den Fronz."

Der Tisch bog sich regelrecht unter den vielen Köstlichkeiten und der Hunger wuchs allein durch's Hinschauen.

Die ganze Familie ist jetzt am Tisch versammelt und es wird geplaudert und gelacht. Gemeinsam räumen wir nach diesem herrlichen Abendessen den Tisch ab.

Die Kinder richten noch für den nächsten Tag ihre Schultaschen her, verabschieden sich und drücken ihre Mama. „Kommst oba glei mi hol'n, wenn's Baby do is?", sagt die Tochter und geht ins obere Stockwerk.

Gabi geht sich im Badezimmer duschen.

Danach gehen wir beide ins Schlafzimmer, um die Herztöne zu kontrollieren und einen MM Befund zu machen. Die Herztöne sind kräftig und der MM auf 4 bis 5 cm geöffnet. Die Fruchtblase wölbt sich prall durch den MM-Saum.

Es ist immer wieder faszinierend für mich, wie die Natur das eingerichtet hat. Durch die pralle Fruchtblase dehnt sich der MM sehr sanft. Die Geburt dauert dann zwar etwas länger, ist aber für die Frau viel angenehmer zu ertragen.

In der Klinik hatten wir einen Turnusarzt (österreichischer Ausdruck für Arzt in Ausbildung), der ständig bei den Frauen die Fruchtblase öffnete. Egal, welchen Befund sie hatte – und sogar Primare machen so etwas, wie wir uns erinnern. Er schaute dann immer auf seine Armbanduhr und meinte, dann könnte sich der Kinobesuch mit seiner Frau noch ausgehen.

Nach dem Öffnen der Fruchtblase hatten dann die Frauen von einem Moment zum anderen eine so heftige Wehe, dass sie sich unter den Schmerzen regelrecht gewunden haben.

Mit welcher Berechtigung greift man hier schon wieder in die Natur ein? Im Prinzip ist das sogar Körperverletzung, wie auch die WHO es bestätigt.

Ich habe Fruchtblasen nur dann geöffnet, wenn die Frauen bereits verstrichen, also der MM auf 10 cm geöffnet war und das Köpfchen bei der Wehe nicht tiefer getreten ist.

Bei Frauen, die schon mehr Kinder geboren hatten wurde auch die Fruchtblase immer zäher. Die waren dann fast so, wie Pergamentpapier und da kann man dann bei der Geburt schon einmal die Blase unterstützend öffnen, aber nicht vorher.

Wir beschließen gemeinsam noch einmal in die Küche zu den anderen zu gehen. Opa hatte die Schnapskarten geholt und wir spielten noch bis 22 Uhr 30.

Gabi hatte dann schon so alle zwei Minuten sehr kräftige Wehen und so bereiteten wir im Schlafzimmer Alles für die Geburt vor.

Gabi versuchte es zuerst im Stehen an der Kommode, die als Wickeltisch umfunktioniert war. Der Zug im Unterbauch war aber so stark während der Wehen, dass sie es dann vor dem Bett im Vierfüßlerstand probierte.

„Na des is a nix, i kriag donn so Haxnweh in die Kniekehlen." meinte sie etwas genervt und versuchte die nächste Wehe liegend im Bett.

„Oh na, des geht gor net! Wos soll i denn jetzt no probier'n?", fragte sie ganz verzweifelt.

„Am besten wäre, wenn der Franz sich im Bett ans Kopfende setzt und du dich davor, dann kann er dich im Rücken während der Wehen abstützen und du bist doch etwas mehr aufrecht als im Liegen."

Gesagt – noch lange nicht getan. Franz lief runter in die Küche und kam mit einem schwarzen Müllsack und einer Schere in der Hand zurück. „Was wird des jetzt?" fragte ich ihn.

Gabi meinte, dass sie dringend auf die Toilette müsste und ging im Schneckentempo ins Bad.

In der Zwischenzeit hatte Franz den Müllsack auf einer Seite aufgeschnitten und als Unterlage ins Bett gelegt. Darauf legte er dann ein zusammengelegtes Leintuch und eine von den zehn Krankenbettunterlagen, die man für die Hausgeburten bei uns in Feldkirchen beim Sanitätsfachgeschäft kaufen konnte.

„Wir hab'n erst neue Matratzen gekauft und die miaß ma net glei einsau'n", meinte er mit einem verschmitzten Lachen.

Das war eine gescheite Alternative zu einem Kautschuk, der nicht vorhanden war.

Da Gabi nicht wieder von der Toilette zurückkam, ging ich nachschauen. Sie saß auf der Toilette und hatte ihr Gesicht –

abgestützt auf ihren Oberschenkeln – in den Händen. „I geh jetzt do neama weg, des is so bequem do."

„Aber da kann ich bei dir keinen Dammschutz machen, Gabi, und habe auch keinen Überblick wie der Kopf ausrotiert* ist. Bitte komm wieder ins Bett zurück", ermutigte ich sie.

Nach zwei weiteren Wehen war sie dann endlich bereit, aufzustehen.

Sie setzte sich dann direkt vor den Franz ins Bett, stellte die Beine auf.

Ich kontrollierte die Herztöne und sah auch schon bei der nächsten Wehe, wie sich die Fruchtblase vorwölbte.

Kurz ertappte ich mich dabei, die Blase öffnen zu wollen, was ich Gott sei Dank dann sein gelassen hatte.

Bei der nächsten Wehe wuchs die Blase mit dem Kopf regelrecht in meine Hände. Man konnte die Haare des Babys erken-

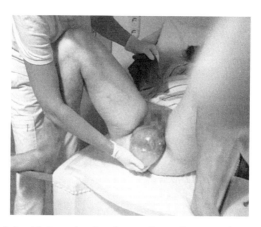

nen und das kleine Ohr drückte sich an die Haut der noch immer intakten Fruchtblase.

„Mei schau Franz", sagte Gabi, „do is der Kerl do tatsächlich noch im Luftballon drinnen."

Bei der nächsten Presswehe flutschte das gesamte Baby in der Fruchtblase ins Bett. Es sah so unwirklich aus und dennoch rührte sich das Baby in seinem Ballon drinnen. Alles war noch wie im Mutterleib zusammengefaltet. Man sah die angezogenen Beinchen, die Nabelschnur und die kleinen Arme, wie sie gegen die Blase arbeiteten.

Dann öffnete ich beherzt die Blase und der Bub begrüßte uns mit seinem ersten, lauten Schreien. Vor lauter Faszination über dieses seltene Phänomen haben wir alle vergessen, davon ein Foto zu machen. Egal, wir drei hatten es alle miterlebt und gesehen.

Dies blieb übrigens die erste und letzte „Glückshaube", wie man das nennt, in meiner ganzen Laufbahn als Hebamme.

Der kleine Hubert wog satte 4380 g und war 54 cm lang. Pumperlg'sund und rund, wie wir zu sagen pflegten, wenn ein Baby so aussah.

Wie versprochen, weckten wir dann die Tochter, nachdem wir wieder alles sauber gemacht hatten und das Baby angezogen war.

Auch bei den Großeltern blieb es nicht verborgen, dass es einen neuen Erdenbürger im Haus gab.

Hand in Hand kamen beide ins Zimmer und machten mit dem Daumen ein Kreuzerl beim Baby auf die Stirn. „G'sund bleib'n", sagten sie dabei und beide wischten sich mit ein und dem selben Taschentuch die Tränen ab.

In so eine Großfamilie hineingeboren zu werden, ist ein echtes Glück, musste ich feststellen.

Auch im anschließenden Wochenbett half die ganze Familie zusammen, Gabi konnte und durfte sich auch in dieser Zeit richtig ausrasten und überließ getrost ihre Arbeit den anderen.

Als ich dann zum letzten Mal zur Nachbetreuung kam, war ein Geschenkkorb für mich gerichtet mit Butter und Brot und einer ganzen Kugel mit frischem Topfen.

Alle bedauerten es, dass das Wochenbett nun zu Ende war und ich musste ihnen fest versprechen, immer wieder einmal bei ihnen vorbei zu schauen.

Dieses Versprechen gab ich ihnen sehr gerne und habe die Familie noch Jahre danach immer wieder einmal getroffen und besucht.

EIN „GEWALTIGES" DRAMA

Eine schwierige Kindheit ist übrigens keine Entschuldigung dafür, sich als Erwachsener aufzuführen, wie ein Arschloch!!!

Blass, abgemagert und ein Schatten ihrer selbst, so lerne ich Emilie kennen, als sie sich bei mir zur Hausgeburt anmeldet.

„Hallo! Ich bin zum dritten Mal schwanger und möchte dieses Mal nicht mehr zur Geburt in die Klinik gehen. Meinem Lebensgefährten ist der Führerschein entzogen worden und überhaupt ist es nicht so einfach mit ihm. Wenn bei mir die Geburt losgeht, könnte ich nur mit der Rettung ins Krankenhaus gebracht werden. Da ich aber noch zwei kleine Kinder und dieses Mal auch keine Mutti mehr habe, sie ist vor einem halben Jahr gestorben, gibt es niemanden, der auf meine Kinder schauen könnte. Außerdem haben wir einen kleinen Bauernhof mit zehn Kühen, die auch versorgt werden müssen. Immer ist Arnulf auch nicht zu Hause und so bleibt die Arbeit an mir hängen.

Es lebt zwar noch seine Mutter am Hof, aber sie hat mich bis heute nicht akzeptiert. Sie ist verbittert, seit ihr Mann vor drei Jahren verstorben ist und spricht nur das Notwendigste mit mir. Einmal habe ich sie sagen gehört: „die Zuagraste homa notwendig g'habt. Sie lässt mich auch nicht in ihren Garten und so muss ich mir Gemüse und Salat kaufen.

Also, mit ihrer Hilfe kann ich überhaupt nicht rechnen und in den Stall geht sie ohnehin nicht."

„Für diese Fälle gibt es Dorfhelferinnen, die man bei der Kärntner Landesregierung anfordern kann, das sollten sie unbedingt in Anspruch nehmen", antwortete ich.

„Was kostet das dann alles?", meinte sie etwas schüchtern.

„Genau kann ich das jetzt auch nicht beantworten, das hängt davon ab, wie groß der Hof ist, wie viele Stunden die Dorfhelferin arbeiten muss und danach wird das berechnet."

Ich gab ihr die notwendigen Unterlagen mit und vereinbarte für die nächste Woche einen Termin bei ihr zu Hause, um mir ein Bild von ihrer Situation machen zu können.

Der kleine Bauernhof lag auf 1200 m und ziemlich weit entfernt von anderen Häusern. Ein schmaler Schotterweg führte zum Hof. Seitlich, vorm Hauseingang war eine Zugglocke montiert. Etwas abseits stand ein Blumentrog mit Sommerblumen.

Ein Stallgebäude aus unregelmäßigen Steinen gemauert, geschmückt mit blutroten Geranien unter jedem Fenster, machte einen liebevoll gepflegten Eindruck.

Zwischen zwei Apfelbäumen entdeckte ich Emilie, als sie gerade die Wäsche aufhängte. Zwei Mädchen saßen neben ihr in der Wiese und spielten mit einem kleinen Ball.

„Servus Emilie, na wie geht's euch? Alles gut?"

Emilie wischte sich die Hände in die Schürze ab und kam mit mit ausgestreckter Hand entgegen.

„Das ist Elfi 2 Jahre und das ist Monika 10 Monate alt."

Mein Gott, dachte ich bei mir und das nächste Kind schon wieder unterwegs.

„Wolltet ihr so schnell wieder ein Baby?"

Nun hatte ich wahrscheinlich ihren wunden Punkt getroffen. „Weißt Petra", sagte sie und die Tränen schossen ihr in die Augen, „der Arnulf hat beim zweiten Mädchen 14 Tage kein Wort mit mir gesprochen, weil es wieder ein Mädchen war. Er war, als die Geburt von der Moni losging, im Gasthaus und hat sich verleugnet. Ich musste damals meine Mutti anrufen, dass sie mich ins Krankenhaus führt. Die Elfi hat auf der Rückbank im Auto geschlafen und deshalb musste sie auch wieder heim fahren mit ihr. Drei Tage später, als er mich dann vom Krankenhaus abholen wollte, sagte er: ‚Und sag schon was's is?'

Ich sagte ihm, „ein gesundes Mädchen, willst sie dir nicht anschauen, sie schaut dir sehr ähnlich."

Er verzog sein Gesicht und sagte, die Hände in die Jeanstaschen gesteckt: „Jetzt kannst schauen, wia du heim kummst, i nimm di net mit." Drehte auf dem Absatz um und war weg.

„Das ist ja, wie in einem schlechten Roman", sagte ich perplex zu ihr und nahm sie in meine Arme.

Nachdem sie mich vorher geduzt hatte, sagte ich zu ihr: „weißt, Emilie, solche Menschen haben eigentlich keine Familie verdient, er ist zwar der Vater der Kinder, aber alles muss man sich auch nicht gefallen lassen. Sag einmal, schlägt der Arnulf auch zu?"

Verlegen blickte sie zum Boden und drehte sich dann schnell wieder zur Wäscheleine. „Besser wir reden über was anderes." Sie griff in ihre Schürzentasche nach einem Taschentuch und wischte sich die Tränen ab.

Alles klar dachte ich mir. Na der wird mich noch kennenlernen. So etwas ist jeder Frau unwürdig und geht gar nicht.

„Zeigst du mir dann dein Haus, wenn du fertig mit der Wäsche bist?", wechselte ich das Thema.

Sie hob die kleine Moni vom Boden auf, nahm Elfi an die Hand und wir gingen ins Haus.

Sehr bescheiden war die Küche eingerichtet mit einem kleinen Tisch und vier Stühlen. Ein Bauernherd zum Heizen und eine große Abwasch war in der Ecke.

Im oberen Stockwerk waren die Schlafräume und das Bad.

„Hast du dich wegen der Dorfhelferin schon erkundigt?", fragte ich als wir die Holzstiege hinaufgingen.

„Ja, das wollte ich dir eh erzählen. Es kommt übermorgen eine 'Maria' sich vorstellen."

Na wenigstens hatte das geklappt und Emilie hatte während des Wochenbettes für den Haushalt und den Stall eine Hilfe.

„Wo wohnt denn eigentlich seine Mutter?"

„Die ist im Nebengebäude, hat aber immer noch den Schlüssel zur Speisekammer und gibt Selchfleisch (Geräuchertes) und Würste nur heraus, wenn sie es für richtig hält.

Das letzte Mal hat sie einfach die Waschmaschine nicht leer gemacht und da ich ja ihre Wäsche nicht angreifen darf, hatte ich sie zwei Mal gebeten, sie für mich frei zu machen.

Ständig hatte sie eine andere Ausrede und es wurde fünf Uhr Nachmittag, als Arnulf damals noch von seiner Arbeit heim kam. Er arbeitete in einer Fleischfabrik und brauchte jeden Tag frische Arbeitsmäntel und Hosen.

Als er dann die dreckige Wäsche vor der Maschine entdeckte, ging er in die Küche und fragte seine Mutter, was ich denn heute den ganzen Tag gemacht hätte, da seine Wäsche immer noch nicht gewaschen war.

'Die Gnädige hat wahrscheinlich Besseres zu tun gehabt', war ihre boshafte Antwort.

Im Winter waren die Wäscheleinen unter dem Dach angebracht und so hing ich noch am Abend die Wäsche vom Arnulf auf, damit ich sie in der Früh noch bügeln konnte. Kaum war ich damit fertig und wollte gerade die Dachbodenstiege hinunter gehen, kam seine Mutter herauf, riss die Wäsche von der Leine, ließ sie auf den staubigen Boden fallen und stieg sogar mit den Schuhen darauf.

'Du wirst dir merken, dass das meine Wäscheleine ist.'

Ich hatte lediglich ein Hosenbein auf „ihre" Leine gehängt gehabt, da sonst kein Platz mehr gewesen war.

Leider war ich in diesem Moment so geschockt, dass ich wortlos die Wäsche vom Boden aufhob und wieder zur Waschmaschine brachte. Erst gegen 23 Uhr war die Wäsche wieder aufgehängt und in der Früh musste ich dann rechtzeitig aufstehen, um sie noch zu bügeln. Die schwere Leinenwäsche war da noch ganz klamm gewesen und so bügelte ich fast eine Stunde um sie trocken zu bekommen.

'Ja so geht's einem, wenn man am Tag nur auf der faulen Haut liegt.' hat damals Arnulf mit einem Grinsen im Gesicht gesagt.

„Sag einmal Emilie hast du dir noch nie überlegt, von hier weg zu gehen?", fragte ich.

„Wohin soll ich denn mit drei Kindern gehen? Ich habe zwar Verwandte in der Steiermark, aber die haben selber Kinder und sonst kenne ich niemanden, wohin ich gehen könnte."

Sie konnte einem so richtig leid tun.

Nachdem es nur mehr sechs Wochen bis zur Geburt waren, mussten wir heute den richtigen Platz für die Geburt aussuchen. Am geeignetsten fanden wir dann doch das Schlafzimmer mit dem anschließenden Bad.

Das Kinderzimmer war zwar daneben aber die dicken Wände ließen nicht so schnell Geräusche durch und zu dieser Zeit wäre ja dann auch die Dorfhelferin im Haus.

Wir tranken noch einen Tee miteinander in der Küche und schweren Herzens verließ ich den Hof.

Nach 14 Tagen rief Emilie mich an und war recht fröhlich am Telefon.

„Stell dir vor, Petra, die Maria ist seit einer Woche bei uns und die Kinder lieben sie richtig. Sie kocht, hilft mir mit der Wäsche und geht sogar in den Stall zum Melken, wenn der Arnulf wieder einmal nicht heim kommt.

Mit seiner Mutter hat sie sich arrangiert und kocht auch für sie mit. Sie ist wie ein Sonnenschein für uns alle.

Nur der Arnulf hält regelrecht Abstand zu ihr, da sie eine ziemlich resolute Persönlichkeit hat.

Als er vorgestern gegen 19 Uhr betrunken nach Hause gekommen ist und in der Küche dann ein Abendessen gefordert hatte, meinte sie zu ihm: ‚Nachdem Sie weder behindert sind, noch sonst irgendwie Hilfe brauchen, sehe ich es nicht ein, dass ich Ihnen zu jeder Tages- und Nachtzeit Ihr Essen richten sollte. Sie wüssten ja wo der Kühlschrank ist.'

Mit so einer Antwort hatte er nicht gerechnet und ging vor sich hin murmelnd zum Kühlschrank und machte sich selber seine Brote.

'Scheiß Weiber, kam ihm da noch über die Lippen.'

„Da freue ich mich sehr, dass du mit der Maria so gut kannst. Wann soll ich den wieder bei dir vorbeischauen?"

„Ich denke in zwei Wochen wäre gut, dann sind es noch 14 Tage bis zum Termin", meinte sie ganz optimistisch.

„Dann machen wir den 24. August fest, dein GT war der 07.09., wenn ich mich richtig erinnere."

„Super Petra, freue mich schon darauf."

Noch in der selben Nacht rief mich Maria an und teilte mir mit, dass Emilie Fruchtwasser verliert und vollkommen verzweifelt ist, da es ja noch mehr als drei Wochen bis zum eigentlichen GT wären.

Beim Fahren überlegte ich noch, ob ich nicht auch die Rettung gleich anrufen sollte. Wollte mir aber vorher noch ein Bild machen und einen Befund erheben.

Als ich in den Hof fuhr, sah ich, dass überall im oberen Stock Licht brannte. Die Eingangstüre war nur angelehnt.

Im Laufschritt hechtete ich die Holzstiege hinauf. Emilie lag weinend im Bett und die kleine Moni lag neben ihr.

„Ja sag mal Emilie, was machst du denn für Sachen? Hast du was schweres gehoben oder wobei ist die Fruchtblase gesprungen?"

„Nein Petra, eigentlich sind wir ganz gemütlich in der Küche gesessen und als ich von meinem Platz aufgestanden bin, hatte ich das Gefühl als ob ich in die Hosen gepieselt hätte. Zuerst dachte ich echt, dass ich den Urin nicht mehr halten kann. Bin dann auf die Toilette gegangen, habe mir frische Wäsche angezogen und als ich dann die Kleinen ins Bett bringen wollte, kamen wieder so ein paar warme Tropfen. Da ich ja gerade am Klo war, wurde es mir bewusst, dass es eventuell die Fruchtblase sein könnte. Mir ist ganz heiß geworden und ich habe der Maria Bescheid gesagt, dass sie dich anrufen soll."

„Jetzt beruhige dich doch bitte erst einmal. Ich werde mir alles genau anschauen und dann entscheiden wir gemeinsam, was wir machen werden."

Ich ging ins Zimmer von Maria und bat sie, die kleine Moni mitzunehmen, damit ich Emilie untersuchen konnte.

Der MM war schon ziemlich verkürzt und auf 2 cm offen. Das Kind lag tief mit dem Schädel im Becken und hatte sehr gute 135 Pulsschläge.

Jetzt musste ich nur noch sicher gehen, ob es sich wirklich um einen vorzeitigen Blasensprung* bei Emilie handelte.

Nachdem ich auf eine Vorlage einige Tropfen von einer Promptimollösung aufgebracht hatte, warteten wir bis wieder etwas Flüssigkeit kam. Diese Lösung zeigt dann durch Verfärben, den unterschiedlichen ph-Wert zwischen Urin und Fruchtwasser an.

Inzwischen kontrollierte ich noch den MKP und fragte Emilie, ob denn ihr EGT nach der letzten Regelblutung berechnet wurde.

„Nein", sagte sie, „ich bin erst in der achten Woche drauf gekommen, dass ich wieder schwanger war, denn ich hatte nach der Moni noch keine Blutungen gehabt. Lediglich das starke Brustspannen und die Übelkeit ließ es mich vermuten."

Jetzt war mir schon etwas wohler zumute. In diesem Fall wäre es sogar möglich, dass wir am Termin wären. Also 14 Tage davor und somit wäre das Kind auch kein Frühchen mehr.

Die Herztöne waren absolut in Ordnung und auch die Größe des Kindes ließen vermuten, dass es eine ganz normale Geburt werden sollte.

Der Test war positiv, indem sich die Vorlage grün verfärbte.

Sofort erklärte ich Emilie meine Vermutungen und sichtlich erleichtert beruhigte sie sich dann auch wieder.

Wir gingen in die Küche und gemeinsam mit Maria tranken wir einen Tee.

Maria war sichtlich nervös, da sie noch nie so unmittelbar bei einer Geburt dabei war.

Ich persönlich fand Geburten nur unter Frauen immer sehr stimmig und freute mich, Emilie wenigstens da unterstützen zu können.

Mittlerweile war es zwei Uhr morgens geworden. Wir hatten eine Duftlampe angezündet mit Jasmin und Ylang Ylang Aromaölen. In der Ecke brannte eine Kerze und leise Entspannungsmusik unterstrich diese fast schon gemütliche Stimmung, als unten plötzlich die Haustüre mit lautem Gepolter aufgesperrt wurde.

Ich schickte Maria nach unten, um uns Arnulf vom Leib zu halten. Unwissend, was uns allen noch mit ihm bevorstand.

Ziemlich bald danach setzten die Presswehen ein und mit nur zwei Wehen war das Kind zur Welt gekommen.

Maria war so überwältigt von dem Ereignis, dass sie tränenüberströmt uns allen um den Hals fiel.

Emilie hatte das so toll gemacht und lag zwar erschöpft, aber überglücklich mit dem Neugeborenen auf ihrer Brust im Bett.

Maria machte sich gleich daran, die Unterlagen wegzuräumen und die Abfalleimer zu leeren.

Als ich dann das Baby messen und anziehen wollte, sah ich, dass es wieder ein Mädchen war. Wie wird Arnulf darauf reagieren?

„Hast du gewusst, was es wird?" fragte ich Emilie vorsichtig.

„Nein, ich wollte es eigentlich gar nicht wissen, ist es jetzt ein Bub?"

„Es ist ein wunderschönes Mädchen mit so vielen dunklen Haaren und völlig ‚ausgebacken', Gott sei Dank!", erklärte ich ihr.

Emilie sagte gar nichts darauf und machte nur die Augen zu.

Gegen 3 Uhr 30 fuhr ich dann nach Hause, um auch noch etwas Schlaf zu bekommen.

Richtig dankbar war ich dem Herrgott, dass alles so gut vorbei gegangen war.

In der Früh gegen 9 Uhr rief mich Maria an und erzählte mir, dass ihr Emilie gar nicht gefällt. Sie wäre noch nie aufgestanden und wollte auch so niemanden sehen.

Das Baby würde, Gott sei Dank, jetzt schlafen nachdem sie ihm 10 ml Fencheltee gegeben hatte.

Noch am Vormittag fuhr ich zur Nachbetreuung.

Leise öffnete ich die Zimmertüre und traute meinen Augen kaum: Emilie lag da und blickte mit dick verschwollenen Augen gegen die Zimmerdecke. Sie brach in tiefes Schluchzen aus, als ich mich an den Bettrand zu ihr setzte. „Was ist denn los, Emilie, ist was passiert?"

Sie versuchte sich aufzusetzen und stöhnte dabei vor Schmerzen. Plötzlich entdeckte ich das blutverschmierte Leintuch.

„Hast du zu bluten begonnen?" fragte ich erstaunt.

„Nein," schluchzte sie und war kaum mehr zu beruhigen.

„Der Arnulf ist, kurz nachdem du gefahren bist, über mich hergefallen und hat mir den Mund zugehalten während er sich auf mir ausgetobt hat", brachte sie nur stoßweise heraus.

„Es hat so weh getan und er drohte mir was anzutun, wenn ich es jemanden sagen würde."

Danach hat ihn wohl das schlechte Gewissen geplagt, er hat ihr einen Tee ans Bett gebracht und versprochen, jetzt etwas mehr im Haushalt zu helfen.

Seit Monaten war er arbeitslos, hatte keinen Führerschein mehr, weil man ihn ihm betrunken abgenommen hatte. Den Stall machte er nur dann, wenn er zufällig nüchtern war, ansonsten traf er sich mit seinen Kumpels im Gasthaus und zechte die Nächte durch.

„Ich kann einfach nicht mehr und will auch nicht mehr, Petra, was soll ich denn jetzt machen?"

Grausam, schrecklich, erschütternd!!!

Eine riesige Wut stieg in mir hoch und ich griff deshalb gleich zum Telefon und machte eine Anzeige bei der Polizei.

Maria hatte tatsächlich von alledem nichts mitbekommen. Sie war nach der Geburt auch in tiefen Schlaf verfallen und nachdem Arnulf Emilie so eingeschüchtert hatte, nichts davon gehört.

Umso mehr war sie erschüttert, jetzt die Wahrheit zu hören.

„Wo ist denn jetzt eigentlich der Dreckskerl?", sagte sie ziemlich aufgeregt und wusste gar nicht wohin mit ihrer Nervosität.

Jetzt wurde auch mir bewusst, dass er sich wahrscheinlich verkrochen hatte. Mein Instinkt ließ mich allerdings vermuten, wo. Ich ging selbstbewusst über den Hof, klopfte an der Türe der Mutter und als sie die Türe öffnete, sah ich Arnulf hinten am Tisch sitzen.

„So jetzt hast du den Bogen absolut überspannt. Was bist du für ein Mensch, so etwas Abscheuliches und Niederträchtiges zu tun. Ich habe wirklich schon vieles in meinem Leben gesehen, aber noch nie so etwas Grausames erlebt!"

Die Mutter schrie mich an, was mir eigentlich einfällt, so mit ihrem Sohn zu reden, der ohnehin nur mehr arbeitet und nicht weiß, wo er das Geld für die 'Frotzn' hernehmen soll.

Mit einer Handbewegung zum Tisch befahl ich dieser Frau jetzt, sich sofort hinzusetzen und augenblicklich den Mund zu halten.

Sie war so überrumpelt von meinem Verhalten, dass sie es auch wortlos machte. Als sie sich hingesetzt hatte, erzählte ich ihr, was ihr „armer Sohn" in der Nacht gemacht hatte.

Sie griff automatisch nach dem Arm ihres Sohnes, hielt ihn fest und sagte: „Na, so was hast du net g'macht, gell?"

Arnulf senkte seinen Blick und in diesem Moment hörten wir alle das Folgetonhorn.

Aus dem Augenwinkel sah ich noch, wie sich seine Mutter bekreuzigte.

Als die Beamten aus dem Auto stiegen, ging ich in den Hof und zeigte nur auf die Haustüre.

Emilie musste in unserem Beisein ein Protokoll unterschreiben, in dem sie alles geschildert hat.

Eine Polizeibeamtin war so entsetzt, das sie beim Abführen mit den Handschellen hinter Arnulf sagte: „Hoffentlich sperren sie dich lange genug ein, damit du überhaupt begreifst, was du da angestellt hast!"

Das war mit Abstand das erschütterndste Erlebnis dieser Art in meiner ganzen Laufbahn als Hebamme.

Maria blieb noch acht Wochen nach der furchtbaren Vergewaltigung bei Emilie und erzählte mir nach drei Monaten, dass Emilie doch in die Steiermark zurück gegangen war.

Leider habe ich nie mehr wieder was von den Vieren gehört und hoffe von Herzen, dass es ihnen jetzt endlich gut geht.

DIE RHESUS NEGATIVE MUTTER

Arroganz ist die Kunst, auf seine eigene Dummheit stolz zu sein.

Ich hatte gerade im Kurs das Thema Rhesus Prophylaxe beendet, als eine Frau, mit der Blutgruppe A und dem Rhesus Faktor negativ sich zur Geburt bei mir anmeldete.

Ihr Mann hatte mit seinem Blutspenderausweis bestätigt, dass er die Blutgruppe A mit dem Rhesusfaktor positiv hatte und erst im Kurs verstand, was dann nach der Entbindung zu tun sein würde.

Diese Frauen benötigten innerhalb von 72 Stunden nach der Geburt eine Anti D-Prophylaxe (Anti-D-Immunglobuline)* um einer Sensibilisierung vorzubeugen, die das Kind schwer schädigen könnte.

In den frühen 90-er Jahren verabreichte man in der Schwangerschaft noch keine Anti D-Prophylaxen, daher war es wahnsinnig wichtig, darauf zu achten, diese sobald wie möglich nach der Geburt beim Arzt rezeptieren zu lassen und über eine Apotheke zu bekommen.

Gillian war Engländerin und ihr Mann hatte vor vier Monaten beruflich nach Österreich umziehen müssen.

Sie lebten in der Nähe von Pörtschach am Wörthersee in einer sehr schönen Villa.

Gillian hatte sich recht gut eingelebt, einen netten Frauenarzt konsultiert und sogar mit dessen Hilfe mich gefunden.

Ihre Hausgeburt war beim ersten Kind mit neun Stunden ohne Komplikationen vorüber gegangen.

Gillian war Joga Meisterin und konnte sich wunderbar in den Wehenpausen entspannen.

Als der kleine Frederic geboren wurde, erklärte sie mir noch während der Geburt, dass sie ihr Kind selber nach der Geburt zu sich hochheben möchte. Warum, konnte ich in dem Moment nicht ganz verstehen, vor allem nicht, was sie damit meinte.

Als es dann soweit war, verbeugte sie sich respektvoll vor ihrem Kind, bevor sie es hochhob. Dieses Ritual hat mich damals sehr beeindruckt und hat mich auch nachdenklich gemacht.

Auch das Durchschneiden der Nabelschnur wollte sie selber übernehmen, da sie der Ansicht war, nur sie und sonst niemand trenne sie in diesem Moment von ihrem Kind.

Ihr Mann Kim hatte dann die fixe Idee, die Plazenta im Garten zu begraben und darauf ein Lebensbäumchen für den kleinen Frederic zu pflanzen. Dieser Wunsch kam des öfteren von den Familien und ich hatte solange kein Problem damit, bis wir die Plazenten am Friedhof nachweislich bestatten mussten. Dies ist aber eine andere Geschichte!

Wenn man sich eine Plazenta genau anschaut, sieht man auch den wunderbaren Lebensbaum, den die Gefäße des Mutterkuchens bilden. Ich fand die Idee mit dem Lebensbaum der Natur gegenüber sehr respektvoll.

Was sich keiner von uns vorstellen konnte, war dann das unglaubliche Problem beim Arzt mit der „Rhesus Prophylaxe".

Am nächsten Vormittag schickte ich Kim zu seinem Hausarzt mit der Bitte, dass er sich für seine Frau die Anti-D-Spritze verschreiben lassen soll, um sie umgehend in der Apotheke zu bestellen.

Als ich am nächsten Tag zur Wochenbettbetreuung kam, erklärte er mir, dass der Hausarzt nicht bereit wäre, das Medikament zu verschreiben.

„Wieso das denn?", fragte ich jetzt erbost.

„Der Herr Doktor hat gemeint, er hätte mit dieser Hausgeburt nichts zu tun und wäre auch nicht dabei gewesen."

„Das gibt's doch gar nicht!", dachte ich bei mir, „gib mir doch bitte die Telefonnummer, damit ich selber mit ihm sprechen kann."

Als ich die Assistentin des besagten Arztes am Apparat hatte, sagte sie mir recht barsch, dass der Herr Doktor Ordination hätte und sich dabei sehr ungern stören ließe.

„Es ist aber sehr dringend", sagte ich noch einmal. Als Antwort kam von dieser Person: „Sie sind wohl nicht ganz richtig im Kopf!"

So blieb mir nur als einzige Möglichkeit, selber in die Ordination zu fahren, denn uns lief die Zeit davon.

Die Geburt war jetzt schon zwei Tage her und wenn die Apotheke dann das Medikament erst bestellen musste, würde es knapp werden. Gesagt getan, also fuhr ich zu dem besagten Arzt.

Ich saß sage und schreibe eineinhalb Stunden im Wartezimmer, bis ich endlich an die Reihe kam.

Als ich mich vorstellte und ihn noch einmal in aller Form darum bat, für Gillian die Rhesus Prophylaxe zu verschreiben, rastete er regelrecht aus.

„Ich lasse mir doch nicht von irgend einer dahergelaufenen Hebamme sagen, was ich zu rezeptieren habe!", brüllte er aus vollem Halse. „Ich habe und will mit dieser Hausgeburt nichts zu tun haben."

„Wissen sie eigentlich, was eine Anti-D-Prophylaxe ist?", fragte ich ihn dann ganz provokant.

„Ja sagen sie einmal, wissen sie überhaupt, wen sie vor sich haben? Sie können von mir aus Purzelbäume schlagen, von mir bekommen sie kein Rezept, das wäre ja noch schöner. Da könnte ja jeder kommen."

Daraufhin öffnete ich die Sprechzimmertüre und teilte ihm noch mit: „Ist in Ordnung Herr Doktor, das wird allerdings Folgen für sie haben."

„Na, das werden wir schon sehen, wer da Probleme kriegt, das ist ja unglaublich!", hörte man ihn noch im Vorraum toben.

Ich bekam dann am Abend das Rezept bei meinem Hausarzt, der immer zu jeder Tages- und Nachtzeit für mich da war und mir zu Seite stand, sofern es ihm möglich war.

Kopfschüttelnd über seinen Kollegen und mit dem Rat, dies der Ärztekammer zu melden, wünschte er mir weiterhin alles Gute.

Danke „Horst" an dieser Stelle für deine immer selbstlose Hilfe und deine Hilfsbereitschaft in jeder Situation!

Der andere Arzt wurde, wie ich es auch schriftlich mitgeteilt bekommen hatte, von der Ärztekammer vorgeladen und dementsprechend abgemahnt.

DER GROSSE WECHSEL VON HAUSGEBURTEN

ZUM ENTBINDUNGSHEIM

Eine Vision, die jahrelang in mir reifte, wurde endlich greifbar!

Das Jahr 1994 war für mich privat, wie beruflich eine große Herausforderung und gleichzeitig eine riesige Chance, mich in jeder Hinsicht zu verändern.

Mit meinem neuen Lebenspartner und Ehemann Raimund hatten wir ein über 100 Jahre altes, aber wunderschönes Gebäude in Buchscheiden bei Feldkirchen gekauft. Es war anfangs eine völlige Ruine, die hinten und vorne renoviert werden musste.

Zu der Liegenschaft gehörte praktischer Weise auch ein Nebengebäude, in dem sich Raimund sofort eine Werkstatt eingerichtet hatte.

Im Kärntner Landesarchiv fanden wir historische Aufzeichnungen, dass 1846 sich Franz, „Edler von Rosthorn", sich am Walz- und Eisenwerk in Buchscheiden bei Feldkirchen beteiligt hatte. Unsere Liegenschaft diente damals den Aufzeichnungen nach als „Werksspital".

Es wurden in dieser Zeit in Buchscheiden Eisenbahnschienen gezogen. Dazu verwendete man getrockneten Torf aus dem Bleistädter Moor für das Feuern. Dabei gab es immer wieder starke Verbrennungen und daher brauchte man ein Werksspital.

Nun sollte aus diesen wunderbaren Gebäuden, die aber total herunter gekommen waren, ein Entbindungsheim werden.

Nach dem Kauf dieser traumhaft gelegenen Liegenschaft waren wir „arm wie Kirchenmäuse".

Unsere beiden Konten hatten nach dem Kauf zusammengerechnet gerade einmal noch 6.000,- Schillinge (€ 420,-) zu verzeichnen. Damit mussten unsere Lebenshaltungskosten und diverse Anschaffungen für die Renovierung bezahlt werden.

Neues Gewand oder Ausgehen waren einfach nicht drinnen.

Alleine dieser Werdegang von unserem gemeinsamen Vorhaben ließ unsere Liebe tiefer und tiefer werden und schweißte uns noch mehr zusammen.

Einen Satz von meinem Raimund werde ich nie vergessen und der war: „Ich bau' dir ein Schloss, Spatzle!"

Immer wieder – vor dem Einschlafen – hatte ich ganz konkrete Vorstellungen, wie schön es wäre, ein kleines Entbindungsheim zu haben. Schon damals, als ich noch vor meiner Ausbildung bei der Ludmannsdorfer Hebamme „Resi" bei Geburten dabei sein durfte, entstand in mir der Wunsch, Frauen so eine Art der Entbindung zu ermöglichen. Für mich war und ist es heute noch der „goldenen Mittelweg" zwischen Hausgeburt und Klinik.

Nicht alle Familien hatten die Möglichkeit oder den Mut, ihr Kind in ihrer eigenen Wohnung auf die Welt zu bringen.

Meine Vorstellung war es, die notwendige medizinische Versorgung zwar im Hintergrund, und nur bei Bedarf nutzen zu können, jedoch der Individualität jeder Frau, wie und in welcher Art und Weise sie ihr Kind gebären wollte, nicht im Wege zu stehen. Das Wochenbett sollte für Mutter und Kind zu einem unvergesslichen Erlebnis werden. Zu einem „Urlaub", den sich jede Frau nach der Geburt verdient hatte.

Die Frauen sollten in der Familie bei uns integriert sein, indem sie in unserer Küche am gemeinsamen Tisch saßen, mit uns Frühstück, Mittag- und Abendessen hatten. Jede Frau sollte ein eigenes Einzelzimmer erhalten, da genug Räumlichkeiten zur Verfügung standen. Bis dahin mussten wir aber noch Geduld haben und das notwendige Geld dafür erst mit Geburten verdienen.

Wichtig war, dass wir Ziele und Träume hatten!!!

Die notwendigen Amtswege zur Errichtung eines Entbindungsheimes waren sehr zeitraubend und auch relativ aufwendig. Bei sämtlichen Versicherungen mussten neue Verträge geschlossen werden. Ich musste mich auch bei der Amtsärztin vorstellen, die die Hygienekontrolle im Entbindungsheim übernahm.

Die verschiedensten Auflagen, die ein Entbindungsheim erfüllen muss, mussten natürlich auch bei der Renovierung berücksichtigt werden.

Durch das viele Lesen, welche Geburtsmöglichkeiten Frauen auf unserem Erdball nutzten und auch praktizierten, um ihre Kinder leichter zu entbinden, ließ mein Interesse dahingehend immer mehr wachsen.

Frauen aus Naturvölkern legten sich nie zur Geburt hin, sondern ließen sich von der Schwerkraft dadurch unterstützen, dass sie meistens eine aufrechte Geburtshaltung einnahmen.

Bei meinen Hausgeburten stellte ich auch immer wieder fest, dass Frauen, die bis zum Schluss aufrechte Positionen nutzten, viel kürzere Geburtszeiten hatten, als die Liegenden.

Zum Glück verändert sich auch zum Thema „Geburtspositionen" die Meinung in vielen Kreißsälen. Früher wurden alle Frauen, ob sie wollten oder nicht, im wahrsten Sinn des Wortes „auf´s Kreuz gelegt".

Der positive Effekt der aufrechten Haltung ist nämlich der, dass die Gebärmutterachse mit dem Ausgang „Muttermund" im Lot steht. Durch mütterliche Bewegungen des Beckens wird das Kind in seiner Rotation unterstützt, der MM öffnet sich, da er ringsherum den Druck der Fruchtblase und dann des tiefer tretenden Köpfchens hat und dadurch leichter aufgeht.

Beim Liegen, liegt auch das Kind in der horizontalen Ebene und kann nur bedingt aktiv mithelfen.

In diesem Fall muss die Gebärmutter mit der Kraft ihrer Muskeln diese Arbeit ohne der Mithilfe der Schwerkraft bewältigen. Dass dann die Geburt länger dauert, sagt einem eigentlich schon der Hausverstand!

Mein größter Wunsch an Raimund war, mir neben den ganzen Renovierungsarbeiten einen geeigneten Gebärhocker zu konstruieren.

In dieser Hinsicht war mein Raimund ein echter „Tausendsassa". Unzählige Male musste ich auf dem, von ihm geschnitz-

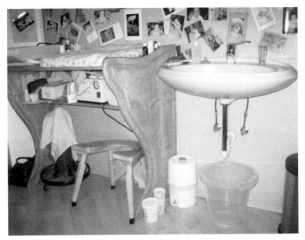

ten Holzsitz aus Agame (australische Holzart, die sich immer warm anfühlt) Probe sitzen.

Er musste sich an das Gesäß anschmiegen ohne zu drücken, für die Oberschenkel mussten dementsprechend Ausnehmungen gemacht werden. Auch die Neigung des Gebärstuhles war für die Geburt wichtig, da ich dadurch besser den Dammschutz machen konnte. Nach gut 14 Tagen war das Meisterwerk fertig.

Der erste Raum, der unbedingt fertig werden musste, war natürlich das Geburtszimmer.

Raimund riss die alte Zimmerdecke heraus und stellte dabei fest, dass die Zwischendecke ausschließlich aus Waldbeschüttung (getrocknetes Moos, Tannennadeln und Walderde) bestand. Dementsprechend langwierig waren auch die Arbeiten, dies alles wieder aus dem Haus zu entfernen und zu einem hygienisch einwandfreien Entbindungsheim zu machen.

Nach und nach wurde dieser Raum mit neuer Deckenschalung, Holzboden und neuer Türe fertig.

Es gab in diesem Haus anfangs in jedem Raum einen Ofen und so war die nächste größere Aktion, eine neue Heizung zu installieren.

Als wir dies alles über den Sommer geschafft hatten und ich daneben noch Hausgeburten machte, meldeten sich nach etwas Werbung und Mundpropaganda über das Bezirksblatt die ersten drei Frauen zur Geburt im Entbindungsheim an.

Ein eigens konstruiertes Geburtsbett mit seitlich wegklappbarem Fußteil und einer halbrunden Ausnehmung, in die genau der Geburtshocker passte, war nach dem Geburtshocker eines meiner wichtigsten Möbelstücke über die gesamten 25. Jahre.

Nun war das Geburtszimmer fertig und für mich nahezu perfekt.

Liebevolle Details wie fröhliche Vorhänge, ein hellblaues, großes Waschbecken für das erste Bad des Neugeborenen, ein gemütlicher Sessel für den werdenden Vater und ein Wickeltisch in einer Durchgangsnische, die zirka einen Meter tief war, vervollständigten das Zimmer.

Im Oktober war es dann soweit – die ersten Geburtsanmeldungen im Entbindungsheim konnten kommen, da der Geburtsraum fertig war!
Eigentlich wollte ich viel vom Entbindungsheim erzählen, aber jetzt sind doch wieder sehr viele Aspekte der Geburtshilfe eingeflossen – wie soll es anders sein, ich bin ja Hebamme und kein Architekt!

JA WO BLEIBT ER DENN?

Menschen, denen wir eine Stütze sind, geben uns den Halt im Leben.
Marie Ebner von Eschenbach

Eine Frauenstimme mit niederösterreichischem Dialekt, der mir sehr vertraut war, (ich wuchs in Niederösterreich auf), meldete sich am anderen Ende der Telefonleitung; „Bin ich da richtig bei der Hebamme?"

„Ja da sind sie richtig,"meldete ich mich mit einem Lächeln auf den Lippen. „Was kann ich denn für sie tun?"

„Ich würde mir wahnsinnig gerne einmal das Entbindungsheim anschauen kommen, denn ich habe in zwei Monaten Termin. Die Kärntner Krankenhäuser sind nicht schlecht, aber ich möchte mich gerne noch weiter umschauen. Bei uns in Niederösterreich gibt es eine frei praktizierende Hebamme die Anna Maria Koch. Bei ihr habe ich den Geburtsvorbereitungskurs gemacht und da habe ich die andere Seite auch kennengelernt."

Die Anna Maria war mir auch ein Begriff und ein großes Vorbild.

„Klar, wir können jederzeit einen Termin ausmachen. Wann geht's denn bei ihnen?"

„Geht es eventuell heute schon?", fragte sie etwas vorsichtig nach.

Noch am selben Nachmittag lernten wir uns beide kennen und verstanden uns vom ersten Moment an.

Heidi und ich waren auf der gleichen Wellenlänge unterwegs und so freuten wir uns beide schon auf den großen Tag.

Zwei mal besuchte ich Heidi beim Vorbeifahren, wenn ich in Klagenfurt was zu erledigen hatte. Sie wohnte in einem renovierten, alten Bauernhaus.

Es war ein richtiger Familienbetrieb mit Kühen, Schweinen, Hühnern und Pferden. Die Schwiegereltern betrieben eine sehr beliebte und gut gehende Buschenschenke. Ihr Ehemann war auch noch Fachschullehrer und so blieb die meiste Arbeit an

Heidi hängen. Sie war aber immer guter Dinge und meisterte ihren Alltag – ohne zu jammern.

Am 5. November war es dann soweit. Gegen 22 Uhr klingelte das Haustelefon und Heidi teilte mir mit, dass sie seit zwei Stunden regelmäßige Wehen hätte. Da die Abstände sich jetzt verkürzt hatten, wäre sie beim Koffer packen und fragte mich, ob ich sie denn abholen könnte.

Als ich das Schlafzimmer betrat, traute ich meinen Augen nicht: der Ehemann lag im Ehebett und hatte Süßmost am Nachtisch stehen.

Ich ging ins Badezimmer, wo Heidi gerade dabei war, ihren Föhn zu suchen. Immer wieder griff sie sich auf den Bauch und hielt in fest.

„Du, ich würde mir noch gerne den Befund anschauen, bevor wir zu mir fahren. Warum hat dich denn der Toni nicht gefahren?

„Der wollte nicht mehr aufstehen", sagte sie mit einem traurigen Gesicht.

Was ist denn das für ein Ehemann dachte ich mir, liegt seelenruhig im Bett und es kümmert ihn nicht einmal, dass seine Frau Geburtswehen hat.

Nach der Untersuchung hatten wir es dann doch sehr eilig. Der MM war bereits auf 8 cm offen. Auf der Fahrt hielt Heidi immer wieder meine Hand und meinte, so drei km vom Entbindungsheim entfernt, dass ich ihr sagen soll, wenn sie schalten muss beim Autofahren.

Die Wehen kamen jetzt alle zwei Minuten und Heidi musste schon sehr konzentriert mitatmen.

Im Entbindungsheim angekommen versuchten wir, so gut es ging, aus dem Auto auszusteigen. Als die letzte Wehe vorbei war, nutzten wir die Pause, um schnell ins Geburtszimmer zu huschen. Kaum saß sie auf dem Hocker, meinte sie, dass sie eine Stütze hinten im Rücken bräuchte, um mit zu pressen.

Außer meinem Raimund gab es niemanden und so lief ich in unser Schlafzimmer und weckte ihn. Schnell war ich wieder bei ihr und beruhigte sie, dass mein Raimund gleich da wäre. Als die nächste Wehe sich anbahnte, rief sie aus vollem Hals: „Ja wo bleibt er denn!"

Raimund musste sich schnell einen Trainingsanzug anziehen und kam ins Geburtszimmer mit den Worten: „Woart Dirndle des hama glei', bin schon da!", setzte sich auf das Geburtsbett, griff Heidi unter die Arme und stützte sie so von hinten. Im nächsten Moment legte sie ihre Arme um den Hals von Raimund, zog seinen Kopf nach unten und presste, was das Zeug hielt.

Da wölbte sich auch schon das Köpfchen vom Baby gegen den Damm. Beim nächsten Mitpressen war der Kopf geboren.

Heidi hatte den Kopf von meinem Mann immer noch neben ihrem Gesicht und so kam von ihm die Aussage: „Wahnsinn, jetzt bin i g'rad Vater worn!"

Als dann der kleine Stefan seinen ersten Schrei von sich gab und sich auf der Brust von seiner Mutter ausruhte, wurde uns erst bewusst, dass Raimund eigentlich gar nicht anders konnte, als zuzuschauen, wie der Kopf des Babys geboren wurde. Die beiden hatten etwas so Intimes miteinander erlebt, dass Heidi auch bei ihren beiden nächsten Geburten meinen Raimund dabei haben musste.

So wurde mein Mann mit der Geburtshilfe immer mehr vertraut und nicht nur einmal war er mir eine sehr große Hilfe, wenn eine Frau beim Pressen die Kraft ausging.

Wir wurden ein super gutes Team!!!

Heidi genoss so richtig das „Verwöhnt werden" im Wochenbett. Am meisten schwärmte sie von meiner Hühnersuppe mit den Bröselknöderln.

Wir hatten damals nur eine sehr kleine, aber gemütliche Küche und das bekocht werden war für viele Frauen einfach wie Urlaub. Später hatte ich dann einen eigenen Menüplan und die Frauen durften sich aussuchen, was sie essen wollten.Nicht nur

einmal erzählten uns die Frauen am Tisch von ihrem Schicksal oder ihren Nöten. Sehr viele verabschiedeten sich mit Umarmung und Tränen und gingen schweren Herzens heim.

Als ich gerade wieder sechs Strutz Brot fertig gebacken hatte und Heidi gerade am heimgehen war, kam auch schon wieder die nächste Mutter zur Geburt. Ein „Strutz" ist die Kärntner Bezeichnung für einen Wecken Brot.

NA SERVAS RUDL, BIST DU A SCHO DO?

Der Cowboy, der mit dem Hubschrauber kam!

Eva war eigentlich gar nicht bei mir zur Geburt gemeldet gewesen. Ihre Mutter rief mich in der Früh an, ob ich nicht vorbeikommen könnte, ihre Tochter hätte in der Nacht Geburtswehen bekommen und jetzt geht nichts mehr weiter. Eigentlich wäre die Geburt in St. Veit a.d. Glan geplant und erst in 14 Tagen fällig.

So fuhr ich in die Wohnung von Eva's Mutter und untersuchte sie auch dort. Der MM war auf 3 cm geöffnet, das Kind gut ins Becken eingestellt und die Fruchtblase intakt. Ein ganz normaler Befund am Beginn einer Geburt.

Wer sich nicht entscheiden konnte, was sie machen wollte, war Eva.

Ihr Mann wollte dieses Wochenende von Wien nach Kärnten fahren und auch unbedingt bei der Geburt seines Sohnes dabei sein.

Mutter und Tochter diskutierten hin und her und kamen auf keinen grünen Zweig. Sie hätte noch nichts von meinem Entbindungsheim gehört und wie das eigentlich ablaufen würde, was es kostet und wo sie dann mit dem Kind nach der Geburt wäre.

So beantwortete ich ihnen geduldig alle Fragen und packte, nachdem sie sich nicht einigen konnten, meine Tasche.

Als ich schon bei der Türe war, rief Eva unerwartet: „warte bitte, ich komme doch gleich mit!"

Gemeinsam mit ihrer Mutter ging sie ins Schlafzimmer und kam mit einer Reisetasche zurück.

Eva war eine sehr kühle und unnahbare Frau. Selbst bei der Autofahrt kam nichts von ihr.

„Möchtest du denn nicht deinen Mann in Wien anrufen, dass du jetzt bei mir entbinden wirst?"

„Sobald wir ausgestiegen sind, werde ich das machen", meinte sie emotionslos.

Heidi war gerade dabei, ihre Sachen aus dem Geburtszimmer zu räumen. Sie begrüßte Eva herzlich Eva mit: „Wirst sehen, wie schön es hier ist, sein Kind zu kriegen. Ich bin jetzt total erholt." Bis Heidi abgeholt wurde setzte sie sich mit Eva in die Küche und trank Tee.

Diese Zeit nutzte ich, um das Geburtszimmer zu säubern, das Bett neu zu beziehen und alles für die nächste Geburt herzurichten. Es war so gegen 13 Uhr, als wir uns von Heidi sehr herzlich verabschiedeten. Ihren Stefan hatte sie schon in den Autokindersitz gepackt.

Die Wehen von Eva nahmen an Intensität zu und es dauerte nicht lange, bis die Fruchtblase platzte.

Für eine Erstgebärende ging der Geburtsverlauf sehr zügig voran und um 15 Uhr hatte sie bereits Presswehen.

Immer wieder musste ich ihr bestätigen, dass alles in Ordnung war.

„Kann jetzt das Baby nicht mehr stecken bleiben?", war eine Frage zwischen zwei Wehen.

„Nein, Eva, alles geht seinen richtigen Weg und du musst dir jetzt klar werden, dass dein Kind auf die Welt kommen möchte."

„Ich habe aber eigentlich heute gar nicht mit der Geburt gerechnet und mein Mann auch nicht."

Jetzt wo sie ihren Mann erwähnte, fragte sie ich auch gleich, wie er denn reagiert hatte, als sie ihm am Telefon davon erzählte? Die nächste Wehe kam, bevor sie mir antworten konnte. Immer mehr dehnte sich ihr Damm und mit dem warmen Dammfleck hatten wir nach fünf Wehen das Köpfchen geboren.

Ein dröhnendes Geräusch drang von draußen durch die Fenster und wurde immer lauter.

Eva bekam jetzt die Panik und wollte vom Geburtsbett herunter. Mit Engelszungen musste ich ihr klar machen, dass bei der nächsten Wehe ihr Kind auf der Welt sein wird. „Nein das glaube ich dir nicht", schrie sie aus vollem Halse.

Beherzt nahm ich ihre Hand und legte sie auf das Köpfchen von ihrem Kind. Die Augen wurden immer größer und bei der nächsten Wehe presste sie dann mit aller Kraft mit. Das Baby wurde mit dieser Wehe geboren und schrie, was das Zeug hielt.

In diesen Moment sah ich neben meinen Füßen plötzlich Cowboystiefel. Das gibt's doch gar nicht, war mein erster Gedanke.

„Servas Rudl, bist du a schon do.", sagte eine tiefe Männerstimme.

Als ich realisierte, dass ich keine Halluzinationen hatte, schickte ich diese Gestalt mit den Worten: „Ziehen sie sofort die Stiefel aus, sie sind hier in einem Geburtsraum!!!!", aus dem Zimmer.

Ihr Ehemann Rudolf war in Wien in einen Hubschrauber gestiegen und hatte sich nach Buchscheiden fliegen lassen.

Eva gab ihren Sohn sofort ihrem Mann in die Hand und wollte eigentlich jetzt schlafen.

Nachdem ich den kleinen Rudi gemessen und gewogen hatte und er sonst gesund war, ließ ich die drei alleine.

Gegen Abend verabschiedete er sich und fragte, wann er die beiden nach Hause holen könnte.

„Das hängt ganz von ihrer Frau ab, wie lange sie bei mir im Entbindungsheim bleiben möchte. Manche bleiben vier, die anderen fünf Tage", erklärte ich ihm.

Es war so gegen 3 Uhr morgens, als das Haustelefon neben meinem Bett läutete. Wir hatten das zur Sicherheit montiert, falls eine Frau in der Nacht Probleme hatte.

Im Morgenmantel rannte ich regelrecht zu Eva's Zimmer.

Eva saß mit ihrem Seidenpyjama im Bett und deutete mit ihren lackierten Fingern auf das Neugeborene: „ich glaube, der stinkt."

Ich hatte wohl nicht richtig verstanden und fragte meinerseits noch einmal nach.

„Wie, der stinkt?" „Ich denke, der müsste einmal gewickelt werden", sagte sie mit einem etwas angewiderten Ausdruck im Gesicht.

„Ja und warum machst du das nicht?" fragte ich nach.

„Das macht in Zukunft meine Mutter und ich habe damit keine Erfahrung."

Das kann doch wohl nicht wahr sein, war mein erster Gedanke. Ich nahm den Kleinen rauf auf den Wickeltisch und wickelte ihn. Danach legte ich ihn wieder ins Körbchen zurück.

„Danke und gute Nacht," kam dann von Eva.

In der Früh kam sie geschminkt und mit einem Morgenmantel, der einen Kragen aus Marabu Federn hatte zum Frühstück.

„Ich weiß nicht, ob der Rudi ganz normal ist, denn er hat immer, wenn ich ihn in den Arm genommen habe, den Kopf extrem zur Seite gedreht und seinen Mund dabei verzogen. Das ist doch nicht normal – oder?"

Jetzt konnte ich mein Lachen nicht mehr unterdrücken. „Weißt du was der Kleine dir damit signalisieren wollte? Er hat ganz einfach Hunger!"

„Ja und hast du denn Milchnahrung für ihn hier?"

„Eva, komm, du brauchst dein Kind doch nur an die Brust anzulegen, ich helfe dir dabei." „Nein, Stillen möchte ich auf gar keinen Fall und ich habe schon gestern die Abstilltabletten nach der Geburt genommen, die ich von meinem Gynäkologen verschrieben bekommen habe."

Hilfe, wieso bekommt so eine Frau überhaupt ein Kind, war meine nächste Überlegung.

„Wie stellst du dir denn das in Zukunft vor, du willst nicht stillen, dein Kind nicht wickeln, warum hast du es denn dann bekommen?"

„Der Rudolf wollte unbedingt ein Kind, aber ich habe ihm gleich gesagt, dass ich es nicht aufziehen werde. Das wird alles meine Mutter übernehmen."

„Meine Mutter wird mich auch heute abholen kommen und ich muss ihr telefonisch noch sagen, welche Nahrung sie einkaufen soll."

So erklärte ich ihr schweren Herzens, welche Nahrung sie kaufen müsste und, dass sie noch die nächsten drei Tage eine

Nachbetreuung wegen der Rückbildung ihrer Gebärmutter und dem Nabel des Kleinen bräuchte.

„Das ist kein Problem, ich komme dann mit meinem Jaguar vorbei", erwähnte sie so nebenbei.

In der Zwischenzeit kochte ich dem Kleinen einen Fencheltee, den er auch ganz gierig und sehr dankbar trank.

Ihre Mutter holte sie dann um 10 Uhr vormittags ab und bedankte sich mit einem Blumenstrauß bei mir für die geglückte Geburt.

„Frau Schurian, ich werde mein bestes geben, um es dem Kleinen an nichts fehlen zu lassen. Die beiden sind so in ihren Beruf bei der Redaktion eingespannt, dass für ein Kind jetzt keine Zeit ist", erklärte sie mir entschuldigend.

Drei Tage kam Eva dann noch zur Nachbetreuung und erzählte mir auch, dass sie am Wochenende wieder nach Wien zieht, da das mit dem Kleinen gut bei ihrer Mutter funktioniert.

Nach einem Jahr kam Eva überraschend, um mich mit ihrem Kind zu besuchen. Mein Sohn Thomas sagte zu ihr: „Der ist aber hübsch geworden." „Ich weiß!", gab sie ihm zur Antwort.

Als der Kleine dann in der Wiese ein Gänseblümchen pflückte und es lächelnd hoch hielt, nahm sie es ihm sofort aus der Hand.

„Pfui!", schimpfte sie und reinigte die Hand mit einem Desinfektionstuch.

Mehr brauch ich zu dieser Geschichte nicht zu sagen, als dass mir dieses Kind von Herzen leid tut und ich hoffte, dass es einmal so richtig im Dreck spielt, wenn es seine Mutter nicht mitbekommt.

ALTSTADTFEST MIT SCHUTZENGEL

Leben ist das was passiert, während du eifrig dabei bist,
Pläne zu machen.
John Lennon

Das Altstadtfest in Feldkirchen hat eine langjährige Tradition. Zahlreiche Besucher von fern und nah besuchen dieses Fest.

So freute sich Isabella aus Bad St. Leonhard im Lavanttal, an einem Samstag im Juli 2003, die Originalen Oberkrainer mit Slavko Avsenik live spielen zu hören.

Sie war mit ihrem zweiten Kind schwanger und hatte ihren ersten Sohn zwei Tage nach dem EGT spontan entbunden. Isabella war jetzt in der 37. SSW, alles war in Ordnung, sie fühlte sich auch sehr wohl und fuhr deshalb mit ihrer Schwester die gut 80 km nach Feldkirchen auf das Fest.

Es war ein strahlend schöner Sommertag und sehr heiß bei knapp 30°C. Eine richtige Menschenansammlung war vor der Bühne versammelt. Es wurde Bier ausgeschenkt, Würstel und Koteletts wurden gegrillt und alle haben ausgiebig gefeiert.

Isabella spürte zwar immer wieder einmal, dass der Bauch hart wurde, war auch zweimal auf der Toilette und bemerkte, dass sich der Schleimpfropf gelöst hatte. Freudig erzählte sie davon ihrer Schwester und meinte, dass das Baby dieses Mal wohl eher auf die Welt kommen wird.

Gegen 18 Uhr wurde das letzte Musikstück angekündigt und alle klatschten im Rhythmus. Exakt in diesem Moment sprang ihre Fruchtblase und ganz verdattert über diesen riesigen Schwall an Flüssigkeit, stand Isabella breitbeinig da und schaute auf die Lacke, die unter ihr immer größer wurde. In der Dämmerung bekamen die meisten Gäste nichts davon mit. Nur die beiden Frauen, die unmittelbar in der Nähe standen bemerkten den Blasensprung. „Legen sie sich flach auf den Boden, ich rufe gleich die Rettung an", sagte eine von ihnen, die bei mir schon zwei Kinder geboren hatte und wusste, was in so einem Fall zu tun war.

Die Sanitäter legten Isabella auf eine Trage und als sie beim Rettungswagen ankamen, kämpfte Isabella bereits mit einer sehr starken Wehe, zwei Minuten später kam die nächste. In so einem Fall, müssen die Sanitäter sofort das nächstgelegene Krankenhaus anfahren.

Sie telefonierten mit dem Krankenhaus Waiern, wo der diensthabende Arzt sie sofort an mich verwies. Sie hätten keinerlei Erfahrung mit Geburten und der Konsiliar-Arzt würde ohnehin die Gebärende gleich weiter transferieren lassen.

Nach dem Telefonat mit dem Rettungsfahrer richtete ich alles für die Geburt her.

Der Rettungswagen fuhr mit Blaulicht und Folgetonhorn auf den Hof und ich erkannte sofort, dass die Geburt kurz bevor stand. „Bitte wartet noch mit dem Wegfahren, bis ich einen Befund erhoben habe", sagte ich zu dem Fahrer.

Im Geburtsraum half mir die Beifahrerin, Isabella auszuziehen und da kam die gesamte Tragik zum Vorschein. Mir blieb fast der Atem stehen. Weiß-blau hing eine gut 10cm lange Nabelschnur Schlinge zwischen ihren Beinen.

Die nächste Wehe überrollte sie und wir versuchten so rasch wie möglich, sie auf das Geburtsbett zu legen. Die Herztöne des Babys waren auf 80 Schläge pro Minute dramatisch gesunken.

Sofort kamen mir die Worte unseres Ausbilders in den Kopf: „Wenn sie eine pulsierende Nabelschnur (NS) vor dem Schädel des Kindes tasten, schieben sie, wenn möglich den Kopf soweit zurück, dass der Durchfluss der Nabelschnur wieder gegeben ist. Sollte ihnen das nicht gelingen oder die NS bereits sichtbar sein, ist das in jedem Fall ein Notkaiserschnitt. Wenn diese Kinder nicht sofort aus dieser Notlage befreit werden, sterben sie!"

Jetzt blieb mir im Prinzip nichts anderes mehr übrig, als das Kind so schnell wie möglich zu holen. Da ich vorsorglich immer bei überraschenden Geburten eine 2 ml Syntocinon Spritze aufgezogen hatte, war das die Rettung. Ich verabreichte am Akupunkturpunkt Di4 jeweils 1 ml unter die Haut und erklärte gleichzeitig Isabella, dass bei der nächsten Wehe ihr Kind geboren werden muss.

Der Sanitätshelferin zeigte ich, wie sie am Fundus (obere Rand der Gebärmutter) mit aller Kraft bei der kommenden Wehe mithelfen könnte.

Als die Wehe sich aufbaute, drückte ich gemeinsam mit der Beifahrerin das Baby nach unten, als dann auch Isabella merklich zu pressen begann, machte ich aktiv den Dammschutz. Der Damm dehnte sich sehr gut und als der Kopf geboren war, holte ich mit einem Zug das blau-weiße Baby aus seiner Notlage.

Sofort massierte ich die kleinen Fußsohlen, gab ihm Sauerstoff und der Kleine begann darauf, quietschende Laute von sich zu geben. Die Nabelschnur pulsierte immer noch leise vor sich hin und das war auch gut so. Das bedauernswerte Baby hatte so noch die Doppelversorgung zur Verfügung, die es auch dringend brauchte.

Mir fiel ein Stein, nein ein Felsen vom Herzen, dass alles gut ausgegangen war. Nicht auszudenken, was alles hätte passieren können.

Nach einer halben Stunde durfte die Tante abnabeln und bevor ich Mutter und Kind mit der Rettung Richtung Wolfsberg schickte, wo Isabella eigentlich entbinden wollte, wollte ich die Maße des Babys wissen.

2630 g schwer, 30 cm Kopfumfang und 47 cm lang waren Gott sei Dank klein genug, um so schnell geboren zu werden.

Innigst umarmte mich Isabella und bedankte sich mit Tränen in den Augen. „Wenn wir nicht zu dir gefahren wären, möchte ich gar nicht nachdenken, was passiert wäre!", waren ihr Worte.

Zwei Wochen später lernte ich dann auch die ganze Familie kennen, die mich noch einmal besuchte, um auch für das Album vom „Max" Fotos von seinem Geburtsort zu machen.

Sie brachten eine Schwarzwälder Kirschtorte mit und 2 kg Honig von ihren eigenen Bienenstöcken. Bei Kaffee und Kuchen ließen wir noch einmal die ganze Geschichte Revue passieren und freuten uns alle über das gesunde Kind.

DIE VORWEIHNACHTSÜBERRASCHUNG

„Inneres Glück ist nicht von materiellen Umständen abhängig.
Es wurzelt in unserem Geist!
Dalai Lama

Es war kurz vor Weihnachten, als sich eine Schweizerin, namens Rosemarie, bei mir im Entbindungsheim anmeldete.

„Hallo, wia gohts? Mir häd telefoniert, i bin'sch d' Rosmarie!", stellte sie sich mit ihrem Schweizerdeutsch vor.

Mit drei Kindern an der Hand stand sie vor meiner Haustüre und entschuldigte sich, dass sie sie mitnehmen musste.

„Das ist doch überhaupt kein Problem, kommt einfach rein", begrüßte ich sie.

Jedes Kind gab mir die Hand und das Mädchen machte sogar einen Knicks.

Sofort setzten die Kinder sich auf den Boden und zogen ihre Schuhe aus. Jedes hatte seine Hausschuhe mitgebracht. So brave und gut erzogene Kinder hatte ich schon lange nicht mehr erlebt.

Rosemarie hatte Malbücher und Farbstifte dabei und die Kinder, zwei Buben (8 und 6 Jahre alt) und das Mädchen (4 Jahre alt) setzten sich brav hin und malten.

Sie begann dann auch gleich zu erzählen (manchmal musste ich verflixt aufpassen, ihr Schweizerdeutsch zu verstehen), dass sie vor vier Monaten erst aus der Schweiz nach Kärnten gezogen waren.

Ihr Egon hätte Gott sei Dank den Hausmeisterposten in der Wohnanlage in der Nähe von Moosburg bekommen.

Eigentlich wäre er gelernter Landschaftsgärtner, hatte aber bisher keine Stelle angeboten bekommen.

Sie wäre jetzt in der 36. SSW und hätte ihre anderen drei Kinder ohne Komplikationen in Bern zur Welt gebracht.

Dieses Mal wollte und konnte sie nicht ins Krankenhaus gehen, da sie für ihre drei Kinder niemanden hätte, der sich in dieser Zeit um sie kümmern würde.

„Eine Nachbarin, die mir von dir erst erzählte, würde die Kinder nach der Schule für drei Stunden nehmen können", erwähnte sie dann.

Ihr Mann „Goht früh morge Zytig (Zeitung) austrage" und um acht Uhr fängt er mit seiner Hausmeisterarbeit an. Lediglich zu Mittag nimmt er sich eine Stunde Pause, da die Wohnanlage aus fünf Reihenhäusern bestünde. Abends ist er dann immer fix und fertig vom vielen Hecken schneiden, Keller und Fenster putzen und die Treppenhäuser reinigen.

Er war auch schon beim Wohnungseigentümer und hatte erklärt, dass die Arbeit für eine Person einfach viel zu viel wäre.

Er könnte sich ja seine Zeit einteilen, meinte dieser und für einen zweiten Hausmeister würde das Budget nicht reichen.

Egon verdiente gerade einmal € 1.400.- und erledigte am Wochenende noch Gartenarbeiten für die Mieter für kleines Geld. Mit der Kinderbeihilfe und seinem Gehalt kommen wir gerade so um die Runden.

„Ich bin eigentlich gelernte Schneiderin, aber jetzt mit vier Kindern, müsste ich auch von zu Hause aus arbeiten." Das wäre dann ein „Zustupf" (zusätzliches Einkommen), meinte sie mit einem Augenzwinkern. „Was würde denn eine Geburt hier bei dir koschten?", war ihre nächste Frage.

„Bei welcher Versicherung bist du denn hier versichert?"

„Bei der Kärntner Gebietskrankenkasse und die Kinder automatisch auch mit bei mir."

Ich erklärte ihr genau, welchen Betrag sie von der Kasse ersetzt bekommen würde und was letztendlich der Selbstbehalt (um die € 300.-) wäre.

Verlegen kratzte sie sich am Kopf und stöhnte dabei: „a irgend a wiar werd's scho ga."

Danach schauten wir uns noch das Entbindungszimmer an und dabei hatte ich das Gefühl, dass sie glücklich war.

Sie wird das alles jetzt noch mit dem Egon besprechen und mich dann nächste Woche anrufen.

Als ich dann das Geschirr in der Küche wegräumte, kam Raimund herein und sagte, dass die Kinder einen Blick in die Werkstatt gemacht hätten. Die Buben wären gar nicht mehr von seiner Seite gegangen.

Als dann der größere Bub ihn gefragt hätte, ob er sich für die Eisenbahn ein paar Holzstücke als Häuser mitnehmen dürfte, habe er ihnen schnell ein paar zusammengeleimt. „Jetzt haben sie drei kleine Häuser mit Dächern", lachte er. „Richtig liabe Leut war'n des", meinte er beim Rausgehen.

Zwei Tage später kam dann die Zusage von Rosemarie. Sie wäre jetzt richtig erleichtert, dass sie zu mir kommen kann und nicht ins Krankenhaus gehen muss.

Am 20. Dezember in der Nacht kam dann das Mädchen mit 4200 g und 54 cm innerhalb von einer Stunde auf die Welt. Hanna war ein richtiger „Wonneproppen". Sie sah aus, wie ein kleiner Posaunenengel runde, rote Bäckchen und dichtes blondes Haar. Hauptsache die Mama hatte genug Milch! Man hörte sie in den drei Tagen, die Rosemarie sich gönnte, nie schreien.

Am 23. Dezember verabschiedete sich die ganze Familie mit einem leuchtend roten Weihnachtsstern, der sage und schreibe 14 Blüten hatte.

Bei dieser Familie brachte ich es einfach nicht übers Herz, den Selbstbehalt zu verlangen. Ich schrieb die Rechnung für die Geburt, bei der sie zur Gänze das Geld wieder von der Krankenkasse retour bekamen.

Am Heiligen Abend kamen sie alle überraschend am Nachmittag zu uns und bedankten sich mit Tränen in den Augen für die wunderschöne Geburt und die tolle Wochenbettbetreuung. Auf einer Weihnachtskarte stand auf Schweizerisch:

„Es flügt äs Ängeli umenand
und het es Grüessli i de Hand.
Es treits zu dir, chlöpflet ganz sacht
und wünscht dir ganz schöni Wiänacht!!!"

Liebe Petra, du warsch' unser „Engeli" und wir werden uns immer zu Weihnachten an dich / euch mit Freude erinnern.

In tiefer Dankbarkeit für das wertvolle Weihnachtsgeschenk! Rosemarie, Egon, Michael, Ludwig, Miriam und Hanna.

Rosemarie schrieb auch noch, dass Michael die Eisenbahn mit den kleinen Häusern, die Raimund mit ihm gebastelt hatte unter dem Christbaum aufbauen möchte.

Viele Jahre bekam ich dann zu Weihnachten eine Schweizer Weihnachtskarte mit Foto.

DIE SKEPTISCHE SCHWÄGERIN

Der wahre Skeptiker zweifelt zum Schluss sogar an seinen Zweifeln.
Alexander Engel

Ein sehr sportliche Frau namens Tanja, sie betreibt seit 22 Jahren die Schneeschule auf der Hebalm, in der Nähe von Graz mit ihrem Mann Gernot entband mehrmals bei mir. Ihre erste Tochter, Dorina, kam im Juni 1997 bei mir zu Welt. Die zweite Tochter Ronja entband sie dann drei Jahre später völlig problemlos auch im Wasser.

Es war für mich im Nachhinein als Hebamme eine weitere Erfahrung mit Tanjy, dass ein so durchtrainierter Körper, der nur aus Muskeln und Sehnen bestand und keinem Gramm Fett, dennoch bei der Geburt loslassen und entspannen konnte.

...und was noch bemerkenswert war: Tanja ist eine echte Rothaarige.

Bei der Hebammenausbildung wurde das Thema „rothaarige Schwangere" extra hervorgehoben. Echte Rothaarige wären risikobehaftet und das sollten wir uns sehr gut merken, um rechtzeitig Prophylaxen bereit zu haben. Sie hätten ein sehr schlechtes Bindegewebe, welches leicht reißt (Dammrissgefahr) und sie würden während der Geburt und vor allem bei der Plazentalösung eher zu Blutungen neigen. Nachweislich bräuchten sie um 20 % mehr Narkosemittel bei einer Anästhesie als die Anderen.

Bei einem Golfturnier lernte Alexandra, damals schwanger mit ihrem ersten Kind „Jörg" kennen. Jörg ist der Vater von Tanja. Er schwärmte Alexandra von der Geburt seiner Enkelinnen Dorina und Ronja in den höchsten Tönen vor. Das Wochenbett wäre wie Urlaub und wunderschön, um sich zu entspannen. Es gab keine verstärkte Blutung und auch sonst wäre die Wassergeburt völlig komplikationslos gewesen.

Das Interesse war geweckt, Alexandra wollte unbedingt mit Tanja Kontakt aufnehmen und so telefonierten die beiden. Darauf hin besuchte Tanja sie mit ihrem Baby in Völkermarkt.

Vollkommen begeistert von den Erzählungen war jetzt familiär eine große Hürde zu nehmen. Der Ehemann von Alexandra ist Urologe, die Schwägerin Kinderärztin und so wusste sie instinktiv, dass mit Widerstand zu rechnen war.

Peter, der Urologe und Mann von Alexandra sah es viel entspannter, als ihre Schwägerin und kam sogar zu den sechs Doppelstunden meines Geburtsvorbereitungskurses mit.

Anfangs war ich schon etwas nervös, den Herrn Doktor unter meinen Zuhörern zu wissen, aber von Stunde zu Stunde wuchs auch mein Selbstbewusstsein. Als wir den Beckenboden besprachen und er mich kräftigst bei meinen Aussagen unterstützte, war die Nervosität gänzlich vorbei.

Mehr als nur einmal hatte er in der Klinik Dinge erlebt, die nicht notwendig gewesen wären, wenn die Hebammen mehr Zeit für die Gebärenden gehabt hätten. Auch die ganzheitliche Betrachtungsweise von vielen anderen Dingen, wie die Typ Unterscheidung (nach TCM) unter der Geburt, die Wehenunterstützung mittels der Akupunkturpunkte Di4 und die unkomplizierte Plazentalösung* faszinierten ihn sehr. Auch dass eine bestimmte Geburtsposition bei einer Nabelschnurumschlingung* um die Schultern das Problem von einer Wehe zur anderen löst, war jetzt nachvollziehbar und logisch für ihn.

Überzeugt von meinen Erfahrungen und Argumenten wuchs auch bei ihm das Vertrauen und so war er absolut damit einverstanden, seine Frau bei mir entbinden zu lassen.

Das größere „Problem" war seine Schwester, die als Kinderärztin sehr skeptisch war und so gar nicht mit der Entscheidung umgehen konnte. Sämtliche Komplikationsmöglichkeiten vor, während und nach der Geburt wurden zitiert. Die Unsicherheit ging somit auf die ganze Familie über und Alexandra sah nur eine einzige Möglichkeit, ihre Schwägerin zu überzeugen, indem sie sie drei Wochen vor dem EGT zu mir zur Heimbesichtigung mitnahm. Sie hatte mich am Telefon vorgewarnt und so wusste ich, dass Einiges auf mich zukommen wird.

Schon bei der Begrüßung bemerkte ich die Distanz und die Unsicherheit, die von der Schwägerin ausging. Sie musterte mich von oben bis unten und war sehr verspannt.

Wie bei jeder Heimbesichtigung zeigte ich ihr alle Räumlichkeiten und als wir im Geburtszimmer standen und sie sich meine Geräte anschaute, war sie zuerst überrascht ein CTG, ein professionelles Absauggerät, Sauerstoffflasche mit Neugeborenenmaske (steril verpackt), Wärmematte und Notfallmedizin vorzufinden. Auch warf sie eine Blick auf die Operations-Leuchte, die ich über dem Geburtsbett für Untersuchungen und Nähte angebracht hatte.

Als ich ihr dann erzählte, dass ich eine eigene Kinderärztin hätte, die die erste MKP-Untersuchung am zweiten Tag machen würde, platzte sie regelrecht aus sich heraus und es begann die „Prüfung".

„Was machen sie zum Beispiel bei einer „Mekonium Aspiration*" beim Neugeborenen?" Als ich ihr diese Frage ohne Probleme beantworten konnte, kamen sämtliche notfallmedizinischen Fragen, die ich bei meiner Prüfung vom Diplom her kannte und ich machte im Prinzip eine zweite Kinderheilkundeprüfung an diesem Nachmittag.

Mit der Bemerkung, dass trotzdem immer noch unvorhergesehene Dinge passieren können, gab sie dann schließlich auf.

Alexandra entband dann insgesamt drei Mal bei mir. Peter Pius kam am 28. August 1997 zur Welt und diese erste Geburt dauerte etwas länger (ca. 8 Stunden), da sich im Hinterkopf doch Einiges angesammelt hatte. Dennoch wurde Peter Pius eine spontane Wassergeburt. Mathias Hadwin am 21. Februar 1999 und Alexander am 6. August 2002 waren um einiges schneller. Alle drei Söhne waren Spontangeburten und völlig komplikationslos.

Da die Blutgruppe von Alexandra Rhesus negativ ist, hatte ihr Mann Peter als Arzt praktischer Weise die Rhesus Prophylaxe zu rezeptieren übernommen.

Von der Schwägerin habe ich dann nie mehr wieder etwas gehört und wir waren alle sehr dankbar, dass keine Zwischenfälle bei den Geburten eingetreten waren.

Tanja und Alexandra sind bis heute sehr gut befreundet und die Töchter Dorina und Ronja sind sogar sportlich so erfolgreich, dass sie im Juli 2018 als einzige Österreicherinnen einen Spitzenplatz bei der Beachvolleyball-U22-Europameisterschaft erreichten.

Alle drei Söhne von Alexandra sind Gott sei Dank auch gesund und munter.

DER MARILLENKNÖDEL

Allem kann ich widerstehen, nur der Versuchung nicht!
Oscar Wild

Es war für mich nie nachvollziehbar, dass wir in der Klinik, während der Geburten den Frauen nichts zu essen geben durften und vor allem nichts zu trinken.

Manche Frauen lagen stundenlang – manchmal auch tagelang im Kreißzimmer – mit vertrockneten Lippen und dem typischen Aceton Geruch aus dem Mund.

Dieser entsteht, wenn ein Mensch lange fastet und nichts trinkt durch eine Stoffwechselentgleisung. Sobald das bemerkt wurde, ist der Gebärenden eine Infusion mit Traubenzucker über die Vene angehängt worden und wir Hebammenschülerinnen durften lediglich mit „Lemonstäbchen" (das waren große Wattetupfer mit Zitronengeschmack und Glyzerin getränkt) den Mund auswischen.

Warum wir den Gebärenden nichts bringen durften, wurde damit begründet, dass es eventuell zu Komplikationen kommen könnte und dann eine Narkose notwendig wäre. Sollte eine Frau dann Essen im Magen haben, könnte sie dies in die Lunge aspirieren und daran ersticken.

Dies war mir damals als vierfache Mutter so etwas von zuwider, dass ich oft heimlich den Frauen ein Glas Wasser vorbeibrachte. Meine Überlegung war, dass ein Glas pures Wasser auf gar keinen Fall schaden könnte. Man konnte ja auch abschätzen, ob diese Geburt in den nächsten zwei Stunden spontan verlaufen wird oder eben nicht. Danach ist jedes Glas Wasser schon längst durch den Magen.

Immer wieder beobachtete ich, wenn Frauen vom Kreißzimmer wieder auf die Station in ihr Zimmer verlegt wurden und dann heimlich aber heißhungrig eine Packung Manner Schnitten oder Schokolade verdrückten. In kürzester Zeit fühlten sie sich wohler und gestärkt und die Geburt machte gute Fortschritte. Eigentlich vollkommen logisch erklärbar: der Blutzuckerspiegel erholt sich und der Mensch hat wieder Kraft, zu „arbeiten". Genau so ist es mit dem Trinken. Der Flüssigkeitsmangel bewirkt, dass man schwindlig und müde wird. Kein Säugetier hört während des Geburtsaktes auf, zu trinken!

So erlebte ich mit Kristina Folgendes: es war gegen 14 Uhr 30 als Kristina zur Geburt ins Entbindungsheim kam. Ich hatte sie untersucht und da der MM auf 7cm geöffnet war, wollte sie unbedingt noch herumspazieren und nicht im Geburtsraum bleiben. „Da bin ich dann noch lange genug", meinte sie aus ihrer Erfahrung von drei Krankenhausgeburten.

Zwei Wöchnerinnen hatten zu Mittag gegessen und waren mit ihren Besuchern in den Garten unter die Apfelbäume gegangen. Es war August und es gab zu dieser Zeit herrliche Rosenmarillen auf dem Markt. So hatte ich eine Grießsuppe mit Gemüse gekocht und riesige Marillenknödel gemacht. Da die Marillen von Haus aus sehr groß waren, kam einer mit Kartoffelteigenteig und in gerösteten Bröseln gewälzt auf gut 8 bis 10 cm.

Die Platte von Mittag stand noch auf dem Esstisch mit noch einem Marillenknödel, der übrig geblieben war.

Zuerst spazierte Kristina in den Garten und begrüßte die anderen Mütter, schaute interessiert in die Babyhängematten und gratulierte zu ihren Babys.

Ich sehe sie noch dort stehen, wie sie ihren hochschwangeren Bauch hielt und mit den Besuchern plauderte.

Sie wanderte dann ein Stück Richtung Wald und kam nach einer Stunde wieder in die Küche zurück.

„Jetzt sind die Wehen schon ganz ordentlich und drücken auch schon nach unten", meinte sie mit einem Lächeln.

Die nächste Wehe rollte heran und Kristina stützte sich am Küchentisch ab. Als die Wehe vorbei war, fragte sie mich, ob sie denn ein Glas Wasser haben könnte, da sie sehr durstig sei. „Na selbstverständlich", sagte ich zu ihr, „wenn du dann bitte auch die Harnblase wieder entleeren gehst, habe ich überhaupt nichts dagegen". Gesagt, getan und als sie wieder von der Toilette zurück war, stand sie wieder am Küchentisch angelehnt und starrte immer auf einen Fleck. War ihr nicht gut?, war mein erster Gedanke oder ist sie schon so mit ihren Wehen bei sich.

Ich setzte mich zum Tisch und jetzt war mir klar, was sie so anstarrte. Es war der Marillenknödel, den sie regelrecht fixiert hatte.

„Kerstin, magst du den Knödel essen?", fragte ich sie, als die Wehe abgeklungen war. Ein tiefes und überzeugte „Jaaaa" folgte. Ich holte ihr eine Gabel und schob die Platte mit dem Marillenknödel zu ihr. Im Stehen aß sie den Knödel mit so einer Inbrunst und Lust, dass es eine Freude war, ihr zuzusehen.

Als sie damit fertig war, wischte sie sich mit dem Handrücken über den Mund und sagte ganz bestimmt: „Jetzt geh´ma Kind kriegen."

Wir gingen ins Geburtszimmer, Kristina hockte sich hin und presste mit drei Presswehen ihr Kind heraus.

„Genau den Marillenknödel hab' ich jetzt gebraucht, um dich raus zu drücken", sagte sie zu ihrer neugeborenen Tochter.

Kristina hatte sich bis zum Geburtstermin nicht entscheiden können, welchen Namen das Mädchen bekommen sollte.

In den nächsten Tagen wurde immer wieder über den Namen diskutiert und viel gelacht mit den anderen Frauen. Als dann eine Frau den Vorschlag machte, die Kleine Marianne zu taufen nach dem Film „Der Hofrat Geiger" mit Hans Moser, Waltraud Haas, Gunther Philipp und Conny Froboess als Mariandel, war der Vorname sofort angenommen worden.

Von da an hieß die Kleine Marianne und ihre Mutter hatte eine richtig schöne Geschichte damit verbunden.

DAS ENTBINDUNGSHEIM WÄCHST UND WÄCHST UND WÄCHST!

Geniale Menschen beginnen große Werke, fleißige vollenden sie!
Leonardo da Vinci

Die Geburtsanmeldungen stiegen von Monat zu Monat. Wir hatten jetzt den hinteren Teil des Hauses über den Sommer 1998 als Wochenbettstation ausgebaut. Drei Wochenbettzimmer wurden fertiggestellt.

Die Einzelzimmer hatten neben einem gemütlichen Bett einen Wickeltisch mit beheizbarer Wickelauflage.

Kleine Stubenwagerl, die aus geflochtenen Babytragetaschen von Raimund mit fahrbaren Untersatz gefertigt wurden, standen in jedem Zimmer.

Ich besorgte aus Salzburg „Babylammfelle", die diese kleinen Nesterl noch gemütlicher für die Babys machten, da sie einen wunderbaren Temperaturausgleich bewirkten.

Jedes Zimmer war in einer anderen Farbe gestrichen, hatte ein eigenes Telefon und Radio.

Ich besorgte mir biologische Babywäsche und jedes Neugeborene wurde in einen gemütlichen Schlafsack gepackt.

Im Zuge dieses Umbaus gestalteten Raimund und ich auch ein eigenes Bad für die Wöchnerinnen.

Verschiedenste Muscheln und auch ein Seepferdchen verewigte ich in den Badefliesen, indem ich diese ausschnitt und die Fossilien direkt in die Fliesen einsetzte. Wir bauten eine neue Duschkabine, Waschbecken, WC und Bidet in zartem Blau ein.

Der Wunsch einiger Frauen, eine Wassergeburt zu erleben, ließ uns unser nächstes, großes Projekt verwirklichen.

Unser eigenes Badezimmer musste dazu vergrößert und komplett neu gestaltet werden, um eine Geburtswanne zu integrieren.

Dazu mussten alle alten Fliesen raus, eine Zwischenwand entfernt und eine neue Wand aufgemauert werden.

Viel Zeit verbrachte ich mit der Suche nach einer entsprechenden Wanne.

Sie sollte geräumig und doch nicht zu groß sein. Sie müsste übers Eck eingebaut werden, damit ich von allen Seiten Zugang zur Gebärenden hätte. Griffe zum Umdrehen, Aufstehen und festhalten waren mir ganz wichtig. Endlich hatte ich das Modell gefunden, dass mir auf Anhieb zusagte.

Das Problem des schnellen Wärmeverlustes in der Wanne wurde durch eine entsprechende Isolierung gelöst.

Über der Ecke montierte mir Raimund eine verstellbare Schiene (einstellbar, je nach Armlänge der Frau), die wichtig zum „Aufhängen" der Arme im Liegen und in der Hocke, während der Geburt war.

Was mir wahnsinnig viel Spaß machte, war meine Kreativität ausleben zu können.

So gestaltete ich mit bunten Mosaiksteinen (Restposten von Friedensreich Hundertwasser) mein Markenzeichen, die „Befruchtung der Eizelle" auf der Rundung der Wanne.

„Was sich daraus entwickelt hat, kann hier entbunden werden!"

Die Fliesen suchte ich in grünblauen Farben aus und ließ sie wellenförmig in verschiedenen Höhen auslaufen. Sie sollten das Wasser symbolisieren, das Element worin wir alle entstehen. Eine großzügige Duschkabine mit Schiebeglastüren, ein ovales Waschbecken, ein WC und ein Bidet, alles in Elfenbeinfarbe rundeten das Bad ab. 1998 war das Entbindungsheim um eine wunderschöne Entbindungsmöglichkeit reicher.

GEBURTSMÖGLICHKEIT – WASSERGEBURT

„Das Urelement, woher wir alle kommen!"

Nach 25 Jahren Geburtshilfe kann ich stolz auf mehr als 450 Wassergeburten zurückschauen. Von meiner Intuition her hat es sich immer gut und richtig angefühlt, Kinder im Wasser auf die Welt zu bringen. Die erste Erfahrung damit habe ich ja im Kapitel „ Geburt unterm Kirschbaum" erzählt.

Viele Naturvölker nutzten seit jeher das Wasser zum Gebären. In Australien, die Aborigines, in Neuseeland, die Maori und viele andere Naturvölker kennen die entspannende Wirkung und es ist völlig normal für diese Frauen, im Wasser zu entbinden.

Um diese Geburtsart auch den Ärzten fundiert vorstellen zu können, fehlte damals, dass diese Methode durch wissenschaftliche Studien belegt war.

Die WHO (Weltgesundheitsorganisation) meinte damals, die Notwendigkeit fundierter Studien könnten ein Anlass sein, festgefahrene medizinische Dogmen zu überdenken.

Die derzeitigen ideologischen Barrieren zwischen konventioneller Geburtsmedizin und natürlich orientierten Geburtshelfern würden bei der inhaltlichen Auseinandersetzung vermutlich von selbst verschwinden.

Gerd Eldering, Wassergeburtshelfer am Vinzenz-Pallotti-Hospital in Bensberg forderte damals: „Keine Ideologie in der Geburtshilfe, aber Gewähren von Freiheiten unter medizinischer Fachkompetenz wäre angebracht!"

Die Diskussion zum Thema Wassergeburten kam sehr schwer und zäh in Gang.

Einer der Hauptgründe dafür war wohl, dass die ärztliche Geburtshilfe, als ein Fach der Akutmedizin, den Geburtsvorgang als grundsätzlich gefährlich für Mutter und Kind einschätzten.

Eines meiner wichtigsten Bücher während des Lernens und Erfahrungen Sammelns über Wassergeburten war das faszinierende Buch „Meergeboren" von Chris Griscom.

Sie geht noch einen Schritt weiter, als ich. Sie propagiert die Wassergeburt in der Natur.

Diese Geschichte verzauberte mich regelrecht und brachte mich zum Staunen. Aus eigener Frauenpower gebärt sie ihr Kind im Meer im Beisein eines Delphins.

Nun muss man als freipraktizierende Hebamme immer schön am Boden bleiben und nicht zu spirituell werden. Vicky Wall (Begründerin von Aura Soma) drückte dies einmal sehr treffend aus: „ Werdet nicht so himmlisch, dass ihr hier auf der Erde keinen Platz mehr habt. Es ist wichtig, dass wir unser spirituelles Verstehen und Erkennen im Alltag umsetzen, um uns und anderen zu helfen. Wenn wir aber nur mehr abgehoben sind und nichts von unseren Erfahrungen umsetzen, gehen wir am eigentlichen Sinn der Spiritualität vorbei."

Die verschiedensten Möglichkeiten, Kinder zur Welt zu bringen sollten anerkannt und verstanden werden.

So beschäftigte ich mich mehr mit Ländern, in denen die Wassergeburt bereits von Ärzten durchgeführt wurde, wie Holland, Dänemark und England.

Aufgrund der fehlenden wissenschaftlichen Daten wurde die Wassergeburt bei uns in Österreich nach wie vor als nicht sichere Geburtsmethode bezeichnet.

So kämpfte ich viele Jahre damit, dass die Wassergeburt in meinem Entbindungsheim von den leitenden Ärzten regelrecht verteufelt wurde.

Ein Primarius erklärte sogar öffentlich, dass er sich persönlich dafür einsetzen werde, dass ich von der Bildfläche verschwinde. Durch mich würde die Säuglingssterblichkeit wieder rapide steigen, wenn ich jetzt auch noch Wassergeburten machen würde.

Ein großes Vorbild für mich war damals Wien mit dem berühmten Geburtshaus Nussdorf in der Heiligenstädter Straße 217. Gegründet wurde es am 3. Mai 1986 durch die Frauenärzte

Michael Adam und Volker Korbei, sowie engagierten Hebammen. Die Klinik, in der die „sanfte Geburt" praktiziert wurde, war eine alternative Möglichkeit für jene Frauen, die ohne Verzicht auf die Sicherheit der modernen medizinischen Geburtshilfe in privater Atmosphäre gebären wollten. Bis 30. Juni 1992 gab es dort 1.403 Geburten. 1997 wurde das Geburtshaus mit dem Gesundheitspreis der Stadt Wien ausgezeichnet. 2002 aus wirtschaftlichen Gründen leider geschlossen.

Ich hatte dort mit mehreren Hebammen Kontakt und holte mir auch wertvolle Tipps, was die Ausführung der Wassergeburt betraf.

1995 bauten wir unsere Geburtswanne, und 1998 wurden dann plötzlich in jeder Klinik in Kärnten Geburtswannen installiert. Sie wuchsen wie die Schwammerl aus dem Boden.

Die Frauen forderten immer mehr diese Art, zu entbinden und so blieb den Kliniken nichts anderes übrig, als nachzuziehen. Leider wurden die Gebärwannen sehr unüberlegt konstruiert.

Keiner durchdachte, was wirklich wichtig war und so hatten alle einen eingebauten Sitz, der wiederum dem Steißbein das Ausweichen nach hinten bei der Geburt nicht erlaubte. Die Austreibungsphase verzögerte sich dadurch sehr und die Ärzte hatten ein weiteres Argument gegen diese Art von Geburt.

Die meisten Geburtswannen waren mit einer Wand-hohen Klappe versehen, die ein rasches Heraussteigen bei Komplikationen unmöglich machte. 300 Liter Wasser kann man ja nicht einfach in den Raum fließen lassen.

Bei den Geburtsraumbesichtigungen, die die Krankenhäuser vor der Geburt anboten, wurde den Frauen versprochen, wenn es keine Komplikationen gäbe, könnten sie jederzeit im Wasser entbinden.

Zufällig hatte dann genau die Hebamme, die schon ein wenig Wassergeburtserfahrung hatte, keinen Dienst.

Die Wannen wurden hauptsächlich zum Entspannen angeboten und die meisten Frauen wurden kurz vor der Geburt wieder ins Bett zurück verfrachtet. Sehr viele haben dann über diese Enttäuschung bei den Kursen erzählt. Unsere Geburtswanne hatte keinen eingebauten Sitz, war groß genug, aber nicht zu groß, sodass die Frauen Erdung mit den Beinen fanden und sich abstützen konnten. Sie war isoliert und ich ließ mir einen verstellbaren Griff über dem Kopfende anfertigen, so konnte ich je nach Armlänge der Frauen, das Hängenlassen während des Hockens ermöglichen. Rechts und links wurden zwei weitere Griffe angebracht, damit die Frauen sich leichter umdrehen konnten. Ganz wichtig war auch die Wannenhöhe

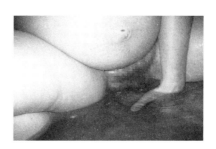

für mich. Ohne große Anstrengung sollte jede Frau darüber steigen können. Somit war auch die Verletzungsgefahr beim Heraussteigen gemindert und ein rasches Verlassen bei Bedarf gewährleistet. Über meine 250. Wassergeburt erschien in einer österreichischen Zeitung eine Bericht. Daraufhin wurde ich von zwei Kliniken eingeladen, die Wassergeburt an Hand von Videos und Erzählungen vorzustellen und zu erklären. Eine große Ehre für mich.

Bei einem Hebammenkongress in Graz hatte ich dann die Möglichkeit, die Wassergeburt auch dort mit meinem persönlichen Vortrag und anhand von Videos vorzustellen.

Wie heute, weiß ich noch genau, wie aufgeregt ich war. Raimund begleitete mich damals, beruhigte mich und wartete geduldig die vielen Stunden – Danke!

Ich trug ein Dirndl aus Leinen, kombiniert mit Leder und trug stolz die Kette, die mir Raimund zu meiner Diplomfeier geschenkt hatte. Der Anhänger ist 4 cm groß in Tropfenform und aus massiven Silber gearbeitet. Ein Goldschmied hatte darauf einen Embryo drei dimensional dargestellt, dessen Plazenta und Nabelschnur in Gold gearbeitet sind. Auf der Rückseite sind die Kilometer, die Geburtenanzahl und die Tage eingraviert, die ich erlebte, bis ich das Hebammendiplom bekommen habe. Viele Kolleginnen bestaunten dieses Unikat.

Als ich dann vor hunderten Personen, die alle vom Fach waren, in dem riesigen Saal vor dem Mikrophon stand, hatte ich zwar weiche Knie, aber auch den Mut und den Enthusiasmus, meine Erfahrungen vorzustellen und die Kolleginnen und Kollegen von den Vorteilen für die Frauen zu überzeugen.

Viele leitende Hebammen und auch Gynäkologen waren bei diesem Kongress anwesend und ich musste immer wieder schmunzeln, wenn im Video der Kopf des Babys unter Wasser geboren war und ich mit der Gebärenden auf die nächste Wehe wartete.

Alle hielten irgendwie die Luft an und wurden leicht nervös. Begannen miteinander zu diskutieren und schauten gebannt auf den Film. Das Baby war geboren, schwamm immer noch unter Wasser und wurde von mir oder der Mutter selbst ganz langsam herausgehoben und auf den Oberkörper mit der Wange an die Brust gelegt. Kein schreien, nur die liebevollen Worte der Eltern waren zu hören. Die meisten Babys suchten dann von selber nach der Brustwarze, um zu trinken.

Als die Hebammen und Ärzte die entspannten Babys sahen und den guten Zustand der Mütter, waren sie interessiert, mehr darüber zu erfahren. Ein Arzt lud mich sogar ein, seinen Hebammen in Salzburg einen Einführungskurs zu geben.

Nicht alle meiner Kolleginnen waren mir gut gesinnt, aber viele haben es dankbar angenommen. Für mich war es wahnsinnig wichtig, endlich anerkannt und akzeptiert zu werden – im Sinne der Frauen.

Meine persönliche Überlegung war immer, wie oft bekommt eine Frau ein Kind in ihrem Leben? Eines, zwei oder vielleicht

doch ein Drittes? Wir wissen es nicht.

Aber diese paar Mal sollte jede Frau die Freiheit haben, so zu entbinden, wie es sich für sie richtig anfühlt!!!

Einzelheiten über Wassergeburten finden sie anschließend auch in meinem Erfahrungsschatz.

IHR HEBAMMEN SEID'S A VOLK

*Wisst's wos i geh' jetzt Ham, sucht's euch a Andere,
die des Theater do mitmocht!*

Am Nachmittag war ein Ehepaar zur Besichtigung des Entbindungsheims angemeldet. Pünktlich um 14 Uhr ging die Haustürglocke und Gisela stand mit ihrem Mann Alfred vor der Haustüre. „I wü auf gor kan Foll ins Krankenhaus, de machen mit an was woll'n, hab i g'hört." war der erste Satz, der von ihr kam.

Ich fragte sie, wie sie sich denn ihre Geburt vorstellen würde? Was ihr wichtig sei und vor allem, wie sie entbinden möchte?

„Des was i a net genau, aber auf jeden Foll nit mit so vül Leit um mi herum."

Ok, das konnte ich nachvollziehen und erklärte ihr genau, wie es bei uns abläuft.

Ich fragte nach dem EGT und stellte fest, dass ich in dieser Zeit eine Hebammenpraktikantin für drei Monate im Haus haben würde.

„Wäre das denn in Ordnung für dich, Gisela, wenn ich eine Praktikantin bei deiner Geburt dabei hätte?" „Jo, jo des gangat scho, aber kan Mann, wenn's geht."

Nachdem wir das geklärt hatten, besichtigten sie noch das EH und füllten das Anmeldeformular für die Geburt aus.

Raimund brachte einen Krug von seinem selbstgemachten Hausmost (saurer, vergorener Apfelmost) und trank mit Alfred auf eine glückliche Geburt.

Die Männer unterhielten sich prächtig und Alfred erzählte von seinem Bergbauernhof und der vielen Arbeit, die sie da oben hätten.

Gisela wäre in einer sehr katholischen Familie aufgewachsen, ist deshalb auch etwas schüchtern und meidet große Menschenansammlungen. Am liebsten ist sie zu Hause am Hof und bei ihren Tieren. Sie möchte auch auf gar keinen Fall, dass ich bei der Geburt dabei bin, erzählte er ungeniert.

„Dann werden wir uns zwei in der Küche zusammensetzen und Most trinken, bis das Kind auf der Welt ist." meinte Raimund mit einem Schmunzeln. „So mach ma des, genau", sagte Alfred und war beim Aufstehen.

Wir verabschiedeten uns und Gisela versprach, sich 14 Tage vor dem Termin noch einmal bei mir zu melden.

Als der EGT verstrichen war und ich bis dahin nichts von ihr gehört hatte, rief ich bei ihr an.

Gisela hatte es völlig vergessen und war auch von meinem Anruf etwas irritiert.

„A wos gschicht jetzt eigentlich?"

Ich empfahl ihr, noch einmal zu ihrer Frauenärztin zu gehen, um einen Ultraschall von dem Baby und der Plazenta zu machen. „Muaß des sein?", kam ziemlich brummig von ihr.

Ich erklärte ihr, dass es auch für mich wichtig sei, zu wissen, ob es dem Baby noch gut geht. Am nächsten Tag kam dann der Anruf von ihr, dass sie noch bis nächsten Montag Zeit hätte, da sie dann 10 Tage über dem Termin wäre.

„Kann i denn nix moch'n, damit's endlich los geht?"

Ich erklärte Gisela, was sie sich für den „Geburtscocktail"* besorgen sollte, wie man ihn anwendet, und wünschte ihr viel Glück.

Schon um 21 Uhr rief Alfred an, dass er mit ihr unterwegs zu uns wäre, die Gisela hat jetzt Wehen.

Meine Praktikantin Eva freute sich schon sehr, endlich bei einer Geburt dabei sein zu dürfen.

Wir richteten gemeinsam alles für die Geburt und das Baby her und eine halbe Stunde später klingelte es an der Haustüre.

Gisela begrüßte uns mit den Worten: „I glab jetzt wird's ernst."

Alfred wurde sofort in die Küche geschickt und wir gingen direkt ins Geburtszimmer.

Bei jeder Wehe stützte sie sich am Wickeltisch ab und veratmete ihre Wehen.

Immer wieder bat ich sie, jetzt untersuchen zu dürfen aber Gisela verstand es wunderbar, das zu vermeiden. Sie ging mehrmals zur Toilette und kam dann auch länger nicht zurück.

Wir mussten sie irgendwie dazu bekommen, sich endlich auszuziehen, um einen Befund zu bekommen.

Evi hatte dann die Idee, ihr sofort nach dem Betreten des Raumes beim Ausziehen behilflich zu sein.

Diese Aktion ging regelrecht in die „Hosen". Beim Versuch ihr aus der Hose zu helfen, wurde sie so hektisch, dass ihre Fruchtblase platzte.

„Jetzt homa des G'scherr, ois is noß." sagte sie regelrecht grimmig.

Mit vereinten Kräften hievten wir sie auf den Geburtsstuhl.

„Macht´s des Licht aus, es is so hell do!" Jetzt erst begriff ich, dass sie sich vor uns nicht nackt zeigen wollte und schämte.

Gisela, ich kontrolliere jetzt schnell die Herztöne und wenn es dem Baby gut geht, brauch' ich dich nicht weiter zu untersuchen.

Evi schaute mich ganz groß an und schüttelte dabei mit dem Kopf.

Ich notierte den Befund der Herztöne, die Kindslage und den Blasensprung im Geburtenblatt.

Die nächste Wehe kündigte sich an und Gisela sprang vom Sessel und ging gleich dabei in die Knie.

„Sakra, jetzt geht's oba los. Du host do a Bodewann, do mecht i jetzt eine, geht des?"

„Ja klar geht das", sagte ich und Evi ging ins Badezimmer und ließ die Wanne volllaufen.

Bei Kerzenschein saß dann Gisela mit BH in der Wanne, hielt sich rechts und links fest und schimpfte bei jeder Wehe.

„Na des hob i notwendig g'hobt!"

Evi und ich mussten beide lachen. Nachdem Gisela bei der letzten Wehe schon mitdrücken wollte, musste ich sie doch einmal vaginal untersuchen.

Ich bat sie, die Beine locker zu lassen. Gisela hielt sie aber krampfhaft zusammen. Jetzt deutete ich Evi an, mir zu helfen.

Mit vereinten Kräften schafften wir es und ich konnte endlich nachschauen, wie weit die Geburt fortgeschritten war.

„Mei ihr Hebammen seid´s a Volk!", kam ganz entrüstet von ihr.

„Horch zu Gisela, jetzt hast du nur mehr einen kleinen Saum am MM und der muss sich noch über den Kopf des Babys schieben, dann kannst mithelfen, ok?"

„Himmel tua di auf, wiaso des jetzt?", murmelte sie in sich hinein.

Als nach einer halben Stunde, das Kind noch nicht geboren war und wir ihr weiterhin Mut machten durchzuhalten, stützte sie sich in der Wanne auf und sagte: „Wisst´s wos, i geh jetzt ham, suacht´s eich a Andere, di des Theater mitmocht!"

Mit viel Überredungskunst und Überlistung, kam nach ein paar guten Wehen, dennoch ein kleines Mädchen mit langen, dichten schwarzen Haaren auf die Welt.

„No endlich, aber du host da Zeit gloss'n", war ihre Begrüßung.

Als dann auch gleich die Plazenta abging, konnte Evi das Baby abnabeln und wir gingen wieder zurück ins Geburtszimmer.

Die kleine Sophia wog 2890 g und war 52 cm lang. Als Gisela das mitbekam, sagte sie: "Die gleiche Heigeig'n (dünnes, großes Kind auf kärntnerisch), wia da Vota."

In der Küche saßen wir dann alle lustig beisammen und feierten den neuen Erdenbürger. Ganz stolz hielt Alfred seine Tochter im Arm.

Gegen 23 Uhr verabschiedeten wir uns von Alfred und wollten alle schlafen gehen, als das Telefon läutete.

Eine andere Mutter war nicht sicher, ob sie Vor- oder Geburtswehen hatte. Sie würde sich wieder melden, wenn die Kontraktionen regelmäßiger kämen.

In so einem Fall legte ich mich dann in der Küche auf das Sofa, um leichter aufzustehen.

Mitten in der Nacht, ging die Küchentüre auf und Gisela kam mit dem Baby auf dem Arm herein. Sie hatte mich gar nicht bemerkt und redete mit sich selber: „Na jetzt bin i oba neigierig, ob i in der Kuchl was find?" Als sie dann das Licht einschaltete und mich sah kam von ihr: „I was net, wos der 'Kanalrotz' hot, jetzt hob i sie schon vier Mal g'wickelt, ober si gibt ka Ruah."
„Wie wäre es mit anlegen und stillen? Hast das schon probiert?" „A jo, des kennt i a probier'n."

Ich begleitete Beide ins Zimmer und half Gisela, ihr Kind anzulegen. Dankbar saugte die Kleine an der Brust und schluckte, was das Zeug hielt. „Die hat einfach Hunger gehabt", beruhigte ich Gisela. „Schaut gonz so aus", war ihr Kommentar.

Zwei andere Mütter waren zur selben Zeit im EH und in der Früh begrüßte Gisela sie mit einem lauten „Ho, ho, ho!" Als wir uns dann gegenseitig alle anschauten, und nicht wussten, was sie damit meinte, kam ganz trocken von ihr: „Wisst´s mei Tante wüll kane Folten kriagn und lacht deshalb immer so!"

Leider kann ich mich nicht mehr an alle Aussagen von ihr erinnern, aber wir hatten wirklich sehr viel Spaß mit ihr.

Nach vier Tagen ging sie dann mit Sophie nach Hause und ihr Mann Alfred brachte ein großes Stück Speck und eine Flasche Schnaps als Dankeschön mit.

Wie wichtig eine gute Geburtsvorbereitung für Gisela gewesen wäre, wurde mir immer mehr bewusst und deshalb waren meine Kurse ein ganz wichtiger Teil meiner Arbeit.

Meine Geburtsvorbereitungskurse hielt ich vorerst 10 Jahre lang über die Stadtgemeinde im Pfarrhof in Waiern und später dann im EH im ausgebauten Nebengebäude.

Nach den Kursen war das Interesse an den Geburten so groß, dass ich mir dann eigene Folder über das Entbindungsheim drucken ließ.

Diese Druckerei gab auch monatlich den sogenannten „Tiebelkurier" heraus, mit einem Babykalender, indem man die neu angekommenen Erdenbürger nachlesen konnte.

Dies war zusätzlich eine super Werbung und kurbelte das Interesse an meinen Methoden noch mehr an.

Als die ersten 30. Geburten im Entbindungsheim vorbei waren, machte der Tiebelkurier ein Gruppenfoto von allen Müttern mit Baby.

Immer öfter waren wir in den verschiedensten Medien vertreten und die Mundpropaganda tat ihr Übriges.

Sehr interessiert war ich daran, den Frauen die Geburten leichter, kürzer und schmerzarmer zu ermöglichen.

Nicht nur „Ein guter Start ins Leben", wie der Titel meines EH Folders hieß, sondern auch „Lust auf's Gebären" war das Motto meiner Kurse.

Dafür wollte ich mir von der Naturheilkunde, wie Heilpflanzen, Homöopathie, Aromatherapie, Cranio Sacrale Therapie und vor allem der TCM (Traditionellen chinesischen Medizin) mehr Wissen aneignen.

Nur die Zeit musste ich finden, die richtigen Fortbildungskurse zu besuchen.

Wie hilfreich dieses Wissen gewesen wäre, wusste ich erst nach der Ausbildung, wie die nächste Geschichte beweist.

DIE MARATHON-GEBURT!

Gut Ding will Weile haben, weiß der Volksmund. Hier aber ist der Weile schon genug, und gut Ding ist nicht zu erkennen.

Marathongeburt Magdalena erzählt aus der Sicht von Gisela selber.

Der Gynäkologe hatte mir bei der letzten Untersuchung (in der 36. Woche) dringend abgeraten, bei dir (Hebamme Schurian) zu entbinden. „In Ihrem Alter ist das eine Risikogeburt! Bei Frau Schurian wird Ihr Kind nicht überleben. Ihr Kind ist zu klein, da stimmt was nicht. Sie müssen ins Krankenhaus zur Kontrolle"

Das war ein Freitag, der Krankenhaustermin war erst am Montag. Ohne deine Hilfe hätte ich am Wochenende kein Auge zugemacht.

Bei der Untersuchung hast du dann festgestellt, dass alles bestens ist und wahrscheinlich das Gerät vom Herrn Doktor kaputt wäre.

Ein einziges Mal war ich dann noch bei diesem Arzt – bei der Nachuntersuchung – und hab mit dem Ausspruch „lieber Herr Doktor, wenn Sie vor schwangeren Frauen und den Geburten Angst haben, sollten Sie vielleicht ihren Beruf wechseln!", die Ordination auf Nimmerwiedersehen verlassen.

Die Geburt von Magdalena:

Blasensprung am 11. September zu Mittag – noch keine Wehen – Wehen Cocktail getrunken – keine Reaktion von meiner Gebärmutter – nichts hat geholfen.

In der Nacht fuhren wir zu dir. Ich hab gedacht, das geht jetzt richtig los, aber das war ein riesiger Irrtum.

Die ganze restliche Nacht und den darauf folgenden Tag: Wehen, Wehen, Wehen!!!

Der Muttermund ging nicht auf, weil meine Reitermuskulatur und mein Kopf dagegen waren! Einmal sagte ich sogar: „Ich bin einfach zu alt für diese Scheiße!"

Die ganze Zeit warst du an meiner Seite, hast versucht mich zu motivieren und Raimund hat Klausi beschäftigt. Ich bin dir noch heute unendlich dankbar, dass du mit mir solange durchgehalten hast.

Am Abend dann der Versuch mit Homöopathie. Du gabst mir Globuli, damit mein straffer Muttermund endlich aufgehen sollte.

Mit deinem geduldigen Zuspruch und allen dir verfügbaren Mitteln ging es endlich weiter.

Ich war schon so müde und kurz vor dem Aufgeben – aber du hast mit mir gekämpft und so haben wir es tatsächlich am 13. September um 3.00 Uhr in der Früh gemeinsam geschafft. Magdalena war endlich geboren.

Das mit der Milch war ein Trara! Du hast mich an die Pumpe gehängt, Globuli, Brustwickel, literweise Milchbildungstee. Das Baby animieren, die Brustwarze endlich zu nehmen, das volle Programm.

Am dritten Tag ist dann langsam die Milch gekommen – ohne dich hätte ich das Stillen vergessen können. Magdalena hab ich anschließend 8 Monate lang gestillt.

Bei Magdalena war noch eine Mama mit Baby gemeinsam mit mir im Entbindungsheim.

Ich erinnere mich noch ganz genau, wir sind am Tag nach der Geburt auf der Terrasse gesessen. Die Babys lagen selig in der Hängematte und wir Mädels haben getratscht und die Nasen in die Sonne gehalten. So etwas können sich die Mamas im Krankenhaus nicht einmal vorstellen.

Du hast uns noch erklärt, dass wir mit den Kindern unter die Apfelbäume gehen sollten, da die Sonne durch die Blätter nicht so intensiv wäre. Sie bekämen dann auch weniger Neugeborenen-Gelbsucht wegen der gut dosierten UV-Bestrahlung. Die im Krankenhaus müssen dann künstlich UV-bestrahlt werden, falls der Bilirubin Wert zu hoch wäre.

Das Wochenbett bei dir war einfach super. Dein Verwöhnprogramm für Mamas und Babys mit Vollpension (wir konnten von einem Menüplan wählen, was wir essen wollten), Familienanschluss und überhaupt die rundum Betreuung war unbezahlbar. Es war wie Urlaub mit lieben Freunden.

Dann bekam ich nach Jahren meine zweite Tochter
Die „Normalo" Geburt Katharina
In der zweiten Kursstunde lag Katharina in Querlage und da wir gerade das Thema durchgegangen waren, hast du mich gefragt, ob ich einverstanden wäre, wenn ich es in die Schädellage schubse. Mit ein paar Griffen war sie dann da, wo sie hingehörte! Das war für alle im Kurs ein unglaublicher Moment, vor allem natürlich für mich. Das plötzliche Gefühl den Kopf unten zu spüren und dann die Herztöne auf einem ganz anderen Fleck als vorher. Unglaublich!

Am Abend vor dem errechneten Geburtstermin war ich bei dir zur Akupunktur. Da war noch überhaupt kein Anzeichen von „los geht's".

Vier Stunden später ist die Blase geplatzt. Kurz nach Mitternacht am 1. März: Na du kanntest mich ja!! Da kam ich mit soooo tollen Wehen, bin ganz stolz auf mich und was ist? Nix!

Aber da kommt deine ruhige Art. Du kennst genau die richtigen Akupunkturpunkte, die meinen straffen Muttermund aufmachen können und entspannen. Du massierst mir den Rücken und machst mir Mut: „Du machst das super! Das geht dahin! Du wirst sehen um 7.00 Uhr ist das Baby da!" Und was soll ich sagen – genau so war's. Punkt 7 Uhr war Katharina auf der Welt.

Bei Kathi war ich alleine im Entbindungsheim. Am Tag vorher ist eine Mama mit Baby nach Hause gegangen. Ich weiß nicht, wie sich die anderen Frauen bei dir gefühlt haben, für mich warst du der Fels in der Brandung und ich hatte das Gefühl, wir kennen uns schon ewig!

Katharina habe ich dann über ein Jahr lang gestillt!

Liebe Petra, ich bin dir einfach nur dankbar, du hast mir mit deinem selbstverständlichen, sicheren und unglaublich einfühlsamen Wesen geholfen, das schönste auf der Welt zu erfahren. Meine Kinder!

Wenn ich so darüber schreibe fällt mir wieder alles ein „DANKE!"

Ich muss jetzt ergänzend zu dieser Geschichte noch etwas aufklären: Gisela war Bereiterin und ihr Beckenboden war deshalb so durchtrainiert und straff wie Beton.

Ich hatte bei der ersten Geburt von Magdalena noch nicht meine TCM (Traditionellen Chinesischen Medizin) Ausbildung, die mir in diesem Fall sehr geholfen hätte.

Bei Katharina hatte ich mein wertvolles Wissen dann einsetzen können.

DIE FORTBILDUNGSPFLICHT DER HEBAMMEN

Phantasie ist wichtiger als Wissen, denn Wissen ist begrenzt.
J. Ringelnatz

Mit dem Gremialbeitrag, den jede frei praktizierende Hebamme jährlich zu bezahlen hatte, erhielten wir die „Hebammenzeitung". Darin wurden die verschiedensten Fortbildungsthemen angeboten.

Jede Hebamme hat die Pflicht, sich durch Fortbildung auf dem neuesten Stand der Medizin zu halten.

Darüber hinaus wollte ich unbedingt die Traditionelle Chinesische Medizin (TCM) erlernen.

Als für diese dann im Sommer ein Kurs ausgeschrieben wurde, meldete ich mich sofort an.

Viele Wochenenden war ich dann in Graz und Wien unterwegs. Die Ausbildung war sehr kostspielig und langwierig, aber ich habe es nie bereut, mir dieses wertvolle Wissen angeeignet zu haben.

Viele Begleiterscheinungen in der SS, Geburtskomplikationen und Wochenbettbeschwerden sah ich jetzt in einem ganz anderen Licht. Ich konnte nun „aktiv" diese Dinge beeinflussen und regeln. Aus Problemen wurden plötzlich Möglichkeiten, diese auf natürliche Art und Weise zu lösen.

Die Akupunktur hat weder Nebenwirkungen, noch muss man teure Geräte oder Medikamente kaufen. Man hat sie praktisch immer „bei sich".

Das was man sich theoretisch angeeignet hat, wird praktisch von Fall zu Fall klarer.

Dieses uralte Wissen hat mir sehr viele Türen geöffnet. Alleine den Frauentyp sofort zu erkennen, dementsprechend der Frau zu erklären, was für sie gut ist und was nicht, war faszinierend.

Über Jahre habe ich mir dann beim ersten Gespräch erlaubt den Frauen den Unterschied zwischen „milzig" und „lebrig" zu erklären.

Es gibt generell zwei große Typunterscheidungen* (Mischtypen nicht ausgeschlossen) bei Schwangeren: dieses Wissen hat mir in meinem Beruf so viele Vorteile und einen enormen Fortschritt in meiner Tätigkeit als Hebamme gebracht.

Geburten waren von da an, mit dieser Unterstützung, lenkbar geworden.

Erstgebärende hatten je nach Erstbefund in vier bis sechs Stunden ihr Kind im Arm.

Nicht nur die richtige Ernährung (TCM-Diätetik) vor und nach der Geburt war immens wichtig, sondern auch das Einschätzen und der richtige Umgang mit der jeweiligen Frau erleichterte mir meine Arbeit sehr.

WENN DIE GEBURT EIN ALPTRAUM WAR

Negative Geburtserlebnisse hinterlassen tiefe Spuren in der Seele!

Immer wieder erzählten Frauen von schlimmen Geburtserlebnissen. Einige outeten sich bei den Kursen und andere erzählten unter Tränen beim Vorstellungsgespräch, wie tief ihre Verletzungen saßen.

Martina hatte bereits eine Krankenhausgeburt hinter sich und wollte nach dieser Erfahrung nie wieder ein Kind bekommen. Als sie den positiven Schwangerschaftstest in der Hand hielt, bekam sie panische Angst. Sie kam gemeinsam mit ihrem Mann, Erwin, um das EH zu besichtigen. Tage vorher hatte Erwin mich telefonisch kontaktiert und in ein paar Sätzen die Horrorgeburt seiner Frau geschildert.

Eine Berufskollegin von ihm hatte vor einem Monat ihr Kind bei mir gekommen und davon geschwärmt, wie schön und anders die Geburt bei mir war.

Bevor sie zu mir kamen, weinte sich Martina nächtelang in den Schlaf und war sogar zu einer Abtreibung bereit. Nun saß sie vollkommen verzweifelt und ratlos bei mir in der Küche.

„Ich weiß einfach nicht mehr weiter", kam zaghaft als erster Satz von ihr.

Wie konnte sie zu mir Vertrauen bekommen, war meine Überlegung. So fragte ich sie, ob sie mir ihre Geschichte erzählen möchte.

Martina schaute kurz zu Erwin und als der nickte, begann sie zu erzählen: bei der letzten Vorsorgeuntersuchung im KH hätte man festgestellt, dass das Baby für die 37. SSW zu klein wäre. Ich bin selber nur 1,58 m groß und dachte, dass das auch in der Familie liegt. Der Arzt meinte dann nur, es käme nicht auf die Größe eines Kindes, sondern auf den Reifezustand an und da die Versorgung durch die Plazenta in Ordnung war, wäre das schon in Ordnung.

Danach wurde ich zur „PDA (Päriduralanästhesie)* Aufklärung durch die Hebamme in der Schwangerenambulanz gezwungen. „Wenn sie hier bei uns entbinden wollen, muss jede werdende Mutter diese Aufklärung besuchen und unterschreiben."

Während der Geburt wäre ich nicht mehr in der Lage, wegen der starken Schmerzen, irgend etwas zu entscheiden oder zu unterschreiben.

Durch diese „aufbauenden" Worte war ich noch mehr verunsichert, was da auf mich zukommen würde.

Zwei Mal waren wir mit starken Vorwehen in der Klinik. Beides Mal wurde ich für eine Stunde ans CTG gehängt. Die Herztöne waren in Ordnung und der MM bombenfest geschlossen.

„Na das kann ja was werden, wenn Sie jetzt schon so ein Theater machen, Sie werden noch an mich denken, wenn Sie erst richtige Wehen haben!", verabschiedete sich der „Hebammendrachen", als wir das zweite Mal nach Hause geschickt wurden.

Genau das braucht man dann, um noch mehr verunsichert zu werden. War ich wirklich so schmerzempfindlich, fragte ich mich.

Ich hatte leider keinen Geburtsvorbereitungskurs besucht, und wusste vom eigentlichen Geburtsablauf gar nichts.

Als zwei Tage später die Fruchtblase mit einem riesigen Schwall platzte, wurde ich von der Rettung mit Folgetonhorn in die Klinik gebracht.

Der Befund war „Muttermund eine Fingerkuppe weit offen und leicht, missfärbiges Fruchtwasser."

Sie schlossen mich an das CTG an, wo die Herztöne des Babys etwas erhöht waren. Kein Wunder, denn ich war ziemlich aufgeregt.

Der diensthabende Arzt kam ohne zu grüßen in den Raum mit der Mitteilung: "So, jetzt werden wir da etwas Gas geben und einen Wehentropf anhängen Frau G.", kontrollierte den CTG Streifen und war wieder verschwunden.

Mir wurde ein Venenweg und die Infusion angelegt und nach 20 Minuten hatte ich eine Wehe nach der anderen – ohne Pause. Es war so unglaublich erniedrigend und brutal. Als dann meine Hebamme sagte: „So sind Geburtswehen Frau G. M – und das ist erst der Anfang", hätte ich sie erwürgen können.

Ich fühlte mich alleine gelassen, wie auf der Schlachtbank. Die Schmerzen überrollten mich und ich hatte richtig Angst, was noch kommen und, ob ich das Ganze überleben würde.

Erwin hatten sie ins Sekretariat geschickt und als er endlich zu mir durfte, krümmte ich mich wie ein Wurm vor Schmerzen.

Die Hebamme kam in den Raum und fragte: „Sie haben hoffentlich die PDA Aufklärung unterschrieben, sonst wird des nix!"

Erwin erinnerte sich noch an die Geschichte und bejahte.

Es dauerte unglaubliche eineinhalb Stunden, bis der Anästhesist kam. In der Zwischenzeit hatte ich mich mehrmals übergeben müssen. Als er mich bat, dass ich mich hinsetzen soll, war das unmöglich für mich. Ich versuchte es mit Hilfe meines Mannes, aber jedes Mal zwang mich die Wehe wieder zum Liegen.

„Entweder machen sie jetzt mit oder ich gehe wieder", meinte er mit einem Grinsen im Gesicht.

Meine Panik war mittlerweile so gestiegen, dass ich die nächste Presswehe einfach nicht mitbekommen habe.

Jetzt erzählte Erwin weiter, da Martina heftig zu weinen begann, „jetzt hatte auch der Anästhesist die Situation erkannt und rief ganz hektisch: ‚Kummt´s schnell, die Frau G. hat Presswehen!'"

„Das kann nicht sein", meinte die Hebamme noch aus dem Hintergrund und kam gelaufen.

Martina hatte ohne Dammschutz in einer einzigen Wehe ihr Kind geboren.

Die Kleine war dunkelblau im Gesicht und gab keinen Ton von sich.

Ich war einfach nur fassungslos und brüllte jetzt in meiner Verzweiflung: „Jetzt tut´s doch endlich was!"

Die Hebamme nabelte das Baby ohne Handschuhe ab und lief damit aus dem Raum.

Martina hatte einen Dammriss III° (dritten Grades), dieser musste mit elf Nähten versorgt werden. Dabei wurde kontrolliert, ob auch der Schließmuskel vom After verletzt wurde. Gott sei Dank war dies dann nicht der Fall.

Nina wurde zur selben Zeit vom Kinderarzt untersucht. Dieser Arzt war sehr freundlich und erklärte uns auch, warum die Kleine so „blitzblau" nach der Geburt war und nicht schrie.

Das Baby hatte durch den „Wehensturm" keine Zeit sich an die Enge des Geburtskanals anzupassen und wurde ziemlich „gestaucht". Sie hätte auch einen schlechten Ph-Wert von 7,08 gehabt, auch dies lässt auf einen Geburtsschock schließen.

Wir sollten uns aber keine Sorgen machen, denn Babys sind relativ hart im Nehmen und können dies in kurzer Zeit kompensieren.

Im Wochenbett ging dann der Kampf weiter. Martina bekam keine Milch, die Dammnaht platzte nach einem „Salbenfleck", der eigentlich für die Brustwarzen gedacht war, und musste noch einmal in Kurznarkose neu angeschnitten und genäht werden.

Als Nina dann am dritten Tag noch eine starke Neugeborenengelbsucht* bekam, nichts mehr trinken wollte und nur noch schlief, war die Katastrophe fertig.

Man legte Nina stundenlang mit verbundenen Augen unter die UV-Lampe.

Martina wurde am 4. Tag entlassen und musste Nina noch sechs Tage lang in der Klinik lassen. Als Nina dann endlich nach Hause durfte, wusste meine Frau nicht einmal, wie man sie richtig wickelt. Martinas Mutter wohnte dann drei Wochen bei uns und so konnte Martina sich erholen und lernte nach und nach den Umgang mit der Kleinen.

Als Erwin geendet hatte, war mir klar, warum Martina so eine Panik vor einer neuen Schwangerschaft und Geburt hatte.

Als erstes empfahl ich ihnen, meinen Geburtsvorbereitungskurs ab acht Wochen vor dem Geburtstermin.

Beide kamen regelmäßig und von einer Stunde zur anderen wuchs bei beiden das Vertrauen.

Ganz wertvoll war auch, dass ich frisch entbundene Frauen mit ihren Babys zum Kurs mitbrachte und diese ihre Geburtsgeschichte frei von der Leber weg erzählten.

Martina und Erwin konnten es gar nicht glauben, wie glücklich und euphorisch die Frauen von ihren Geburtserlebnissen berichteten.

Sie lernten die Dammmassage*, die Cranio Sacrale Osteopathie*, wie man echte Wehen von Übungswehen unterscheidet, die Babypflege und das Stillen kennen.

Als Martina nach der letzten Doppelstunde zu mir kam und unbedingt die Anmeldung zur Geburt unterschreiben wollte, wusste ich, dass es dieses Mal gut gehen wird.

Mit 4 cm MM kamen sie dann eine Woche vor dem EGT zur Geburt. Ich akupunktierte Martina und nach drei Stunden und 40 Minuten war Daniel ohne Dammschnitt in der Geburtswanne geboren worden. Beide konnten es erst gar nicht realisieren, dass dieses Kind so komplikationslos zur Welt gekommen war. Immer wieder musste ich ihr sagen, dass sie es im Prinzip ganz alleine geschafft hatte.

Wir legten Daniel noch in der Wanne an die Brust und Martina hatte bereits am zweiten Tag ausreichend Muttermilch.

Nach solchen Geburten ist man als Hebamme in seinem Element, ist überglücklich und es ist immer wieder eine herrliche Erfahrung, gerade solchen Frauen ein positives Geburtserlebnis zu ermöglichen.

Martina hat mir ihr Geburtserlebnis bei mir als Dankeschön in einem Brief geschildert, der die ganzen Jahre im Gang zu den Wochenbettzimmern neben den Baby Fotos hing.

Sie erzählte darin auch ihre erste Entbindung und wollte damit Frauen, die ähnliches erlebt hatten Mut machen.

DIE NIE UND NIMMERFRAU

Sag niemals nie! Das Schicksal liebt nämlich Herausforderungen!

Kerstin kannte ich schon viele Jahre. Sie war früher bei einem bekannten Friseur in der Stadt angestellt und des öfteren hatte sie mir meine Haare geschnitten.

Dann verloren wir uns aus den Augen und sahen uns erst wieder, als Kerstin ihre Oma und Ersatzmutti im Krankenhaus Waiern besucht hatte.

Kerstin war zu diesem Zeitpunkt bereits über dem Termin und ihre Oma schimpfte deshalb mit ihr, warum sie sie überhaupt noch besuchen käme – in diesem Zustand.

So versprach sie ihr, dass sie noch am selben Tag zur Schurian ins EH fahren würde, um sich untersuchen zu lassen.

Kerstin rief damals bei mir an und sagte ganz deutlich, dass sie nur eine Untersuchung von mir wollte, denn für sie käme es nie und nimmer in Frage, dass Kind bei mir zu entbinden.

Da ich damit kein Problem hatte und jede Frau für sich entscheiden sollte, was für sie das Beste ist, bestellte ich sie gegen 16 Uhr zu mir.

Schon an der Haustüre spürte ich ihre große Unsicherheit. Ihre Schilderungen überschlugen sich regelrecht und sie erzählte, dass die letzte Geburt schon 11 Jahre her wäre und sie gar nicht mehr genau wüsste, was damals alles mit ihr gemacht wurde. Die Erinnerungen wären nicht die Schönsten, aber da müsste man ja durch.

Ich versuchte sie erst einmal zu beruhigen und erklärte ihr in aller Ruhe, dass ich mir jetzt die Kindslage und vor allem das Köpfchen des Babys genauer anschauen werde. Wie der Kopf im Becken eingestellt war, die Herztöne wollte ich kontrollieren und ich wollte auch einen Vaginalbefund haben, um die Reife des MM zu tasten.

Auch da war sie ziemlich unsicher und meinte, dass sie vor vier Wochen das letzte Mal bei ihrem Frauenarzt war und damals alles in Ordnung gewesen sei.

Das war vor vier Wochen, wiederholte ich und lachte sie an. Jetzt würde es darum gehen, ob das Baby sich in die richtige Startposition ins Becken gedreht hätte. Ich fragte sie dann nach ihrem Biorhythmus zwischen den Menstruationen – wegen des errechneten Geburtstermins. Ganz überrascht schaute sie mich an und fragte, ist das echt wichtig? So erklärte ich ihr, dass jede Frau ihren eigenen Biorhythmus hätte und deshalb der EGT immer nur eine Vermutung darstellt. Meistens war der Abstand bei ihr um die 30 bis 32 Tage, erzählte sie mir dann ganz bereitwillig.

Da sie keinen Geburtsvorbereitungskurs besucht hatte, wusste sie auch darüber gar nichts. Nachdem ich nachgerechnet hatte, kam ich zu dem Ergebnis, dass sie genau heute am Termin wäre. Den erstaunten Gesichtsausdruck und den halbgeöffneten Mund hätten sie sehen sollen!

„Und da kannst du jetzt genau sagen, was der Grund ist, warum die Geburt noch nicht losgegangen ist?", fragte sie ungläubig.

„Wenn ich dich jetzt genau untersucht habe: ja", gab ich ihr zur Antwort.

Das erste, was mir sofort auffiel war, dass der Kopf noch viel zu hoch über dem Becken stand. Die Herztöne waren nicht rechts oder links wie üblich am Bauch zu hören, sondern direkt über dem Bauchnabel.

Er saß quasi im rechten Winkel zum quer-ovalen Beckeneingang und konnte deshalb nicht hinunter ins Becken rutschen.

So erklärte ich Kerstin, indem ich ihr eine Zeichnung machte, dass das Baby in der sogenannten „Froschhaltung" wäre. Das war ein Ausdruck, den ich selber erfunden hatte, um sich die Haltung des Ungeborenen vorstellen zu können.

Normalerweise suchen sich die Babys eine Bauchhälfte aus und legen sich dann in die erste oder zweite Schädellage.

Jetzt war für mich als nächstes wichtig, wo sich die Plazenta inseriert hatte. Durch deutliche Nabelschnur Geräusche ist das relativ leicht heraus zu finden.

Um es jetzt dem Baby leichter zu machen, ins Becken zu schlüpfen, schubste ich das Kind von außen weg von der Plazenta auf die andere Seite. Jetzt hatte ich eindeutig links Herztöne und stellte dann bei der vaginalen Untersuchung fest, dass der MM sich ganz weit nach hinten positioniert hatte.

Nun versuchte ich mit dem Mittelfinger der rechten Hand in den MM zu gelangen, der 2 cm offen war.

Als ich auch das geschafft hatte, machte ich Kerstin darauf aufmerksam, dass sie gleich einen großen Druck spüren würde.

Ich reponierte jetzt den Gebärmutterhals in die Mitte und drückte gleichzeitig mit der linken Hand am Fundus (oberste Stelle von der Gebärmutter) nach unten.

Sofort schlüpfte das Köpfchen ins kleine Becken und drückte gegen die Harnblase.

„Wow!", sagte Kerstin „Ich glaub' ich muss gleich auf die Toilette." – Und sie verschwand.

Anschließend machte ich ihr eine Akupunktur, um die Meridiane für die Geburt anzuregen.

Kerstin erwähnte noch beim Anziehen, dass jetzt ihr Bauch ganz anders aussehen würde als vorher. Er wäre viel weiter unten und sie hätte plötzlich wieder mehr Platz im Magen.

Durch das viele Erklären und das Eingehen auf ihre Fragen hatte sie jetzt doch Vertrauen zu mir bekommen.

„Wann glaubst du denn, wird es los gehen?" fragte sie beim Hinausgehen. „Ich werde noch mit Heinzi, meinem Mann, über alles reden und es könnte durchaus sein, dass ich zu dir zur Geburt komme."

Im ersten Moment dachte ich, ich höre nicht richtig. Die Frau, die niemals ohne Ärzte, Technik, Kinderarzt und dem OP-

Saal gleich nebenan im Falle eines Notkaiserschnittes entbinden wollte, sagte das jetzt zu mir.

Ich musste sie in diesem Moment in meine Arme nehmen und sagte zu ihr: „Wir werden uns schon sehr bald wieder sehen."

„Na da bin ich aber gespannt", meinte sie noch auf dem Weg zu ihrem Auto.

Gegen 23 Uhr standen Kerstin und Heinzi tatsächlich wieder vor der Haustüre. Als dann Raimund die Türe öffnete und Kerstin ihn wie ein „Lebkuchenpferd" anlachte, sagte er zu ihr: "Dirndle, des Kind kriegst du heute nimmer." – Raimund war schon ziemlich erfahren, was Geburten anlangte ... und ein sehr, sehr einfühlsamer Mensch, der gebärende Frauen und deren Männer in einer nur ihm eigenen, unnachahmlich schlitzohrigen, aber sehr liebenswerten Weise begleitete.

Meistens standen die Frauen angelehnt an dem Haustürpfeiler und atmeten in die Wehe hinein und konnten sich nicht mehr richtig unterhalten. Vor allem lachten sie nicht, wenn sie kurz vor der Geburt waren. – Und das war Raimund sofort aufgefallen. Raimund behielt diesmal aber trotzdem nicht recht, denn Leonie wurde eine knappe Stunde später, ganz spontan und ohne jede Komplikationen geboren.

Allerdings brauchte Kerstin einige Zeit, um das Erlebnis zu realisieren.

Es ging also tatsächlich auch ohne PDA und Operationssaal in der selben Ebene wie der Kreißsaal. Und sogar auch ohne die dringende Anwesenheit eines Kinderarztes während der Geburt.

Immer wieder entstanden darüber Diskussionen mit den anderen werdenden Müttern am Tisch und so manche Erkenntnis bei Kerstin. Später war sie dann einer meiner größten Fans und die Mundpropaganda tat ihr Übriges.

ENDLICH EINE SPONTANGEBURT

Tu erst das Notwendige, dann das Mögliche,
und plötzlich schaffst du das Unmögliche!
Franz von Assisi

Hemma hatte zwei Kinder mit Kaiserschnitt zur Welt gebracht. Kein Arzt konnte ihr bisher erklären, warum sie keine Wehen bekommen konnte.

Es gibt wenige Frauen, die tatsächlich keine Geburtswehen von selbst bekommen. Die primäre Wehenschwäche ist bis heute nicht eindeutig geklärt worden. Die meisten Ursachen sind eine Überdehnung der Gebärmutter oder die Kindslage. Bei einer Steißlage, drückt dieser nicht ausreichend auf den Muttermund und der sogenannte Ferguson Reflex, der das Wehenhormon Oxytocin auslöst, kommt nicht zu Stande.

Dann gibt es Frauen, die trotz Weheneinleitung keine einzige Wehe bekommen. Warum? Keiner weiß es mit Sicherheit.

So ein Fall war Hemma. Jedes Mal wurde bisher einige Tage nach dem EGT ein Wehentropf angehängt und keine einzige Wehe wurde aufgezeichnet oder von ihr wahrgenommen.

Das Kind war in der richtigen Geburtshaltung, das Köpfchen tief im Becken, das Geburtsgewicht um die 3200 kg, der Muttermund jedes Mal verstrichen und auf 1 cm geöffnet. Nach drei Tagen erfolgloser Einleitungsversuche wurde dann vom Arzt entschieden, einen Kaiserschnitt zu machen. So auch bei ihrer zweiten Tochter Susanne.

Als sie jetzt zum dritten Kind schwanger wurde, erklärte ihr die Frauenärztin, dass sie nun zum letzten Mal per Kaiserschnitt entbinden könnte, da nur maximal drei Kaiserschnitte gemacht werden. Für Hemma war das sehr betrüblich und sie sehnte sich regelrecht nach einer „normalen" Geburt.

Da Bodensdorf nicht weit weg von meinem Entbindungsheim ist, hatte sie durch Freundinnen, die schon bei mir entbunden hatten, die Empfehlung bekommen den Geburtsvorbereitungskurs bei mir zu besuchen.

„Da kann ich mir dann wieder die schönen Geburten der anderen Frauen anhören und ich bekomme erst wieder einen Kaiserschnitt", erzählte sie ihrer besten Freundin.

Diese aber erklärte ihr, dass ich immer irgend eine Lösung für die verschiedensten Probleme parat hätte. Außerdem beinhaltet der Kurs nicht nur die Geburt, sondern viele andere Dinge, wie das Stillen oder wenn es Probleme mit den Babys gibt. Ich hatte damals meine zweite große Ausbildung, die Cranio Sacrale Osteopathie* abgeschlossen und konnte speziell bei Schreikindern rasche Hilfe anbieten.

Hemma war nun schon die vierte Doppelstunde im Kurs und als ich die Stunde mit den unterstützenden Geburtsmethoden beendet hatte, wartete sie auf mich, bis alle anderen gegangen waren. „Glaubst du, Petra, dass ich auch auf dem natürlichen Weg Wehen bekommen kann, wenn ich jetzt schon zwei Mal einen Kaiserschnitt hatte?"

„Dafür müsste ich mir dich genauer anschauen und versuchen heraus zu finden, wo die Ursache dafür liegt", erklärte ich ihr.

Wir machten für die nächste Woche einen Termin aus. Hemma bekam aber eine starke Erkältung und wir sahen uns erst in der letzten Kursstunde wieder.

Da sie am nächsten Tag ihren EGT hatte, untersuchte ich sie anschließend.

Wir gingen ins Geburtszimmer und als sie sich auszog, sah ich, dass ihr rechter Fuß vom Knie weg bis zu den Zehen komplett mit Verbrennungsnarben übersät war.

„Was ist dir denn da passiert?", frage ich sie und Hemma erklärte, dass ihre Großmutter, als sie vier Jahre alt war, beim Tragen eines Kochtopfes gestolpert war und das kochendheiße Grießkoch (Grießbrei) über ihren Fuß floss.

Damals war sie wochenlang im Krankenhaus und man hatte ihr vom anderen Fuß eine Hauttransplantation gemacht.

Schlagartig wurde mir klar, warum Hemma keine Wehen bekommen konnte: sämtliche Akupunkturpunkte am Bein, die für das Auslösen der Geburtswehen zuständig sind waren durch die Verbrennungen stagniert und auch am andern Bein wegen der Transplantation.

Ich erklärte ihr meine Vermutung und, dass ich es unbedingt versuchen möchte, die stagnierten Akupunkturpunkte zu öffnen, um die Meridiane wieder fließen lassen zu können.

Ganz begeistert stimmte Hemma zu und wir vereinbarten, dem Baby noch eine Woche im Bauch zu gönnen und es danach zu probieren.

Hemma hatte versucht, ihrem Mann alles zu erklären und wollte jetzt auch unbedingt im EH entbinden. Dieser war aber sehr skeptisch und meinte, dass es uns erst gelingen müsste, die Wehen in Gang zu setzen, dann könnte man ja noch einmal darüber reden.

Es war 14 Uhr und die Akupunkturnadeln waren gesetzt. Mi4, Mi9, MP6, Le3 und Bl67 alle am Bein beiderseits und den Baihui* am Kopf für das Loslassen.

Die zwanzig Minuten waren vorbei und ich applizierte ihr noch zusätzlich die Blütenessenzen* vor dem MM, der weich, zentriert und auf 1 bis 2cm geöffnet war.

Herzlich umarmte sie mich beim Verabschieden und ich wünschte ihr kräftige und gute Wehen.

Gegen 17 Uhr 30 rief sie mich dann an und fragte, ob ein Ziehen im Kreuz und der Druck nach unten am MM wirklich Wehen wären.

„Das hört sich nicht schlecht an", sagte ich ganz erfreut und fragte, ob es denn schon regelmäßig zieht.

„Kann ich dir nicht wirklich beantworten, denn das Gefühl ist so neu für mich. Ich melde mich dann später noch einmal."
Um 23 Uhr ging dann tatsächlich noch einmal das Telefon und ihr Mann war ganz aufgeregt und erklärte mir, dass er mit ihr um 21 Uhr zur Sicherheit in die Klinik gefahren war und das Baby dann ganz spontan um 22 Uhr 20 auf die Welt kam.

Herzlichen Glückwunsch", rief ich ins Telefon. Er bedankte sich ganz überschwänglich bei mir und wollte für Hemma fragen, ob sie morgen zu mir ins Wochenbett kommen könnte?

Gott sei Dank hatte ich noch ein Bett frei und so war Hemma noch drei Tage bei mir und erzählte nicht nur einmal ihre Geschichte bei den folgenden Geburtsvorbereitungskursen.

WENN ELTERN NICHT MEHR KÖNNEN –

SCHREIKINDER

Eltern am Rande der Verzweiflung, wenn das Baby ständig schreit.

Jedes vierte Neugeborene schreit stundenlang und raubt seinen Eltern den letzten Nerv.

Glücklich die Eltern eines Babys, das fast nie weint und die meiste Zeit zufrieden und vergnügt ist. Das sich nur dann meldet, wenn es Hunger hat. Die Erfahrung mancher Eltern ist jedoch ganz anders: ihr Baby weint herzzerreißend und lässt sich kaum beruhigen. Je länger dieser Zustand dauert, umso tiefer geraten sie in einen Teufelskreis: Die Unruhe des weinenden Babys und ihr vermeintliches Unvermögen bringt sie zur Verzweiflung, ja oft an den Rand der Erschöpfung und des nervlich Erträglichen. Sie schämen sich und haben Schuldgefühle. Was um alles in der Welt machen sie falsch?

Die Eltern machen gar nichts falsch. Vielmehr drückt das Baby mit seinem Weinen Gefühle aus, die ihren Ursprung in Problemen und Spannungen haben, die bei den Eltern oder beim Kind während der Schwangerschaft oder bei der Geburt aufgetreten sind. Natürlich reagiert jedes Baby auf diese Einflüsse auf seine ganz eigene Weise: die einen sind belastbarer, halten mehr aus, die anderen sind verletzlicher und sehr schmerzempfindlich.

So habe ich bei meiner Ausbildung bei Emily Derr aus New Mexico, USA diese wunderbare Körperarbeit gelernt. Ihr Motto war es: „we must learn to work with thinking fingers." Alle Teile des Körpers stehen miteinander in Beziehung und in Verbindung mit den Elementen.

Babys können einem nichts vormachen und wir ihnen nichts einreden. Sie sind die dankbarsten Patienten, die man sich vorstellen kann.

Am Telefon hatte ich eine Mutter, die nach acht Wochen nicht Durchschlafens mit ihrem Mann und ihrem Baby zur Behandlung kommen wollte.

Schon von weitem hörte ich das Baby beim Aussteigen aus dem Auto brüllen. Dieses exzessive Schreien ist ganz typisch für diese Kinder. Sie steigern sich durch Streicheln und Herumtragen sogar immer mehr in das Schreien hinein.

Beide, Vater und Mutter, haben dunkle Ringe unter den Augen und schauen ziemlich fertig aus. Während sie Dominique aus dem Kindersitz nehmen, lasse ich mir erzählen, wann genau der Kleine immer zu schreien anfängt.

„Das ist immer, wenn ich ihn stille und auch danach beim Wickeln oder Baden. In der Nacht gehe ich eine Stunde, dann mein Mann Franz. Abwechselnd vergeht so die Nacht und wir sind jetzt an unsere Grenzen gestoßen. Franz kann sich in seinem Beruf, als Bankangestellter, nicht mehr richtig konzentrieren und ich bin von früh bis spät einfach nur müde.

Wir waren jetzt bei drei verschiedenen Kinderärzten und auch in der „Schreiambulanz" bei unserer Klinik. Nichts hat geholfen. Wir haben Beruhigungstropfen für den Kleinen bekommen, auch einen Schlaftee, obwohl ich ihn voll stille und ein Kinderarzt hat uns jetzt zum Psychologen schicken wollen.

Beim Friseur habe ich dann ein Gespräch mitgehört, dass diese Mutter bei dir gewesen war und, dass das Kind jetzt mit einer einzigen Behandlung total friedlich ist. Sofort habe ich sie um deine Telefonnummer gebeten."

Mit dem Kopf zu mir lege ich Dominique auf den Wickeltisch und halte beide Hände unter seinen Kopf. Deutlich unruhig und mit einer windenden Bewegung möchte er von meinen Händen wieder weg. Ich drehe vorsichtig den Kopf auf die rechte Seite und taste das rechte Hinterhauptsbein. Deutlich ist es prominent zu fühlen. Dann untersuche ich die linke Seite und finde exakt dasselbe auch dort. Ungewöhnlich, denn die meisten Babys haben nur eine Seite verschoben. Die häufigste Ursache für Schreikinder sind verschobene Schädelplatten, die den Kindern große Schmerzen verursachen. Woher kommt das?

Bei der Geburt müssen sich die einzelnen Schädelareale, wie Scheitelbeine, Stirnbein und Hinterhauptsbeine konfigurieren, das heißt ineinander verschachteln, um klein genug zu sein, um durch den Geburtskanal zu schlüpfen. Danach reponieren sich diese Teile meistens von selber. Manchmal bleibt aber ein Hinterhauptsknochen regelrecht hängen und verursacht einen massiven Spannungskopfschmerz.

Dass beide Hinterhauptsbeine verschoben sind, ist äußerst selten. Ich frage Margot, wie ihre Geburt verlaufen ist.

Stöhnend beginnt sie zu erzählen, dass die Austreibungsphase über zwei Stunden gedauert hat. Letztendlich hat man mit der Saugglocke nachgeholfen.

Jetzt war mir Einiges klar! Der massive Druck über zwei Stunden lang am Kopf im engen Geburtskanal und dann noch der Zug der Saugglocke am Schädel haben diese massive Verschiebung ausgelöst.

Schade, dass die Eltern acht Wochen lang keine Hilfe bekommen hatten.

Ich erklärte ihnen jetzt ganz genau, was da passiert war und ließ auch beide die hervorstehenden Hinterhauptsbeine tasten. Margot schossen in dem Moment die Tränen in die Augen, als ich ihr den Spannungskopfschmerz und das Verhalten von Dominique erklärte.

„Mei du Armer, was hast du alles mitmachen müssen", sagte sie zu ihm und streichelte ihn zärtlich am Kopf.

Jetzt begann meine Arbeit. Ich schließe dann immer meine Augen und erkläre vorher den Eltern, dass ich mich sehr konzentrieren muss. Es kommt vor, dass das Kind eventuell auch zu weinen anfängt oder wie in Trance versetzt daliegt und alles hängen lässt. Sie sollten dann bitte nicht eingreifen oder mit dem Baby zu reden anfangen.

Dominique wehrte sich anfangs, was das Zeug hielt. Immerhin war er schon acht Wochen alt und hatte Kraft genug. Er begann zu quengeln, kurz darauf richtig zu weinen, doch dann beruhigte er sich wieder und ließ endlich los, entspannte den Nacken und ließ den Kopf in meine Hände fallen. Die Kinder beginnen dann, die wohltuenden und fließenden Bewegungen wahrzunehmen.

Gut zehn Minuten waren seither vergangen. Meine Fingerkuppen fingen an, den pulsierenden Liquor (Gehirnwasser) zu spüren. Das Köpfchen bewegte sich Millimeter für Millimeter in der sanften Dehnung auf die rechte Seite und plötzlich gab es einen kleinen Ruck und Dominique stülpte seine Unterlippe nach vorne und wollte zu weinen anfangen. Dann ließ er es doch sein. Eine Seite war geschafft. Jetzt kam die zweite Seite dran. Nach nur zwei Minuten war auch da der kleine Ruck bei der Dehnung zu spüren und Dominique verfiel sofort in einen tiefen Schlaf.

Ungläubig schauten die Eltern den Kleinen an. „Was hat er denn?", fragte mich Franz und schaute mich mit großen Augen an.

„Keine Schmerzen mehr", sagte ich, selber ganz gerührt und musste die Tränen unterdrücken.

Margot hingegen ließ sie einfach fließen und murmelte ständig: „danke, danke!"

Nicht einmal beim Anziehen wurde Dominique munter und am nächsten Tag erzählte mir Margot, dass sie zwei Mal in der Nacht von selber aufgestanden waren, um zu kontrollieren ob Dominique noch atmete. Er hat bis neun Uhr Vormittag durchgeschlafen. „Petra, wir sind die glücklichsten Eltern auf der ganzen Welt!"

Am selben Tag bekam ich von unserem Blumengeschäft in Feldkirchen einen riesig großen Blumenstrauß zugestellt mit einer kleinen Karte drinnen.

„Liebe Frau Schurian, wir wollen uns noch einmal von ganzem Herzen bei ihnen bedanken. Sie haben uns ein neues Kind geschenkt!"

Selber erleichtert und wahnsinnig dankbar, freute ich mich sehr über diese nette Geste.

Eine weitere, mögliche Ursache für Schreikinder ist der Verdacht auf Bauchschmerzen durch Blähungen.

Das ist aber nicht die Ursache, sondern aufgepfropft durch das Schreien. Die Kinder schlucken während des Schreins sehr viel Luft. Hebt man ein Neugeborenes anschließend auf den Arm, stoßen sie auf, wie ein alter „Bierkutscher". Ein langes, lautes Bäuerchen ist zu hören und nicht selten würgt es die Kinder auch dabei und sie erbrechen Schleim. Früher sprach man dann immer von der Dreimonatskolik, die jetzt absolut der Vergangenheit angehört.

Natürlich kann man den Kindern Erleichterung verschaffen, indem man Bäuchleinöl* einmassiert, Fencheltee zu trinken gibt und ein spezielles „Entspannungsbad"* macht. Ich habe jeder Mutter im Kurs beigebracht, wie man das macht.

Die Ursache ist damit allerdings nicht behoben. So muss herausgefunden werden, ob doch eine Verspannung am Kopf daran Schuld ist, die sich tatsächlich im dritten Monat von selber durch das Wachstum des Kopfes „repariert". Oder z.B. eventuell eine Kuhmilcheiweißallergie vorliegt. Sehr selten tritt diese bei ausschließlich gestillten Kindern auf. Wenn aber doch, dann bekommt das Kind die Allergie über die Muttermilch. Diese Frauen müssen ganz genau aufpassen, dass sie selber keine Kuhmilch(-produkte) zu sich nehmen. Meistens hat ein Elternteil auch Probleme damit und sehr oft ist sie auch mit Hautproblemen verknüpft, wie Neurodermitis und ähnlichen Hauterkrankungen. Dafür gibt es aber heute richtige Spezialisten in der Ganzheitsmedizin.

Bei nicht gestillten Kindern ist es weit einfacher, auf eine spezielle Ernährung umzustellen. Bis zu zwei Jahre benötigen diese Kinder mit Kuhmilcheiweißallergie eine Spezialnahrung, bei der das Eiweiß stark aufgespalten ist.

Mein Rat ist es nach wie vor, Babys von Anfang an zu stillen und die beiden ersten Lebenstage mit Tee zu überbrücken, bis die Muttermilch reichlich fließt.

Manchmal haben sich die Wöchnerinnen bei mir im Haus sehr gut gekannt und so hat eine Mutter, die bereits genug Milch hatte, dem Baby der anderen Mutter mit Milch ausgeholfen, indem sie ein bis zwei Mal in der Nacht auch das fremde Baby mitstillte.

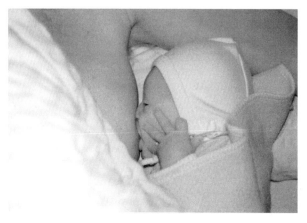

Alles besser als künstliche Milchnahrung!

DIE GROSSE SLOWENIENWELLE

Die beste und erfolgreichste Werbung ist zugleich die billigste:
Die Mundpropaganda zufriedener Mütter.

In Slowenien hatte es sich durch Verwandte und Bekannte aus Kärnten sehr rasch herumgesprochen, dass es mein Entbindungsheim gab.

Freipraktizierende Hebammen gab es in Slowenien damals noch überhaupt nicht. Es war üblich, wie bei uns in den 70-er Jahren, dass die Frauen in Kojen mit einem Vorhang voneinander getrennt, in einem großen Kreißsaal entbunden wurden.

Von der nicht vorhandenen Privatsphäre einmal ganz abgesehen, gab es weder Hocker- noch Wassergeburten. In Slowenien hatte man sich zur Geburt hinzulegen. Ganzheitliche Geburtshilfe war ein Fremdwort und wurde nicht einmal in Erwägung gezogen.

Nachdem in Feldbach in der Steiermark mehrere slowenischen Frauen durch sogenannte Notgeburten eine vollkommen andere Erfahrung beim Gebären machen durften, hat sich das wie ein Lauffeuer herumgesprochen. Die Krankenkassen wurden auf diese „Notgeburten" in Feldbach aufmerksam und begannen diese auch zu überprüfen. Die Strategie war die: mit beginnenden Geburtswehen über die slowenische Grenze nach Österreich fahren, sich dort in der Nähe des Krankenhauses länger aufhalten und dann im letzten Moment in die Klinik fahren, um dort zu entbinden.

Unsere Krankenkassen, die vorerst die Krankenhäuser für die Geburt bezahlten, wollten dann rückwirkend mit der slowenischen Krankenkasse verrechnen. Diese wollten die Kosten aber nicht mehr übernehmen, da sie um vieles höher waren, als in Slowenien.

Da es aber nicht beweisbar war, dass diese Frauen, bevor sie nach Österreich kamen, noch keine Wehen hatten, war es sehr schwierig, eine Lösung zu finden. Strengere Kontrollen wurden eingeführt und auch dies wurde in Slowenien bekannt.

So war mein Entbindungsheim die nächste Option. Bei den ersten beiden Geburten dachte ich wirklich, dass diesen Frauen beim Aussuchen des Kinderbettes beim Kika die Fruchtblase gesprungen war und sie bei mir Hilfe gesucht hatten. Komischer Weise waren die dann immer auf der Ossiacher Süduferstrasse unterwegs, die eigentlich in die entgegen gesetzte Richtung vom Heimweg nach Slowenien führte.

Erst als sich ein slowenisches Pärchen in der 37. SSW das Entbindungsheim ganz gezielt anschaute und erfuhr, dass ja die Krankenkasse bisher die Geburt bei ihren Bekannten mit der slowenischen Kasse verrechnet hatte und dies möglich war, durchschaute ich die Strategie.

Solange ich meine Rechnungen bezahlt bekam, war es mir auch im Sinne der Frauen recht.

Mit den unmöglichsten Situationen ihrer Geburtsgeschichten warteten sie auf. An die 25 Geburten waren gut vorüber gegangen, den Frauen war geholfen und ich verdiente auch gut damit.

Bis das Ganze dann ins Extrem umschlug. Die Frauen wollten plötzlich alle eine „Lotusgeburt*".

Ich persönlich hatte bis dahin noch nie etwas davon gehört gehabt. So machte ich mich im Internet darüber schlau und war wegen des ganzen Handlings nicht davon überzeugt.

Da aber genau das von den Eltern gewünscht wurde, ließ ich mich ein einziges Mal dazu überreden.

Olga kam, wie die Meisten mit diesem Wunsch zur Geburt. Als das Baby dann spontan und ohne Komplikation geboren war, wurde eben nicht abgenabelt. Sie hatte dafür einige Dinge vorsorglich mitgebracht. Eine kleine, runde Plastikschüssel, 1 kg Meersalz und zehn Baumwolltücher.

Ich sollte die Plazenta gründlich unter warmem Wasser säubern, die Blutgerinnsel alle entfernen und sie dick mit Salz einreiben. Dabei musste der Kindsvater das Baby die ganze Zeit neben dem Waschbecken halten. Dann wurde die dick eingesalzene Plazenta in die runde Schüssel gelegt.

Nun fragte ich, wie ich das Kind denn jetzt wickeln und anziehen sollte?

Auch dafür hatten sie vorgesorgt. Die Windeln wurden unter dem Nabelbereich rund ausgeschnitten und sie hatten Strampelhosen, die alle vorne zu öffnen waren mitgebracht. Die nackte Nabelschnur lag nun auch neben dem Kind im Bett und ein Hocker wurde daneben gestellt, auf dem die Schüssel mit dem Mutterkuchen stand, abgedeckt durch eine Windel.

Jetzt war ich gespannt, wie die sich das weitere Prozedere vorstellten. Denn durch das viele Salz wurde natürlich jegliche Flüssigkeit aus der Plazenta gezogen und nach einigen Stunden schwamm diese in der eigenen „Suppe".

Amüsiert beobachte ich dann, wie beide zur Toilette gingen. Er in einer Hand die Schüssel und sie das Baby. Nun wurde die abgesonderte Flüssigkeit in die Toilette entsorgt und alles wieder ins Zimmer gebracht.

Der Vater ging dann abends nach Hause.

In der Früh, als meine beiden anderen Wöchnerinnen schon beim Frühstück saßen, diskutierten diese, wie Olga denn jetzt zum Frühstück erscheinen wird.

Die Türe ging auf und Olga kam mit ihrem Baby im Arm und einem durchsichtigen Plastiksack in der anderen Hand herein. Man sah die Plazenta im blutigen Wasser schwimmen.

Eine der beiden Frauen, begann es zu würgen und sie sagte: „Tut mir leid, aber da vergeht mir das Frühstück!" Sie stand auf und verließ die Küche. Auch die andere hatte genug gesehen und ging ins Zimmer.

Jetzt lag es absolut an mir, zu reagieren. Ich erklärte Olga, dass das so nicht gehen könne. Sie solle vor allem einmal überlegen, wie die ganze Situation ein paar Tage später aussehen würde. Manche Nabelschnüre bräuchten bis zu zehn Tage, bis sie von selbst abfallen. „Bis dahin ist die doch verwest und stinkt zum Himmel!", erklärte ich ihr ganz deutlich.

Ganz verzagt saß sie nun beim Frühstück und ich sah, wie sie hin und her überlegte. „Ich möchte das noch mit meinem Mann besprechen, wenn das möglich wäre", sagte sie ziemlich kleinlaut.

Als dann Juri zu Besuch kam und die Situation noch einmal durchgesprochen wurde, willigten sie ein, doch noch abzunabeln. In der Nacht hatte sie große Schwierigkeiten beim Wickeln gehabt und da wäre die Schüssel beinahe umgekippt, erzählte sie dann.

„Warum, funktioniert das denn bei den Naturvölkern?", fragte Juri nun?

„Wenn man überlegt, in welchen Ländern so eine Lotusgeburt praktiziert wird, sind das meistens sehr warme Gegenden. Speziell bei sehr hohen Temperaturen ist die Plazenta vermutlich in zwei Tagen komplett ausgetrocknet. Die Babys liegen in Zelten, die Plazenten sind meistens offen in Salz eingepackt im Sand und es ist vollkommen egal, ob es nach Verwesung stinkt oder nicht. Das ist eine völlig andere Situation, die man mit unserer nicht vergleichen kann und die in unseren Wohnverhältnissen nicht umsetzbar ist.

Für mich ist die beste Alternative dazu, die Nabelschnur so lange dabei zu lassen, bis sie auspulsiert ist und dann hat dieses Organ ausgesorgt und kann dementsprechend entsorgt werden.

Es gibt in der Natur kein einziges Säugetier, das die Nabelschnur mit dem Mutterkuchen dabei lässt. Meistens ist eine eigene Bruchstelle dafür da, an der die Nabelschnur abreißt, wenn sich die Mutter erhebt. Viele Säugetiere beißen auch die Nabelschnur einfach durch.

Gott sei Dank haben wir Scheren dafür!

Nach diesem einschneidenden Erlebnis habe ich zu keiner Lotusgeburt mehr zugesagt. Die Geburten von slowenischen Müttern wurden dann auch von selber, aus welchen Gründen auch immer, wieder weniger.

MARTINAS RÜCKWÄRTS-KINDER

Die Zahl der Steißgeburten wächst. Offensichtlich spricht sich herum,
dass man der Welt nicht vorsichtig genug begegnen kann.

Als Martina ihr erstes Kind erwartete, war es für sie keine große Überraschung, dass es in Steißlage war und blieb.

Ihre Mutter hatte alle drei Kinder in Steißlage geboren und auch der Frauenarzt bestätigte ihr, dass das absolut vererbt werden kann.

Seit einiger Zeit wird auch eine genetische Veranlagung zur Beckenendlage nicht nur vermutet, sondern auch bestätigt.

Für mich, als Hebamme, war es wichtig, das Thema „Beckenendlage (BEL)" auch richtig zu einschätzen zu können.

Die BEL des Kindes wird in der Geburtshilfe als „regelwidrige" Geburtshaltung bezeichnet. Deshalb ist es auch uns Hebammen strengstens verboten, eine BEL außerklinisch zu entbinden. Außer, es ist eine Notsituation und kein Krankenhaus mehr zu erreichen.

Es war für mich ein spannendes Thema. Immer wurde es bei der Ausbildung als Gefahr dargestellt. Umso mehr wollte ich mich damit auseinander setzen und dazu lernen.

Dazu halfen mir die Einstellungen und Vorgangsweisen von Ina May Gaskin und von Fr. Dr. Bärbel Basters-Hoffmann. Was ich hier erfuhr, war nicht nur wertvoll, sondern beleuchtete insgesamt das Thema BEL ganz anders.

Ina May Gaskin zeigte uns bei Fortbildungskursen und Kongressen verschiedenste Videos von BEL Geburten. Zum Teil waren Kinder mit über 4000 g dabei. Anhand eines Beckenringes und einer Babypuppe erklärte sie genau die Handgriffe, die sie bei solchen Geburten anwandte.

Ebenso war der Vortrag von Dr. Bärbel Basters-Hoffmann, die in Deutschland als Gynäkologin praktizierte, einfach genau das, was ich mir unter „Geburtshilfe" immer vorstellte. Den Originaltext können sie im Anhang nachlesen*!

Zusammengefasst erklärte Frau Dr. Basters-Hoffmann, dass eine BEL keine Pathologie – also nichts krankhaftes sei, sondern eben nur eine Normvariante. Es ist genauso eine Längslage, wie die Schädellage und somit geburtsfähig.

Es reicht, ab der 37. SSW gemeinsam mit den Eltern geburtshilfliche Möglichkeiten zu überlegen und zu besprechen.

Sie stellt klar, dass eine BEL kein Grund für einen Kaiserschnitt ist. Zu einer guten Beratung gehört, dass man die Gesamtsituation untersucht und dann gemeinsam ein Vorgehen erarbeitet, das individuell zugeschnitten ist.

Ergibt die Untersuchung der Beckenmaße der Mutter und des kindlichen Kopfes Normalwerte, stehen einer normalen Geburt alle Wege offen.

Mit einem reichen Erfahrungsschatz und einer großen Portion Vertrauen in natürliche Geburtsabläufe ist das eine hervorragende Voraussetzung, so eine Geburt nach bestem Vermögen zu begleiten.

Geburtshelfer UND Eltern müssen dazu lernen, Verantwortung zu tragen.

Nach dieser Fortbildung war für mich ganz klar, dass ich mit meiner Einstellung und Denkweise, was die „eigentliche Geburtshilfe" betrifft, richtig lag.

Die Kunst der echten Geburtshilfe liegt darin, die Hände ruhig zu halten, zu beobachten und mit Geduld der Geburt Raum zu geben. Mit all unserer Erfahrung wissen wir, wann es Zeit ist einzugreifen.

Das einzige Problem, dass Martina jetzt hatte, war eine Geburtsklinik zu finden, die noch bereit war, spontane Beckenendlagen in diesem Sinne zu entbinden.

Immer wieder wurde ihr zum Kaiserschnitt geraten, da das das Sicherste für sie und ihr Kind wäre. Einen Kaiserschnitt wollte sie aber auf gar keinen Fall und so fragte sie mich bei meinem Geburtsvorbereitungskurs, ob ich Möglichkeiten wüsste, ihr Kind doch noch in Kopflage zu bekommen. Als wir alle Möglichkeiten zur Kehrtwende* durchgegangen waren, mussten wir akzeptieren, dass es eben nicht möglich war, das Kind zu wenden.

Beim Ultraschall sahen wir dann das Kind, das richtig trotzig da saß, mit verschränkten Armen, auf seinem Hintern.

Als Martina dann zur Kontaktaufnahme ins Krankenhaus nach St. Veit a.d. Glan ging, erklärte sie dort ganz deutlich ihren Wunsch, das Baby in Steißlage zu entbinden.

Der diensthabende Arzt erklärte ihr, dass sie es auch in Ausnahmefällen probieren würden.

Dafür dürfte das Kind nicht zu groß sein, das heißt nicht über 3500 g schwer und die Mutter müsste noch aktiver und kooperativer bei der Geburt mitmachen.

Allerdings erklärte er ihr auch, falls es dem Kind – aus welchem Grund auch immer – schlecht gehen sollte, es dann doch zu einem Kaiserschnitt kommen muss.

Mit dieser Information konnte Martina absolut konform gehen und wollte den sogenannten „Goldenen Mittelweg" gehen: Geburtsvorbereitung bis auf 5 cm Muttermund mit mir gemeinsam, unterstützt durch Akupunktur und Homöopathie. Wenn möglich mit mir gemeinsam zur Geburt in die Klinik und anschließend sofort zu mir ins Wochenbett zurück ins Entbindungsheim.

So fragte ich vorsichtshalber eine Kollegin aus der St. Veiter Geburtsklinik bei einer Fortbildung in Klagenfurt, ob dies bei ihnen möglich wäre.

„Es kommt halt darauf an, wer Dienst hat, wie viele Frauen gerade zum Gebären da sind und ob es Tag oder Nacht ist. Generell ist es in der Nacht ruhiger und auch die Hebammen entspannter. Ich würde an deiner Stelle einmal persönlich mit dem Oberarzt reden", erklärte sie mir mit einem Lächeln.

So erkundigte ich mich, wann der Oberarzt Sprechstunde hatte und meldete mich an.

Anfangs spürte ich deutlich seine Zurückhaltung. Als ich dann von meinem Entbindungsheim erzählte, und dass es für mich Priorität hätte, dass es Mutter und Kind gut geht, wurde er richtig nett. Ich erklärte ihm auch, dass ich Martina dazu geraten hätte, die Geburt in St. Veit zu machen, da es nur mehr sehr wenige Ärzte gäbe, die sich eine spontane Beckenendlage zutrauen würden.

Dabei erzählte ich ihm auch von meiner allerersten Geburt in der Freipraxis, die eine Steißlage im Rettungswagen war.

Nun begann er, mir seine Einstellung zur BEL zu erklären und, dass es früher in der Geburtshilfe ganz normal war, Steißgeburten zu entbinden. Die Medizin tendiere eben eher zum Kaiserschnitt, da hier mit weniger Komplikationen zu rechnen wäre. Aber auch eine Bauch-OP wäre nicht zu unterschätzen.

Er persönlich hätte auch den Eindruck, dass Frauen lieber den Weg des geringeren Aufwandes gehen wollten. Diejenigen, die es sich dann zutrauen würden, hätten im wahrsten Sinne des Wortes Pech, dass nur wenige Ärzte es noch beherrschen.

Er will diese Kunst nicht ganz in Vergessenheit geraten lassen und so es zumindest versuchen. Er hätte in den Niederlanden sein Praktikum gemacht und da doch Einiges über Beckenendlagen gelernt und praktiziert.

Man dürfte halt nie vergessen, wie weit man gehen darf, ohne Mutter und Kind zu gefährden. Dies wäre ein schmaler Grad, den man aber gehen muss.

Völlig überwältigt, so etwas einmal von einem Oberarzt erzählt und erklärt zu bekommen, gratulierte ich ihm zu dieser Einstellung. Dieser Arzt war genau der, den ich gesucht hatte.

Ich erklärte ihm, wie oft ich bei einer Geburt abwägen und entscheiden muss, ob ich die Frau weiterschicke oder nicht. Zusätzlich habe ich noch die Ärzte im Hintergrund, die nur so darauf warten würden, bis mir endlich ein Fehler passiert.

In diesem Moment schüttelte er ungläubig seinen Kopf, sagte aber kein Wort dazu.

So erklärte ich ihm weiter, dass dieses Miteinander von Arzt und Hebamme immer meine Vorstellung von einer fundierten Geburtshilfe gewesen wäre. Deshalb wäre es nicht nur eine wunderbare Erfahrung, bei der Geburt dabei sein zu dürfen, sondern auch Martina zur Seite zu stehen und sie so gut wie möglich zu begleiten.

„Also von meiner Seite her habe ich nichts einzuwenden, wenn sie mitkommen und ich würde mich freuen, wenn die Geburt für Mutter und Kind gut vorüber geht."

Im ersten Moment dachte ich, ich träume. So ein Gespräch mit einem führenden Arzt hatte ich schon lange nicht geführt. Ich freute mich wirklich sehr über diese Entscheidung und hatte dann noch eine große Bitte an ihn.

„Könnten sie das auch dem Team mitteilen, dass ich mitkomme?"

„Das mache ich gleich morgen bei der Morgenbesprechung", sagte er als er aufstand und mir die Hand reichte.

Überglücklich fuhr ich an diesem Tag nach Hause.

In der 38. SSW hatte dann Martina ihre ersten Geburtswehen und kam zu mir ins Entbindungsheim. Der MM war auf 2 cm offen und für mich war es ein ungewöhnliches Gefühl, die weichen Pobacken zu tasten anstatt des Kopfes. Die Fruchtblase war intakt. Mit der Akupunktur für „Lebrige"* war ich ganz richtig und so öffnete sich der MM zusehends.

Gemeinsam fuhren wir nach telefonischer Anmeldung – um sicher zu gehen, dass auch die Hebammen mit mir rechneten – nach St. Veit zur Geburt.

Martina wurde ans CTG angeschlossen und die diensthabende Hebamme untersuchte sie. Der MM war jetzt auf knapp 5 cm geöffnet.

Martina fragte jetzt, ob sie denn aufstehen dürfte, da sie dann besser die Wehen veratmen könne.

Als dann auch das geklärt und abgesprochen mit der diensthabenden Ärztin war, durfte Martina im Geburtsraum spazieren gehen.

Immer wieder wurde nachgefragt, wie es ihr geht, ob die Fruchtblase noch ganz wäre und, dass wir sofort Bescheid sagen sollten, falls die Fruchtblase springt.

Ich versuchte mit den Kolleginnen warm zu werden, aber irgendwie waren sie immer wieder sehr schnell aus dem Raum verschwunden.

Ich gab Martina weiterhin die Homöopathika, massierte ihr den Rücken und ermunterte sie zum Weitermachen, wenn eine Wehe sie wieder sehr intensiv überrollte.

Bei der nächsten Untersuchung war der MM dann bereits auf 8 cm geöffnet und der Oberarzt wurde angerufen.

Martina wurde jetzt erklärt, dass es doch besser wäre, sich jetzt hinzulegen, damit der Oberarzt auch wirklich „arbeiten" könne.

Als dann die Türe aufging, der Oberarzt mit einem freundlichen Lächeln den Raum betrat und dann auch noch mir die Hand zur Begrüßung reichte, war die Welt mit den Hebammen-Kolleginnen wieder ganz in Ordnung.

Er erklärte Martina jetzt ganz genau, wie er sich ihre Mitarbeit vorstellen würde und was er ihr an Hilfe anbieten kann. Sie könne auch ohne weiteres ein Schmerzmittel bekommen, wenn sie das wünschte.

Martina blickte in diesen Moment hilfesuchend zu mir. „Das musst du ganz alleine entscheiden, Martina, denn ich kann nicht wissen, ob du mit den Wehenschmerzen noch umgehen kannst oder nicht." „Eigentlich geht es noch ganz gut", kam tapfer von ihr.

Überraschend schlägt jetzt der Oberarzt vor, die Gebärende in die halbsitzende Position zu bringen. Das vollautomatische Geburtsbett wird an der Rückenwand hochgefahren und am Sitz kann ein halbrunder Teil herausgenommen werden. So kann das Steißbein nach hinten ausweichen und das Kind hat mehr Platz im Beckenraum.

Als dann die Fruchtblase bei der nächsten Wehe sprang, kam auch der kleine Popo in der Scheide zum Vorschein und rutschte in der Wehenpause wieder zurück.

Leise erzählte ich Martina ins Ohr, was ich gerade gesehen hatte, um den Ablauf des Arztes nicht zu stören.

„Was, echt, hast die Kleine schon sehen können?" Ich nickte zustimmend und wir warteten alle gespannt auf die nächste Wehe.

Mittlerweile hatte man ein wehenförderndes Medikament über die Vene angeschlossen. Sechs Tropfen pro Minute unterstützten jetzt ihre Wehenarbeit.

Nach ein paar wirklich effektiven Wehen war der Steiß des Babys zur Gänze und ohne Dammschnitt geboren. Jetzt griff der Oberarzt mit beiden Händen um den kleinen Körper und bei der nächsten Wehe rutschten nacheinander die kleinen Beinchen heraus. Das Kind steckte jetzt praktisch bis zu den Schulterblättern noch in der Mutter drinnen.

Beide Arme waren fest links und rechts am Körper angelegt und Gott sei Dank nicht nach oben geschlagen, denn dann müsste man noch die Arme einzeln lösen, wie wir es so an einem „Phantom" in der Ausbildung geübt hatten.

Martina legte jetzt ihren Kopf entspannt auf die Rücklehne, hatte beide Augen geschlossen und wartete geduldig auf die nächste Wehe. Ich erklärte ihr immer genau, was ich bereits schon von ihrer Tochter sehen konnte und, dass alles ganz normal seinen Weg gehen würde.

Der Arzt hatte mittlerweile seinen Finger dem Baby in den Mund gesteckt um die Beugung des Kopfes zu unterstützen.

Als die nächste Wehe sich abzeichnete, drückte die Hebammenkollegin von oben das Köpfchen ins Becken und half dem Kind somit, nach unten zu rutschen.

Das Mädchen saß jetzt rittlings auf dem Unterarm des Oberarztes. In einem Bogen um das Schambein herum wurde jetzt das kleine Mädchen geboren und landete so auf dem Bauch von Martina.

Geschafft! Alles gut gegangen! Martina bedankte sich beim ganzen Team unter Tränen.

Wir beide umarmten uns herzlichst und freuten uns, als die kleine mit lautem Geschrei auf sich aufmerksam machte.

3420 g und 50 cm waren ihr stolzen Maße. Der Apgar Test war mit 8/9/10 für eine Steißgeburt hervorragend.

Martina blieb jetzt die restlichen Stunden der Nacht noch in der Klinik, da es schon nach 3 Uhr morgens war. In der Früh würde sie ihr Mann dann für das Wochenbett zu mir ins Entbindungsheim fahren.

Bevor ich allerdings die Klinik verließ, suchte ich den Oberarzt und fand ihn im Ärztezimmer.

„Herzlichen Glückwunsch zu dieser tollen BEL Geburt und vielen Dank, dass ich dabei sein durfte."

„Es ist auch für mich immer wieder ein großes Erlebnis und ich bin sehr dankbar, dass ich hier die Möglichkeit dazu habe", sagte er und verabschiedete sich von mir mit allen guten Wünschen für meine weiteren Geburten im EH.

Martina hatte dann vier entspannte Tage bei mir und bekam zwei Jahre später noch ein zweites Kind, wieder in BEL und selbstverständlich auf natürlichem Wege. Auch dabei durfte ich sie wieder begleiten und anschließend bei mir verwöhnen.

DIE STUTENBISSIGKEIT MANCHER KOLLEGINNEN

Die Anzahl unserer Neider bestätigt unsere Fähigkeiten.

Meine Kolleginnen aus der Freipraxis hatten mir beim ersten Treffen erzählt, wie oft sie weinend heim gefahren waren, wenn sie eine Hausgeburt, aus welchen Gründen auch immer, abbrechen mussten. Die Erlebnisse mit den Kolleginnen in der Klinik wären beschämend und manchmal sehr beleidigend gewesen.

Natürlich hatte ich die komischen Blicke und das Getuschel bemerkt gehabt, wenn wir mit der Rettung eine Frau in die Klinik brachten und das Kind unterwegs geboren worden war. Damals dachte ich mir nicht viel dabei. Jetzt, als gleichwertige Kollegin konnte ich mir so etwas gar nicht vorstellen. Leider wurde ich eines Besseren belehrt.

Annemarie war nicht einmal bei mir zur Geburt gemeldet gewesen. Sie stand eines Abends mit deutlichen Wehen vor meiner Haustüre .

Sie wären aus dem Allgäu hier für drei Tage auf Urlaub und sie hätte erst in 14 Tagen ihren Geburtstermin. Sie hätten beim Vorbeifahren die Tafel mit der Aufschrift „Entbindungsheim Schurian" gesehen und wären spontan jetzt hochgefahren. Sie bat mich, sie zu untersuchen und vor allem die Herztöne des Babys zu kontrollieren. Sie würde die Untersuchung natürlich sofort bar bezahlen, denn sie hätte eine Zusatzversicherung in Deutschland.

Selbstverständlichkeit bat ich jetzt die werdenden Eltern in den Geburtsraum. Ich tastete den Bauch nach der Kindslage ab und anschließend kontrollierte ich mit dem Fetaldoppler die Herztöne. Soweit war alles in Ordnung und so bat ich sie, sich frei zu machen um den MM zu tasten.

Der MM war auf 4 cm geöffnet und ich konnte die Fruchtblase tasten, die sich während der Wehe prall wölbte. War da nicht gerade ein Puls zu spüren – an der Fruchtblase?

Ich dachte, da muss ich mich geirrt haben. Ich wartete auf die nächste Wehe und tatsächlich, da war es wieder. Ich fühlte es jetzt ganz deutlich. Ein prall gefülltes Gefäß in der Fruchtblase war deutlich zu tasten.

Alle möglichen Diagnosen schossen mir durch den Kopf und plötzlich wusste ich das Wort: „Insertio velamentosa". Das war bei meiner Diplomprüfung eine der Fragen zu schwerwiegenden Geburtskomplikationen.

Die Nabelschnur, die aus drei Gefäßen (eine Vene, zwei Arterien) besteht und das ungeborene Kind mit Sauerstoff und Nährstoffen aus dem Blut der Mutter ver- und entsorgt, entspringt normalerweise aus dem Mutterkuchen.

Ganz selten wächst die Nabelschnur in den dünnen Eihäuten und die Gefäße sind frei erkennbar. Sie können deshalb sehr leicht abgeklemmt oder beim Blasensprung verletzt werden (was u.a. beides zu akutem Sauerstoffmangel führt).

Sollte die Fruchtblase vor der Geburt genau dort, wo die Gefäße laufen platzen, droht das Kind innerhalb weniger Minuten während der Geburt zu verbluten.

Ich muss ehrlich zugeben, ich wurde plötzlich sehr nervös und musste intuitiv handeln.

Sofort verständigte ich die Rettung mit dem Notarzt und erklärte dem Sanitäter meine Diagnose.

Der werdenden Mutter erklärte ich, dass es jetzt besser wäre, wenn es nicht zu einem Blasensprung käme, da ich ein pulsierendes Gefäß darin getastet hatte.

Ich empfahl ihr, sich lieber hinzulegen, damit die Wehen nicht noch mehr angeregt würden.

Der Rettungswagen war in fünf Minuten vor dem Haus und wir fuhren mit Folgetonhorn und vollem Karacho Richtung Krankenhaus.

Der Notarzt würde unterwegs dazustoßen.

Wir waren gerade einmal 10 km weit gefahren, als Annemarie eine sehr starke Wehe überrollte. Sie hielt sich krampfhaft an meinem Arm fest und stöhnte.

Vorsichtshalber hatte ich bereits Untersuchungshandschuhe angezogen und bat die Sanitäterin, mir zu helfen, Annemarie frei zu machen.

Der MM war mittlerweile auf 8 cm aufgegangen und die Fruchtblase drohte, jeden Moment zu platzen.

„Ich werde jetzt kontrolliert die Blase aufmachen", sagte ich etwas hektisch zu ihr.

Die Sanitäter legten eine weitere Unterlage unter die Gebärende und ich suchte mit dem Finger eine Stelle in der Fruchtblase, wo ich kein Gefäß tasten konnte. Jetzt wartete ich geduldig, bis die Wehe nachgelassen hatte und öffnete seitlich die Fruchtblase.

Es floss reichlich Fruchtwasser auf die Unterlage und Gott sei Lob und Dank: kein Blut!

Der Rettungsfahrer hatte in der Zwischenzeit die Klinik telefonisch erreicht und die Diagnose ins Kreiszimmer durchgegeben.

Annemarie hatte jetzt eindeutig Presswehen und so stellte ich mich auf die bevorstehende Geburt ein.

Wir waren gerade in der Tiefgarage der Klinik gefahren, als der kleine Lorenz das Licht der Welt erblickte.

Jetzt ließ bei mir die Nervosität nach und ich war unheimlich dankbar, dass alles so glatt und gut vorüber gegangen war.

Als der Rettungsfahrer die Schiebetüre vom Rettungswagen aufgemacht hatte, sah ich, wie zwei Hebammen angelaufen kamen.

Als sie dann das Baby entdeckten, sagte die erste Hebamme: „Da hat scheinbar die Schurian sich wichtig machen wollen mit ihrer tollen Diagnose!"

Ich war sprachlos und wusste in diesem Moment echt keine Antwort.

Sie schoben Annemarie und ihr Baby in den Aufzug und fuhren ins Kreiszimmer.

Der Rettungsfahrer fuhr separat mit mir im anderen Aufzug hinterher. Er schüttelte den Kopf und meinte, ich soll mir nicht so viel daraus machen, denn er hätte so ein Verhalten schon des öfteren von Hebammen mitbekommen, wenn er eine Frau von einer abgebrochenen Hausgeburt hierher gebracht hätte.

Im Kreiszimmer hörte ich noch, wie die Hebammen dann bei der Ärztin über mich herzogen.

Wir (frei praktizierenden Hebammen) würden immer solange mit den Geburten zuwarten, bis es gefährlich werden würde und dann sollen wir (die Krankenhaus Hebammen) wieder alles ausbaden.

Die Ärztin drehte sich dann zu mir um und fragte noch einmal nach, warum ich eigentlich die Frau und das Baby mit der Rettung gebracht hätte, wenn die Geburt ohnehin schon vorüber wäre.

Noch einmal erklärte ich in aller Ruhe, welchen Befund ich bei mir im Entbindungsheim getastet hatte und welche Entscheidung ich dann im Rettungswagen getroffen hatte.

In diesem Moment hörte ich im Hintergrund die andere Hebamme laut rufen, dass die Frau Doktor ganz schnell kommen soll, da die Plazenta jetzt abgegangen war.

Nun sahen alle, dass meine Diagnose absolut richtig war. Die Ärztin erwähnte noch, wie lebensgefährlich diese Situation gewesen wäre und, ob das denn niemand vorher bei Untersuchungen festgestellt hätte.

Sie gratulierte mir zu meiner guten Arbeit und meinte noch, dass sie so etwas nicht erleben wollte.

Die Hebammen Kolleginnen waren plötzlich mit Reinigungsarbeiten beschäftigt und hielten es nicht einmal für angebracht, sich zu verabschieden.

Die Rettung nahm mich wieder mit nach Hause. Der Fahrer und die Sanitäterin waren heilfroh, dass ich die Fahrt begleitet hatte und trösteten mich damit, dass ich gute Arbeit geleistet hätte.

BRIGITTE

Du warst das Beste in meinem Leben – ich habe mir bereits unser Leben aus-
gemalt und alles mit dir geplant, jetzt wo du mir entrissen wurdest, viel zu
früh und so sinnlos, weiß ich nicht mehr, wie es weitergehen soll.

Brigitte war in der 32. SSW, als ihr Mann Peter beim Bergsteigen ums Leben kam. Sie hatten sich beide für eine Entbindungsheimgeburt entschieden gehabt.

Als Brigitte mich damals in der 34. SSW anrief und mir diese schreckliche Nachricht mitteilte, war ich auch sehr betroffen und ehrlich gesagt auch etwas hilflos, wie ich sie jetzt trösten sollte – und vor allem: wie wird sie während der Geburt mit der Situation umgehen?

Sie erzählte mir am Telefon dann: „Mein Mann ist tot. Ich stehe völlig neben mir, fühle mich wie gelähmt. In mir ist die tiefe Trauer, die ich nicht leben kann. Ich muss für unser Kind stark sein.

Peter war 33 und kerngesund. Ich weiß gar nicht wohin mit mir…wir waren ein Herz und eine Seele, haben uns so auf unser gemeinsames Kind gefreut, hatten so viele gemeinsame Träume, Wünsche, Ziele! Jetzt ist alles nur leer rund um mich.

… meine Schwangerschaft trägt mich durch die Trauer, ist aber auch die schlimmste Zeit meines Lebens! Sehnsucht nach meinem Mann, die Frage nach dem WARUM? Abschied von vielen Träumen und Phantasien, Existenzängste, wie man alleinerziehend zurecht kommen soll?"

Ich wusste aus meiner Ausbildung und von vielen Erfahrungen, dass Freude und Trauer verarbeitet werden müssen. Das bedeutet meist emotionales Chaos und Stress.

Frauen erwarten die Geburt ihres Kindes, während sie sich gleichzeitig von ihrem Partner verabschieden müssen. Das ist eine große Herausforderung, diese extremen Gefühle von Trauer und Freude unter einen Hut zu bringen.

Viele Fragen kommen in solchen Situationen bei werdenden Müttern auf: Was macht das mit meinem Kind, wenn ich sehr viel weinen muss? Schaffe ich es, mich um das Kind zu kümmern, wenn ich so traurig bin? Darf ich mich denn über mein Kind freuen?

In so einer Situation versuche ich immer, den Frauen zu vermitteln, dass alle Gefühle erlaubt und wichtig sind.

Ein Alarmzeichen ist es immer für mich, wenn eine Frau gar nicht weint und die Trauer nicht zulassen kann.

Ich versuche, mich in die Frauen hineinzudenken und ermutige sie dazu, mit ihrem ungeborenen Kind zu sprechen und ihm die Situation zu erklären. Eventuell ein Tagebuch zu schreiben oder direkt an den Partner einen Brief und sich alles von der Seele zu schreiben. Irgendwann kann dann das Kind das Geschriebene lesen und weiß, wie sehr sich auch der Papa auf es gefreut hat.

Rituale haben etwas sehr Heilsames, besonders beim Abschied nehmen.

Partner, Angehörige und Freunde haben dann eine sehr große Bedeutung, um der Betroffenen Kraft und Halt zu geben.

Bei unserem Telefonat vereinbare ich gleich am nächsten Tag ein Treffen, um noch einmal alles wegen der bevorstehenden Geburt zu besprechen.

Brigitte stand vor der Haustüre, weiß und abgemagert im Gesicht. Ich musste sie einfach in die Arme nehmen und auch bei mir flossen die Tränen bei der Begrüßung.

Ich kochte uns einen Tee und Brigitte wollte nur Dinge über die Geburt besprechen. Wie lange sie bleiben konnte? Ob sie Besuch haben sollte? Was, wenn die Trauer während der Geburt zu stark wird?

Alles Fragen, die ich ihr zu diesem Zeitpunkt nicht beantworten konnte. Lediglich, dass wir uns Hilfe holen, falls wir sie bräuchten und dass sie so lange bleiben kann, wie sie möchte nach der Geburt.

Als wir uns verabschiedeten, hatte ich den Eindruck, dass sie etwas entspannter war und zuversichtlicher.

Neun Tage später war es dann soweit. Brigitte kam gegen 14 Uhr mit Blasensprung und ihr MM war 2 cm geöffnet.

Da das Fruchtwasser klar war und die Herztöne in Ordnung, machten wir einen ausgiebigen Spaziergang. Ich hatte ihr vorher Pulsatilla Globoli gegeben, einen Eisenkrauttee gekocht und ihr eine Akupunktur gesetzt, um die Wehen anzuregen.

Als die Nacht vorbei war und es nun wieder 14 Uhr war und der Befund sich immer noch nicht geändert hatte, entschieden wir beide, in die Klinik zu fahren, um uns professionelle Hilfe zu holen.

Mir war vollkommen klar, dass sie emotional nicht loslassen konnte.

Ich rief, bevor wir wegfuhren, in der Klinik an und kündigte am Telefon unser Kommen an.

Was allerdings dann geschah, ist mit Worten kaum zu fassen!

Brigitte hatte auch unterwegs so alle vier Minuten Wehen und ich erklärte ihr noch einmal, wie sie diese veratmen sollte. „Durch die Nase ein und dann langsam die Luft über den Mund ausatmen."

Als wir im Gang vor der Geburtsstation standen, kam eine „Kollegin" auf uns zu. Brigitte war gerade wieder dabei, ihre Wehe zu veratmen, als die Hebamme sie beim Arm nahm und sie anfuhr, dass sie sich jetzt zu benehmen hätte, jetzt wäre sie nicht mehr im Entbindungsheim sondern hier.

Völlig schockiert über diese Aussage fragte ich zurück, was sie denn falsch gemacht hätte? Sie ignorierte mich völlig und ging schnellen Schrittes auf einen Geburtsraum zu. Öffnete die Schiebetüre und befahl Brigitte regelrecht, sich auszuziehen und sich hinzulegen.

Moment, jetzt reichte es mir und ich ging auf sie zu und sagte, dass ich vorher angerufen hätte, dass diese Frau in einer absoluten Ausnahmesituation sei und ich mir von einer Kollegin erwarte, dass sie darauf auch Rücksicht nimmt.

„Wo ist der Mutter Kind Pass?", kam in einem forschen Ton zurück. „Den habe ich bereits auf den Schreibtisch gelegt, als wir hereingekommen sind." gab ich ihr zur Antwort.

„Und dort", sie zeigte auf die Ausgangstüre, „hat der Maurer für sie ein Loch gelassen!"

In diesem Moment kam eine Ärztin auf mich zu, gab mir die Hand und stellte sich mit ihrem Namen vor. „Was ist denn genau der Grund, warum sie mit der Schwangeren zu uns gekommen sind?" Ich erzählte in ein paar Sätzen Brigittes Geschichte und die Ärztin, sichtlich betroffen über die Situation, versprach mir, ihr Bestes zu tun.

Sie hatte auch das Verhalten der „Kollegin" mitbekommen und war sichtlich beschämt darüber. Aus Vernunftgründen und, um die Situation nicht noch mehr anzuheizen, rief ich die beste Freundin von Brigitte an, dass sie in die Klinik kommen soll, um bei Brigitte zu bleiben. Ich verabschiedete mich dann noch von ihr und wünschte ihr von ganzem Herzen ein gesundes Kind. Wenn alles gut vorüber war, könnte sie sofort mit ihrem Kind zu mir ins Entbindungsheim kommen.

Unter Tränen verabschiedeten wir uns und die „Schreckschraube" war Gott sei Dank nicht mehr zu sehen.

Leider konnten auch die Ärzte die Situation nicht in den Griff bekommen und um drei Uhr morgens wurde dann ein Kaiserschnitt gemacht.

Am nächsten Tag fuhr ich noch einmal in die Klinik, da ich erstens Brigitte und ihr Kind besuchen und zweitens das unglaubliche Verhalten der Hebamme nicht gut sein lassen wollte.

Ich sprach beim Primarius der Geburtshilfe vor. Schon bei der Begrüßung bemerkte ich die Reserviertheit des Arztes. Ich setzte mich und erklärte in aller Ruhe genau, was gestern vorgefallen war. Er räusperte sich kurz, stand von seinem Sessel auf, stemmte sich mit beiden Armen auf seinen Schreibtisch und gab mir zur Antwort: „Ich stehe voll und ganz hinter meinem Personal und habe sie sogar angewiesen, Außengeburten nur bedingt anzunehmen, da dies unsere Statistik negativ verändern würde und wir dann immer die Unfähigkeit und Fehler der Hausgeburtshebammen ausbügeln müssten!"

„Ich hoffe doch sehr, dass sie wissen, warum ich diese Geburt abgebrochen habe, und dass dies überhaupt nichts mit Komplikationen oder Unfähigkeit zu tun hatte."

„Sie haben meine Einstellung dazu gehört und mehr habe ich dazu nicht zu sagen." Er blickte auf seine Armbanduhr und meinte, dass er jetzt zur Visite müsste.

Grußlos verließ er den Raum und ließ demonstrativ die Türe hinter sich offen stehen.

Nie mehr wieder habe ich in meiner Laufbahn diese Klinik angefahren und auch den Frauen erklärt, die aus dieser Gegend kamen, dass ich dieses Krankenhaus, solange dieser Arzt dort Chef ist, nicht mehr betrete.

Brigitte hatte einen gesunden Buben zur Welt gebracht und dieser sah dem Vater ähnlich, wie ein Abziehbild.

Wir hatten dann noch einige Monate Kontakt zueinander. Sie hatte eine sehr liebevolle Familie und viele Freunde und kam eigentlich ganz gut zurecht.

...UND DIE ARBEIT HÖRT NICHT AUF!

Wer Freude an der Arbeit hat, ist imstande, viel zu leisten!
Marion Hedda Ilse Gräfin zu Dönhoff

Unser nächstes großes Ziel war dann die „Traumküche".

Sie entstand im Herbst 1998 mit einem anschließenden Wintergarten, den ich heute noch als meinen schönsten Raum im Haus bezeichne und sehr genieße.

1999 bereicherte ein beheizbares Schwimmbad mit Meerwasser unseren Garten.

Das „Babyschwimmen" wurde von sehr vielen Eltern interessiert genutzt.

Neue Skizzen und Bauanträge wurden im Winter durchdacht und gezeichnet. Im Frühjahr begann dann unser nächstes, große Projekt, der neue Eingangsbereich. Dieser wurde vollkommen neu, als Vorbau mit einem Turm im oberen Stockwerk gemauert (Zitat von meinem Raimund: „Ich bau´dir ein Schloss, Schatzle!")

Als dieser Anbau 2004 in vielen Stunden Grab- und Maurerarbeiten von Raimund geschafft war, baute Raimung gleich anschließend im Hofbereich einen wunderschöner Brunnen, mit einem Sölkner Marmorstein, aus dem dann das Wasser sprudelte.

Unser Haus wurde immer schöner. Es bekam neue, gemauerte Ecken und einen Schönbrunner-gelben Anstrich. Alle elf Fenster des Hauses wurden liebevoll von Raimund mit weißen Leibungen gestaltet.

Rund ums Haus hatten wir 3500 m² Garten zu pflegen und zu mähen, was mein lieber Mann auch noch alles bewältigte.

Arbeiten war sein wichtigstes Hobby! Gott sei Dank, denn ohne meinem Raimund hätte ich das alles nie und nimmer geschafft. Wir waren ein zusammengeschweißtes Team.

Ich verdiente das Geld und er setzte es in wunderbare Dinge um.

DIE G´STOPFTE TANTE

Was bedeutet schon Geld?
Ein Mensch ist erfolgreich, wenn er zwischen Aufstehen und Schlafengehen
das tut, was ihm gefällt.
Bob Dylen

Hannes hatte seine Frau Ingeborg abends mit dem Auto ins Entbindungsheim gebracht. Die Geburt dauerte ein paar Stunden, da Ingeborg Erstgebärend war und zu den Milztypen* gehörte.

So verbrachte Hannes die Nacht bei uns im Geburtszimmer und schlief auch dort noch nach der Geburt mit seiner Frau und dem kleinen Benjamin, der in der Nacht geboren wurde.

Nach dem gemeinsamen Mittagessen läutete es an der Haustüre und die Tante von Ingeborg kam zu Besuch.

Sie zog einen Geldschein aus ihrer Handtasche, faltete diesen und drückte ihn Hannes in die Hand mit den Worten: "Danke, dass du Ingeborg ins Entbindungsheim chauffiert hast".

Als Hannes diesen entfaltete, sah er, dass es ÖS 500,- waren.

„Ich bin doch nicht der Chauffeur von meiner Frau, der dafür bezahlt wird", entgegnete er entrüstet und wollte das Geld zurückgeben. Die Tante aber hatte sich sehr schnell auf ihrem Absatz umgedreht und widmete sich jetzt ganz und gar dem Neugeborenen.

„Der hat doch eiskalte Hände! Übrigens ist es viel zu kalt in diesem Haus. Das Kind wird sich noch erkälten. Warum wird denn hier nicht mehr geheizt?", fragend blickte sie sich nach mir um.

Der Kachelofen war eingeheizt und uns allen war angenehm warm.

Nun erklärte ich dieser Tante ganz vorsichtig, dass Neugeborene die Körpertemperatur anfangs noch nicht ausgleichen können.

„Deshalb ziehe ich den Neugeborenen auch den Schlafsack die ersten Tage an, damit die Beine nackt beieinander liegen können. So halten sie die Wärme besser, als in einer Strampelhose."

„Ja aber das Kind hat doch eiskalte Hände, oder etwa nicht?"

Geduldig erklärte ich der Tante dann Folgendes: „Wenn man wissen will, ob es dem Baby von der Temperatur her gut geht, nimmt man die Fußsohlen in die eigenen Hände und kontrolliert, ob diese warm sind. Fühlen die sich gut warm an, friert das Kind auf gar keinen Fall. Die Hände und zum Beispiel die Nase können sich dann trotzdem kalt anfühlen. Wenn man mit den Babys das erste Mal hinaus geht, zum Beispiel im Winter, ist das immer der Fall. Die Hände fühlen sich kühl an, aber die Füße sind warm."

„So etwas habe ich noch nie gehört."kam jetzt empört von ihr.

Ingeborg meinte dann noch: „Tante, du hast nie Kinder gehabt, deshalb hast du auch nicht wirklich eine Ahnung von solchen Dingen."

„Mir sagt das der Hausverstand, dafür muss ich selber keine Kinder großgezogen haben. Wenn das Kind sich nicht warm anfühlt, packe ich es in warme Sachen oder heize den Raum besser."

„Da muss ich Ihnen jetzt aber etwas ganz Wichtiges doch noch erklären."sagte ich und bat sie, sich hinzusetzen.

„60% der Babys, die an plötzlichem Kindstod verstorben sind, waren überhitzt, die restlichen Kinder waren Frühchen oder hatten eine unreife Lunge. Man hat die Kinder völlig verschwitzt in ihren Bettchen gefunden. So hatten die Eltern eventuell ein Babylammfell, dass nicht für Babys geeignet war, als Unterlage ins Körbchen gelegt. Zusätzlich eine Wärmeflasche zu den Füßen gelegt und es sogar noch mit einem Daunenkissen zugedeckt. Wenn man dann so ein Kind noch auf den Bauch gelegt hat, konnte es sich in keinster Weise abdecken oder aus der misslichen Lage befreien. Die Herz-Kreislauf-Regulation versagt und die Kinder sterben."

„Na gut, hast du heute etwas Vernünftiges zu essen bekommen?", war ihre nächste Frage an Ingeborg und sie ging in den Eingangsbereich, ohne die Antwort von ihr abzuwarten.

„Hannes, du kommst jetzt mit mir mit!", befahl sie mit einer dementsprechenden Handbewegung.

Mit einem Korb in beiden Armen, der mit sämtlichen Delikatessen bestückt war, erschien Hannes in der Küche.

Eine Stange Salami, ein Glas Kalbsleberwurst mit Trüffel Stückchen, je 250g Gouda- und Bergkäse, ein ganzer Marmorkuchen, zwei Gläser beste Konfitüre nach Großmutter Art aus Marille und Himbeere, ein ganzer Laib Sauerteigbrot, Bauernbutter, verschiedenste Obstsorten und eine große Pralinenschachtel war der Inhalt.

„Ich hoffe, du bekommst hier genug zu essen, wenn nicht, hast du hier ja etwas Auswahl."

„Mein Gott, Tante! Petra kocht hervorragend und was soll ich denn jetzt mit all den Dingen hier?" „Na du wirst es schon brauchen können", entgegnete sie etwas barsch und erzählte gleich anschließend, dass sie im Kindermodengeschäft für die Taufe das Gewand schneidern lassen wird. Sie bräuchte noch die Maße des Kindes, da ja die Taufe in 14 Tagen stattfinden wird.

Hannes und Ingeborg schauten sich im selben Moment an und atmeten mit einem tiefen Seufzer durch.

„Wir haben noch gar keinen Termin für die Taufe ausgemacht und außerdem würden wir ganz gerne Benjamin erst mit drei Monaten taufen lassen", entgegnete jetzt Hannes.

„Ich habe das alles schon mit dem Pfarrer heute morgen besprochen, ihr braucht euch um gar nichts mehr zu kümmern. Ich mach das schon."

Im selben Zug erhob sie sich von dem Sessel, ging in den Vorraum, zog sich ihren Mantel an, verabschiedete sich mit einem Winken und war weg.

„Was hat die denn eingenommen?", war meine erste Reaktion.

Jetzt entlud sich regelrecht eine Lawine bei den beiden. Sie erzählten mir abwechselnd, was sie alles mit dieser Tante schon erlebt hatten, die nie verheiratet war, keine Kinder, aber ein riesiges Vermögen geerbt hatte.

So stellte sie zum Beispiel einen Mercedes Cabriolet mit einer vier Meter langen Schleife eingepackt in den Hof als Geschenk, als sie erfuhr, dass Ingeborg schwanger war.

Ständig standen „Fresspakete" einfach vor der Wohnungstüre. Wir wussten dann gar nicht mehr, was wir mit den vielen Lebensmitteln machen sollen und haben sie an die anderen Mieter verteilt.

Immer wieder haben wir sie gebeten, damit aufzuhören, aber sie tut, was sie will. „Das hast du ja jetzt selber erlebt", sagte Hannes mit Kopfschütteln.

„Wie wir erst frisch zusammen gezogen waren, war es mir ganz recht, finanziell Unterstützung zu bekommen", sagte Hannes jetzt ganz ehrlich. „Ich studierte noch und anfangs haben wir von Ingeborg's Lehrerinnengehalt gelebt. Da waren die Zuschüsse der Tante ganz angenehm. Mit der Zeit wurde es aber eine richtige Plage. Man kommt sich so nutzlos und als Versager vor, wenn man ständig was zugesteckt bekommt. Du hast ja selber gesehen, sogar für das Herführen zur Geburt hat sie mir Geld zugesteckt. Übrigens, das lasse ich jetzt gleich hier als Anzahlung, wenn dir das Recht ist."

Nach vier Tagen ging Ingeborg dann mit Benjamin nach Hause. Nach ungefähr drei Monaten rief sie mich wieder an. Sie erzählte mir von der feudalen Taufe in Samt und Seide und das alle möglichen, ihr fremde Menschen dazu geladen worden waren. Alleine der Taufschmaus hätte an die ÖS 50.000,- mit Blumenschmuck in der Kirche und bei der Tafel ausgemacht. Damals eine unvorstellbar große Menge Geld für mich.

Die Tante wäre auch zu Hause immer wieder zu Besuch gekommen. Mehrmals hatten sie sich verleugnet und die Türe einfach nicht aufgemacht. Dann standen halt die Körbe wieder vor der Türe. Die schärfste Aussage der Tante wäre aber vor 14 Tagen gewesen: „Stell dir vor, die Tante geht ins Schlafzimmer,

Benjamin wird im selben Moment munter. Er macht die Augen auf, sieht die Tante und lacht sie voll an. Ganz entsetzt ist die Verrückte aus dem Schlafzimmer gelaufen gekommen und sagte, dass mein Kind nicht normal wäre."

„Warum kommt die Tante zu dieser Aussage?", wollte ich jetzt auch wissen.

„Ein Kind, das gerade munter wird, die Augen aufschlägt und lacht, ist im Kopf nicht ganz in Ordnung, so etwas gibt es nicht. Du musst sofort mit Benjamin zum Kinderarzt und das untersuchen lassen!"

„Und du musst jetzt ganz schnell meine Wohnung verlassen und komm' bitte nicht so schnell wieder.' Ich war so zornig auf sie und da ist bei mir das Fass übergelaufen. Das erste Mal habe ich es geschafft, sie hinaus zu schmeißen."

„Gratuliere!", sagte ich zu ihm und gleichzeitig fragte ich ihn, ob sie sich seitdem wieder gemeldet hatte?

„Nein, seitdem nicht mehr."

Wie die Geschichte weitergegangen ist, entzieht sich leider meiner Kenntnis.

UNSERE AFRICAN-QUEEN „JAMIE"

Der einzige Tyrann, den ich in dieser Welt anerkenne,
ist die leise innere Stimme.
Mahatma Gandhi

Es war ein heißer Sommertag, als mir im Garten eine großgewachsene, sehr gepflegte Frau, mittleren Alters, begleitet von einer hochschwangeren, jungen Frau entgegenkam.

Die gepflegte Dame stellte sich mit einem adeligen Namen vor und erklärte, dass sie Birgit jetzt von einer anderen, frei praktizierenden Hebamme mit hierher genommen habe. Sie wäre der Meinung, dass Birgit dort auf gar keinen Fall entbinden sollte.

Die Hebamme hätte sonderbare Vorstellungen und Birgit bräuchte eine Geburtshelferin, die mit beiden Beinen auf der Erde stünde, da sonst beide abheben würden.

Sie hätte in der Nacht bereits ihren Blasensprung gehabt und seit zwei Stunden leichte Wehen.

Birgit hätte eine psychische Erkrankung, würde auch Psychopharmaka bekommen und deshalb wäre es ganz wunderbar, wenn ich ihre Hebamme wäre.

Da ich noch immer nicht ganz verstand, was das alles auf sich hatte, fragte ich nach: „Seit wann genau ist denn die Blase gesprungen?"

Die Dame schaute Birgit fragend an und Birgit antwortete mit einem Lächeln, dass es so vier Uhr morgens beim Tanzen gewesen wäre.

Sie trug eine weite, bunte Pumphose aus Leinen, ein Träger T-Shirt und hatte ein braunrotes Tuch in die Haare gebunden. Birgit war sehr schlank. Der schwangere Bauch war sonnengebräunt und schaute zur Hälfte unter dem T-Shirt heraus. Immer wieder hielt sie mit beiden Armen ihren Bauch fest und machte schaukelnde Bewegungen mit dem Becken, wenn eine Wehe kam.

Sie hätten ein Lagerfeuer gehabt und bis zum Morgen getanzt.

Da ich mich absichern musste, wer jetzt die Verantwortung und die Geburtskosten übernehmen wird, fragte ich weiter.

„Bei wem war Birgit bisher in Betreuung?"

Birgit wäre von einem St. Veiter Frauenarzt in der SS betreut worden und dieser hätte auch mit ihrem Schwager aus Niederösterreich Kontakt aufgenommen, da dieser Arzt wäre.

Der Schwager hätte die Psychopharmaka seit drei Wochen reduziert und empfohlen, sie während der Geburt ganz abzusetzen.

Für die Kosten würde sie mir sofort eine FH-Anmeldung unterschreiben und auch dafür aufkommen.

Nun wollte ich unbedingt auch den MKP sehen. Dieser war vollständig ausgefüllt und alle Befunde in Ordnung. Der EGT war in zwei Tagen und so stand einer Entbindung soweit nichts im Wege.

Ich bat beide ins Geburtszimmer mitzukommen, da ich gerne einen Befund vom jetzigen Stand hätte.

Das Baby lag in Schädellage, die Herztöne waren um die 130 Schläge und der MM auf 2 cm geöffnet, aber sehr straff. Fruchtwasser lief bei der Untersuchung keines ab.

Ich kontrollierte die Vorlage und der Test bestätigte dennoch, dass die Blase gesprungen war.

Mir fiel auf, dass Birgit ein sehr gutes Hochdeutsch sprach und ich fragte sie, welchen Beruf sie erlernt hätte.

„Ich war Balletttänzerin an der Wiener Staatsoper", gab sie mir zur Antwort.

Die Adelige erwähnte, dass Birgit sogar fünf Sprachen perfekt sprechen würde. Sie kannte ihre Eltern schon sehr lange und leider wären diese bei einem Autounfall ums Leben gekommen. Seit damals würde sie sich um sie kümmern, wenn sie Hilfe bräuchte. Birgit hätte mit 30 Jahren das erste Mal psychische Probleme bekommen. Das war jetzt 2 Jahre her und da hätte ihr Schwager die Hand drauf.

Nachdem es dem Baby und der Mutter gut ging, die Bezahlung geregelt waren und ich sonst einen guten Eindruck hatte, willigte ich ein, die Geburt zu übernehmen.

Ich fragte Birgit, ob sie mit einer Akupunktur, die die Wehen unterstützen würde, einverstanden wäre.

Sie nickte und ich setzte die entsprechenden Nadeln.

In diesen Tagen hatten sich noch zwei weitere Frauen zur Geburt angemeldet und ich wollte deshalb sicher gehen, falls diese gleichzeitig kämen, dass Birgit nur so lange bleiben kann, solange ein Zimmer frei wäre.

Das sicherte mir die Dame zu und entschloss sich, sich jetzt von uns zu verabschieden. Es wäre Birgit sicher angenehmer, wenn sie nicht da bleiben würde: „Dazu kenne sie sie schon zu gut."

Kaum war die Dame mit dem Auto weggefahren, äußerte Birgit Folgendes: "Ich will jetzt zum Wasser!"

„Wie, zu welchem Wasser?!", fragte ich sie überrascht.

Die Hebamme vorher hätte ihr erklärt, dass für sie das Wasser ganz wichtig wäre.

Für die Geburtswanne, war es noch zu früh und so erklärte ich ihr, dass wir noch etwas damit warten müssten. Sie wurde aber ganz hektisch und meinte, dass sie einen Fluss meinen würde. Ich hätte hier leider keinen Fluss, erklärte ich ihr, sondern nur einen kleinen Gartenteich, der wäre aber genauso gut.

Sofort ging sie mit mir in den Garten und begann rund um den Teich mit tanzenden Bewegungen.

Jetzt war mir klar, dass Birgit wirklich eine intensive Betreuung brauchen würde.

In einer Wehenpause fragte ich sie nach dem Kindsvater. Dieser wäre Südafrikaner, wäre noch in Wien und wartete auf seine Aufenthaltsbewilligung.

Sie würden jeden Tag miteinander telefonieren. Birgit begann eine Melodie zu summen und tanzte weiter um unseren Gartenteich.

Nachdem ich Raimund die Geschichte kurz erzählt hatte, dass wir ein farbiges Baby erwarten würden, freuten wir uns beide, dass wir Birgit behilflich sein konnten.

Wegen ihres psychischen Zustandes mussten wir aufmerksam und wach sein.

Nach zwei Stunden war der MM auf 6 cm aufgegangen und Birgit eigentlich guter Dinge, als ich im Hof laute Stimmen hörte.

Die andere Hebamme war gekommen und wollte Birgit wieder zu sich holen. Dies wusste Raimund zu verhindern, indem er ihr erklärte, dass eine Anmeldung unterschrieben worden war und Birgit nicht mehr zu ihr zurückkommen würde.

Als Birgit dann die Hebamme entdeckte, ging sie sogar hin und meinte, dass sie auch hier gutes Wasser gefunden hat und hier bleiben möchte.

Die Hebamme ergriff die Hand von Birgit und wollte sie mit Gewalt in ihr Auto ziehen. Birgit riss sich los und lief zurück zum Biotop.

Nun beschwichtigte auch ich die Kollegin und erklärte ihr, dass Birgit bereits auf 6c m offen wäre und auf gar keinen Fall mehr wohin fahren kann.

Erst als Raimund mit der Polizei drohte, fuhr sie weg.

Nach der ganzen Aufregung war auch Birgit unruhig geworden und kämpfte jetzt mit ihren Wehen.

Ich massierte ihr jetzt im Wintergarten den Rücken und redete gut auf sie ein, dass das Baby sich auf den Weg gemacht hätte und bald da sein würde. Nach und nach beruhigte sie sich wieder und kam mit den Wehen ganz gut zurecht.

Da ging plötzlich die Türe zur Küche auf und Raimund kam herein und meinte, dass ich schnell kommen soll, in der Haustüre würde Ines stehen, sie hätte schon sehr starke Wehen.

So blieb mir nichts anderes übrig als Birgit in die Hände von Raimund zu geben. Ich erklärte ihm, wie er ihr den Rücken massieren könnte und, dass er einfach bei ihr bleiben soll.

Ines kniete bereits im Vorraum und ging in den Vierfüßlerstand, als ich sie begrüßen wollte.

„Petra ich kann nicht mehr, als ich zu Hause weggefahren bin, hatte ich so alle drei Minuten eine Wehe, aber jetzt sind keine Pausen mehr dazwischen."

Mit Mühe verfrachtete ich Ines ins Geburtszimmer und half ihr beim Auszuziehen.

Nebenbei musste ich schnell für eine zweite Geburt alles herrichten, da ich für Birgit bereits ein Geburtspaket geöffnet hatte.

Ich schaltete die Heizmatte am Wickeltisch ein, Babysachen lagen bereits fertig darauf.

Immer wieder beruhigte ich Ines, dass alles gut gehen und auch nicht mehr lange dauern wird.

Eine Wehe nach der anderen überrollte Ines und sie versuchte verzweifelt, die richtige Geburtsposition zu finden. Im Liegen ging gar nicht, in der Hocke angelehnt am Geburtsbett war schon besser, aber ihre Beine schliefen dabei ein. So holte ich den Geburtshocker und Ines versuchte die nächste Wehe sitzend.

„So wird's gehen, das ist echt besser", stöhnte sie.

Die nächste Wehe bahnte sich an und Ines musste beim Ausatmen plötzlich mitschieben.

Die Fruchtblase wölbte sich mir entgegen und ich ging instinktiv in Deckung.

Im letzten Moment erwischte ich eine Stoffwindel und hielt sie davor als die Blase platzte.

Jetzt war das Köpfchen bereits in der Tiefe zu sehen. Mit warmen Dammfleck und reichlich Öl ermutigte ich Ines, bei der nächsten Wehe etwas mehr mit zu drücken.

Die Wehe kam, Ines versuchte mit der Wehe im Einklang mit zu schieben, aber als die Spannung am Damm für sie spürbar wurde, verließ sie der Mut.

„Ich trau mich nicht. Was ist denn, wenn ich zerreiße?"
„Ines, bitte schau mich an, ich helfe dir von unten mit dem warmen Dammfleck und du hilfst mir jetzt von oben, ok?"

Es klopfte in diesem Moment kräftig an der Geburtszimmertüre und Raimund rief: "Die Birgit fangt zu drücken an, was soll ich jetzt machen?"

Jetzt war guter Rat teuer. Ich griff zum Geburtspaket und zwei Krankenbettunterlagen, öffnete die Türe und drückte Raimund alles in die Hände. „Du passt einfach bitte auf, wenn der Kopf kommt, halte ihn mit der flachen Hand etwas zurück und lass ihn langsam kommen. Du hast das eh schon öfters bei mir gesehen. Und bitte lege die Unterlagen auf den Sessel im Wintergarten, dass nicht alles voll wird. Ich komm' sobald ich das Baby hier habe."

Ohne Worte nahm Raimund die Sachen und ging.

Ines hatte eine Wehe einfach veratmet und nicht mit gedrückt, um auf mich zu warten.

„Du bist echt unglaublich Ines, das hast du super gemacht", lobte ich sie.

Nach zwei weiteren Wehen war das Baby auf der Welt. Ich legte es Ines in die Arme und deckte es warm zu.

Nachdem die Kleine kräftig schrie und Ines voll mit ihrem Baby beschäftigt war, ging ich schnell zu Raimund.

Auch Birgit saß bereits mit Unterlage auf dem Wintergartensessel und hatte ein kleines Mädchen in der Hand.

„Mei Schatzl, das hast jetzt aber gut gemacht! Wie ist denn das jetzt alles so schnell gegangen?"

„Ich hatte sie so, wie du gesagt hast, im Kreuz massiert. Da hat sie sich umgedreht, mich umarmt und regelrecht auf mich gehängt. Als ich dann gemerkt hatte, dass sie so komische Laute bei der Wehe von sich gab, dachte ich mir schon, dass sie Presswehen hat. Sie wollte mich aber einfach nicht auslassen und so habe ich mit einer Hand den Kopf im Stehen gebremst, so gut ich konnte. Als dann der Kopf da war, habe ich sie vorsichtig auf den Sessel hinsetzen wollen und in diesem Moment hatte ich die Kleine komplett in meiner rechten Hand."

Raimund hatte Tränen in den Augen, als er mir das alles erzählte. Ich umarmte ihn dankbar, gab ihm ein Bussal und erzählte ihm, dass auch Ines ihr Baby soeben geboren hatte.

Nun hatten wir alle Zeit der Welt und nachdem das dem Raimund „seine Geburt" war, ließ ich ihn auch „Jamie" selber abnabeln.

Die Kleine war so winzig-zart, hatte kleine braune Löckchen am Kopf und eine olivfarbene Haut. Die Handflächen waren deutlich heller zu erkennen.

2780 g schwer und 47 cm lang waren ihre Maße. Beim Anziehen öffnete sie ihre mandelförmigen, braunen Augen und irgendwie war ein besonderes Gefühl dabei, wenn ich Jamie anschaute.

Ich setzte jetzt Birgit auf das Bidet, legte ihr Jamie an die Brust und die Plazenta kam nach fünf Minuten.

Sobald sie dann im Bett lag, kümmerte ich mich sofort wieder um Ines.

Sie hatte ihr Baby noch am Hocker angelegt und so war auch ihre Plazenta selbständig gekommen.

Die Spannung ließ langsam nach und nachdem alle versorgt waren und zwei gesunde Babys das Licht der Welt erblickt hatten, begannen wir gemeinsam mit den Aufräumarbeiten.

Ich war dabei, das Geburtszimmer aufzuwischen, als Birgit mit ihrem Kind aufstehen wollte. „Ich will jetzt wieder in den Garten zum Wasser."

„Nein, Birgit, es ist bereits finster draußen."

„Ich will aber jetzt in den Garten gehen!", kam etwas ungehalten von ihr zurück.

Nun sah ich auch den etwas wirren Blick von ihr und unterstützte meine Anweisung mit einer dementsprechenden Handbewegung, dass sie sich wieder hinlegen sollte.

Wir hatten bei unserer Ausbildung gelernt, dass Menschen, die nicht lenkbar sind mit Körpersprache mehr verstehen, als mit Gesagtem.

Es funktionierte und Birgit deckte sich ihren Kopf und das Baby im Arm mit einem riesigen Tuch, das sie mitgebracht hatte vollkommen zu.

So saß sie dann die nächsten Stunden und wollte auch nicht hervorkommen.

„Das kann ja noch was werden", war die Bemerkung vom Raimund. Wie recht er hatte, wussten wir alle zu diesem Zeitpunkt noch nicht.

Gemeinsam mit Ines und ihrem Kind aßen wir in der Küche unser Abendbrot. Birgit brachte ich Tee und zwei belegte Brote ans Bett.

Da beide unter dem Tuch friedlich schliefen, weckte ich sie auch nicht auf.

Gegen 3 Uhr morgens klopfte Ines an unsere Schlafzimmertüre. Birgit wäre soeben splitterfasernackt mit Jamie in den Garten hinaus gegangen.

Sie hätte ständig laut mit ihrem Kind geredet, so sei sie aufgewacht und hatte alles mitbekommen, als sie zur Toilette ging.

Sofort stand ich auf, ging zum Schlafzimmerfenster, und konnte nicht glauben, was ich da gerade sah.

Birgit kniete nackt am Boden, war dabei ein Loch mit den Händen aus der Erde zu graben. Jamie lag nackt neben ihr und weinte.

„Um Gottes Willen, was hat die den vor, rief ich und schnappte meinen Morgenmantel.

Es war eine mondhelle Nacht und so schaltete ich auch kein Licht ein. Langsam ging ich zu Jamie, hob sie auf und hüllte sie unter meinen Mantel.

Raimund war jetzt auch da und half Birgit aufzustehen.

„Was wolltest du denn jetzt hier im Garten?" fragte er sie

Ein Dämon hätte ihr gesagt, dass sie die Kleine eingraben soll, das wäre jetzt das Beste, stammelte sie vor sich hin.

Da es mitten in der Nacht war und wir jetzt gründlich überlegen mussten, wie es jetzt mit den beiden weitergehen sollte, sperrte ich kurzer Hand Birgit ins Zimmer und nahm Jamie mit zu uns.

Ich stand gegen sieben Uhr morgens auf, richtete für uns das Frühstück und rief gegen acht Uhr die Psychiatrie in Klagenfurt an. Nachdem ich dem Arzt die Geschichte von heute Nacht erzählt hatte, würde die Rettung in einer Stunde kommen, um sie mit dem Baby abzuholen, war die Auskunft.

Ines kam, bleich wie die Wand zum Frühstücken. Sie hatte ihr Baby fertig angezogen und erklärte, dass sie nicht länger hier bleiben möchte, da sie Angst um ihr Kind hätte.

Das konnte wir absolut nachvollziehen. Auch nachdem ich ihr erklärt hatte, dass Birgit gleich abgeholt werden würde, wollte sie dennoch heimgehen. Deshalb bot ich ihr an, sie in den nächsten Tagen zu Hause zu betreuen.

Birgit war abgeholt worden und ich verständigte jetzt auch die „Adelige", was vorgefallen war.

Sie kam noch am Vormittag vorbei und war fix und fertig.

„Ich habe so etwas schon kommen gesehen. Warum ihr Schwager die Psychopharmaka abgesetzt hatte, war ihr unverständlich. Ich bat sie deshalb, mit dem betreuenden Arzt von Birgit Kontakt aufzunehmen.

Tage später rief sie mich an und teilte mir mit, dass diskutiert wird, Jamie zur Adoption frei zu geben.

Raimund wollte unbedingt die kleine Jamie besuchen. Er hätte die ganze Nacht darüber nachgedacht, ob es nicht sinnvoll wäre, wenn wir sie nehmen würden.

Das kam selbst für mich überraschend. Raimund hatte eine innige Verbindung zu der Kleinen bekommen, als er ihr auf die Welt geholfen hatte und in der Nacht, in der sie bei uns schlief.

Die Überlegung war auch dahingehend, dass wir beide zusammengenommen zwar sechs Söhne hatten, aber keine Tochter und, ob sie nicht einmal das Entbindungsheim weiterführen könnte, wenn sie bei uns aufwachsen würde.

Das war zwar irgendwie logisch und dennoch sollte man sich so einen Schritt wirklich gründlich überlegen.

Die Verantwortung, die vielen Jahre, die man aufwenden müsste, um sie groß zu ziehen und, ob sie dann auch Hebamme werden wollte, stand in den Sternen.

Wir besuchten beide in der Klinik und Birgit war richtig erfreut, als sie uns sah. Sie sprach auch ganz vernünftig über ihre Lage und wir wunderten uns auch, wie selbstverständlich sie uns für die Adoption vorschlug. Eine Bedingung hätte sie aber, dass sie jederzeit ihr Kind besuchen wollte.

Die diensthabende Ärztin meinte, dass sie sehr gut auf die Medikamente ansprechen würde und sie nächste Woche entlassen werden kann.

Die Familie würde sie in die Steiermark zu ihrem Schwager mitnehmen und alles andere würde sich dann zeigen. So schnell wird eine Adoption ohnehin nicht durchgesetzt werden können.

Wir diskutierten dann beim Heimfahren, ob es nicht besser wäre, den Gedanken der Adoption komplett fallen zu lassen. Der Kindsvater wird auch irgend wann einmal vor der Haustüre stehen, Birgit wollte jederzeit ihr Kind besuchen kommen können und die Familie wird wahrscheinlich auch nicht fern bleiben. Das kann einfach nicht gut gehen und würde nur Probleme machen.

Drei Wochen später rief mich die Klinik an und ein Arzt berichtete, dass sie Jamie notoperieren mussten, da Birgit ihr mit dem Daumen in der Nacht das Gaumensegel eingedrückt hatte.

Wiederum hatte eine innere Stimme ihr dazu geraten.

Es war uns unverständlich, dass man Birgit mit ihrem Kind alleine nach Hause gehen lassen hatte. Der Schwager wollte sie erst am Wochenende in die Steiermark holen.

Noch einmal besuchten wir „unsere African Queen", die auch das Gott Lob überlebt hatte und verabschiedeten uns schweren Herzens für immer von ihr.

Jamie wuchs in der Steiermark auf und ich bekam von der Adeligen ein Foto nach vier Jahren per Post geschickt.

Ein aufgewecktes Mädchen mit dunkelbraunen Augen, die richtig strahlten, der riesige Lockenkopf und ein Lächeln im Gesicht waren darauf zu sehen.

Jetzt waren wir so richtig zufrieden und wussten, dass es Jamie wieder gut ging.

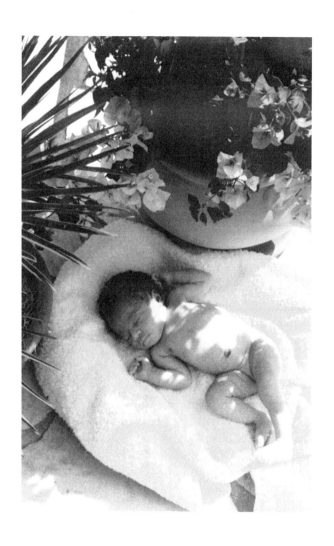

DAS KUCKUCKSKIND

Blindes Vertrauen ist der Scheinvater des Kuckuckskindes.
Ludger Pütz

Sybille kam ins EH, um sich zur Geburt anzumelden. Fünf Kinder hatte sie bereits in der Klinik geboren. Sie hatte ihr langes, blondes Haar zu einem Pferdeschwanz zusammen gebunden.

Sie war jetzt im 7. Monat und es wäre an der Zeit, sich zu verändern erklärte sie mir. Was sie genau damit meinte, war mir zuerst überhaupt nicht klar.

Sie erzählte mir von ihrer Familie, von ihrem Job, dem sie immer wieder nachging, um etwas mehr Taschengeld zu haben und, dass sie in der „Zwickmühle" wäre.

„Du unterliegst doch auch der Schweigepflicht?!", fragte sie mich aus heiterem Himmel.

„Ja, selbstverständlich haben wir Hebammen auch den Eid geschworen", erklärte ich ihr.

Nun kam nach und nach die Wahrheit ans Tageslicht.

Sybille hatte bei ihrem Job einen anderen Mann kennengelernt. Sie fand es anfangs richtig schön, wieder begehrt zu werden und zu flirten. Ihre Figur, hatte sie trotz ihrer fünf Schwangerschaften gut erhalten.

Immer mehr faszinierte sie das heimliche Treffen mit Harald. Ihr Mann arbeitete manchmal bis in die Nacht hinein und da ihre Mutter im selben Haus wohnte und die Kinder betreute, konnte sie auch für Stunden ihren Vorlieben nachgehen.

Als sie dann bemerkte, dass sie schwanger geworden war, brach für sie die Welt zusammen.

Tagelang überlegte sie, ob sie dieses Kind überhaupt bekommen soll. Sie erkundigte sich bei einer Beratungsstelle. Nach dem Gespräch war sie 100% davon überzeugt, niemals mit ihrem Gewissen so einen Schritt vereinbaren zu können. Sie zermarterte sich den Kopf, wie sie es nun ihrem Mann beibringen könnte. Die Wochen vergingen genauso, wie ihr Mut. Immer wieder startete sie einen Versuch und scheiterte kläglich dabei.

Edwin wäre ein so liebevoller Vater und unternahm an den Wochenenden immer was mit den Kindern, damit sie etwas Luft und Zeit für sich hätte.

Er freue sich sehr auf das nächste Baby und überlegt, jetzt ein größeres Auto zu kaufen und sich sobald wie möglich sterilisieren zu lassen.

Nach wie vor treffe sie sich natürlich auch mit Harald. Dieses Doppelleben wäre echt mühsam und würde viel Schlaf und Nerven kosten.

Ihr Mann wüsste bis zum heutigen Tag immer noch nichts davon, möchte aber unbedingt dieses Mal bei der Geburt dabei sein, da er es bisher nie geschafft hatte.

Ach du lieber Himmel, wie soll das alles ausgehen, war mein erster Gedanke.

„Sag einmal Sybille, hast du dir eigentlich schon einmal überlegt, wie das dann nach der Geburt weitergehen soll?"

Sie brach in Tränen aus und erklärte, dass ja niemand irgendwas erfahren müsste und, dass das Kind auch so groß werden würde.

Da es mir als Hebamme nicht zustand, ihr irgendwelche Vorhaltungen zu machen, musste ich die Situation so akzeptieren, wie sie eben war.

Sie füllte die Geburtsanmeldung aus, diskutierte noch eine Stunde mit mir, wie lange sie nach der Geburt bei mir bleiben könnte und, dass sie eventuell dieses Mal im Wasser gebären wollte.

Danach schaute sich noch die Zimmer und das Geburtszimmer an, bedankte sich für mein Verständnis und fuhr Heim.

Als dann die Geburt von Sybille los ging, waren noch zwei andere Mütter im Entbindungsheim.

Eine hatte bereits ihr Kind am Nachmittag geboren, war in ihrem Zimmer und hatte Besuch von ihrer Familie.

Anita war in der Nacht gekommen, erwartete ihr erstes Kind und war auf 7 cm MM offen. Da ihre FB noch intakt war, schickte ich sie ins Wohnzimmer, zeigte ihrem Mann, wie er ihr während der Wehe behilflich sein konnte. Ich würde nur schnell die Sybille untersuchen und wäre dann gleich wieder für sie da.

Sybille war mit ihrem Mann zur Geburt gekommen. Da ich Edwin persönlich noch nicht kennengelernt hatte, stellte Sybille ihn mir vor.

Na hoffentlich geht das gut, war mein erster Gedanke und war dann nur mehr auf die Untersuchung konzentriert.

Sybille hatte jetzt regelmäßige Wehen, die so alle zwei Minuten kamen. Der MM war auf 4 cm offen, das Köpfchen tief und gut im Becken eingestellt. Die Herztöne des Babys waren ebenfalls in Ordnung.

Ich erklärte beiden die Situation und bat sie deshalb, vorerst in ihr Zimmer zu gehen und es sich dann im Wohnzimmer gemütlich zu machen.

Das wäre überhaupt kein Problem, da sie noch von den anderen Kindern wüsste, dass es noch dauern wird. Außerdem wäre ich ja in der Nähe, meinte sie.

Anita war sichtlich dankbar, wieder ins Geburtszimmer gehen zu können. Sie brauchte jetzt meine ganze Aufmerksamkeit, da sie sich in der Übergangsphase* befand. Sie versuchte eine Stellung nach der anderen, um mit den Schmerzen zurechtzukommen.

Immer lauter wurden ihre Schmerzäußerungen und ich hatte Mühe, sie zu begleiten.

Ihr Mann stand hilflos neben ihr und so erklärte ich ihm, dass dies jetzt der anstrengendste Teil der Geburt wäre und trotzdem alles gut ist.

Ich wärmte das Wasser für den Dammschutz und war dabei alles für die bevorstehende Geburt herzurichten, als es an der Türe klopfte.

Da ich die Hände gerade voller Öl hatte, rief ich vom Zimmer aus, was denn los wäre.

Sybille würde jetzt auf der Toilette sitzen, sie wäre der Meinung, dass es nicht mehr lange dauern würde, erklärte Edwin aufgeregt.

Auch das noch, Raimund war draußen in der Werkstatt, ich konnte hier auf gar keinen Fall mehr weg und so blieb mir nichts anderes übrig als Edwin zu sagen, dass er doch bitte einfach bei ihr bleiben soll.

Sobald das Baby hier auf der Welt wäre, wäre ich für sie da.

Ich war gerade dabei, Anita zu erklären, wie sie die Luft anhalten sollte, um kräftig mit zu drücken, als Edwin durch die Türe rief: "Sybille hat das Baby sitzend am Klo geboren und er bräuchte was zum zudecken."

Ich hörte das Baby von Sybille kräftig schreien und konnte weiter nichts mehr dazu sagen, da jetzt auch hier das Köpfchen bei meiner Geburt am Durchschneiden war.

So wie der Kleine – noch nicht abgenabelt – in Anitas Händen lag, lief ich zur Toilette.

Edwin hockte neben Sybille am Boden. Er hatte, als er das Baby kommen sah, es mit seinen Händen aufgefangen, damit es nicht in die Kloschüssel plumpste.

Wie das Schicksal so spielt, dachte ich bei mir und jetzt sitzen die drei vereint mit dem Neugeborenen hier auf der Toilette.

Schnell brachte ich warme Tücher und half dann Sybille auf das Doppelbett im Geburtszimmer.

Beide Frauen gratulierten sich sehr herzlich zu ihren Geburten.

Nachdem ich jetzt die Männer aus dem Geburtsraum geschickt hatte, sah ich noch, wie sie sich die Hände schüttelten, sichtlich erleichtert, dass alles so gut gegangen war.

Nach einem gemeinsamen Abendessen, jetzt mit drei Babys und ihren Müttern, gingen alle in ihr Zimmer zum Schlafen.

Um 8 Uhr morgens richteten Raimund und ich gemeinsam den Frühstückstisch her, als die erste Mutter mit ihrem Baby herein kam.

„Stellt's euch vor, heute Nacht um drei Uhr, war ein fremder Mann an meinem Fenster!"

„Wie? Ein fremder Mann? Um drei Uhr in der Früh?", fragte ich vollkommen ungläubig.

In diesem Moment kam auch Anita in die Küche: „Heute Nacht hat jemand an mein Fenster geklopft, als ich es auf gemacht habe, war niemand draußen. Komisch, dann war ich mir nicht mehr sicher, ob ich es geträumt hatte."

Jetzt war meine Neugier geweckt und ich wollte wissen, was da wirklich in der Nacht los war und ging zum Zimmer von Sybille.

Vorsichtig klopfte ich an der Türe. Als ich keine Antwort bekam, öffnete ich sie eine Spalt und konnte meinen Augen nicht trauen. Ein voll angezogener, mir völlig fremder Mann, lag neben Sybille im Bett. Beide schliefen tief und fest und das Baby lag dazwischen.

Ich schüttelte jetzt die Schulter von Sybille und sagte: "Was ist denn hier los und wer sind sie?" Der Mann blinzelte mich mit der vorgehaltenen Hand an und schaute anschließend verlegen zu Sybille.

„Mh, ja, das ist Harald, Petra. Er ist gestern Nacht noch vorbei gekommen, und da er nicht wusste, in welchem Zimmer ich liege, hat er blöderweise an jedem Fenster geklopft. Ich hoffe, er hat die beiden anderen nicht all zu sehr gestört."

„Sybille, so etwas geht einfach nicht. Ich möchte, dass Sie auf der Stelle das Entbindungsheim verlassen", erklärte ich ihm nicht allzu freundlich und zeigte zur Türe.

Ich war gerade dabei, Raimund außerhalb der Küche zu erklären, was in der Nacht vorgefallen war. Da läutete die Türglocke.

Raimund öffnete die Türe und Edwin stand mit den fünf Kindern draußen. Jedes hatte eine Blume in der Hand. Aufgeregt fragten sie, wo die Mama sei, während sie dabei waren ihre Schuhe auszuziehen.

Geistesgegenwärtig führte Raimund alle in die Küche. Ich begrüßte sie nacheinander und sagte, dass ich die Mama mit dem Baby holen gehe.

Die Haustüre fiel gerade ins Schloss, als ich an ihr vorbeigekommen war.

Sybille kam, das Baby in der Hand, den Gang entlang.

„Gott sei Dank! Ich habe die Kinder schon im Vorraum gehört und bin froh, dass sie Harald nicht begegnet sind."

Als dann alle in der Küche fasziniert das Baby begutachteten, gingen die beiden anderen Frauen wieder ins Zimmer.

Ich folgte ihnen und fragte sie, ob sie mich beim Stillen brauchen würden. Anita nahm das Angebot dankend an.

Keine der beiden Frauen fragte nach, wer denn nun in der Nacht bei Sybille gewesen war und von uns sprach es auch keiner mehr an.

Sybille verließ am dritten Tag das EH. Die Kleine hatte genauso hellblonde Haare und blaue Augen, wie ihre anderen Kinder auch.

Ich wünschte ihr von ganzem Herzen alles Gute und weiß bis heute nicht, ob Edwin je erfahren hat, dass das letzte Mädchen ein „Kuckuckskind" war.

SCHEISSE MANN, ICH WOLLT' JA GAR KEIN KIND

Man muss nicht unbedingt jede Erfahrung selbst machen wollen.
Günter Grass

Wir hatten wunderbare Rosen rund um den Hofbrunnen angelegt. Um die Blattläuse fern zu halten, pflanzte ich einen Schutzwall von Lavendel um sie herum.

Gerade hatte ich die letzte Pflanze in der Erde, als ein uralter Mercedes auf den Hof fuhr.

Die Sonne blendete mich, und so konnte ich vorerst nicht erkennen, wer gerade auf mich zukam.

Ein Mann, um die dreißig, kam mit ausgestreckter Hand auf mich zu. Ein wilder Wuschelkopf zierte sein Haupt. Da er keine Schuhe trug und auch sein Oberkörper nackt war, war mein Blick auf die kurze, rote Badehose konzentriert. Mit nur einem Schneidezahn lächelte er mich an und sagte: "Hallo, Servus, bist du die Petra? Ich meine die Hebamme?"

„Ja die bin ich, warum?"

„Also, ich bin der Jürgen und meine Frau, die Antje hat bereits seit in der Früh ihre Wehen. Wir sind dann zu unserer Hebamme gefahren, aber die soll zur Zeit in Indien sein, hat man uns am Hof erklärt. Da wir sonst niemanden anderen kennen, wollten wir fragen, ob du sie auch entbinden könntest? Wir wollen allerdings nur eine ambulante Geburt und dann gleich wieder Heim fahren. Sie sitzt jetzt noch im Auto, weil sie mit ihrer Mutter in Deutschland telefoniert."

Da das Entbindungsheim gerade nicht besetzt und es uns Hebammen auch nicht erlaubt war, Frauen unter den Wehen wieder wegzuschicken, willigte ich ein, sie mir anzuschauen.

Als Antje dann aus dem Auto ausstieg, sah ich, dass die Türe nur mit einer Schnur zusammengebunden war. Das Auto hatte eigentlich gar keine richtige Farbe – außer rostbraun.

Antje war mit einem kurzen Minirock bekleidet, der voller Flecken war. Oben herum trug sie ein Träger T-Shirt in beige.

Sie hatte gewellte, braunrote, lange Haare, die ihr bis zur Brust reichten. Ihr Gesicht war mit Sommersprossen übersäht.

Sie öffnete spontan ihre Arme zur Umarmung und ein unangenehmer Körpergeruch strömte mir entgegen.

„Mei ist das nett hier, wenn wir das früher gewusst hätten", gell Jürgen, „dann hätten wir gleich hier die Geburt geplant."

So führte ich beide etwas widerwillig ins Geburtszimmer. Auch dieses Kind wird zur Welt kommen und dann gehen sie auch wieder Heim, sagte ich tröstend in Gedanken zu mir selbst.

Als Antje sich entblößt hatte und auf dem Untersuchungsbett lag, nahm ich eine Schere und schnitt beherzt die lange Schambehaarung weg. Die Haare waren derart verklebt, dass ich sie so nicht untersuchen konnte.

Ein intensiver, fischartiger Geruch breitete sich im Raum aus. Ich musste regelrecht die Luft anhalten, um nicht einen Würgereiz zu bekommen.

Wäre Antje nicht bereits in der Übergangsphase gewesen, hätte ich sie sofort zum Duschen geschickt. Leider war dies nicht mehr möglich.

Als ich ihr den Befund mitteilte und ihr erklärte, dass es nicht mehr allzu lange dauern wird, wurde sie regelrecht hysterisch.

„Das gibt's doch gar nicht, das kann doch gar nicht sein. Warum jetzt schon so schnell auf einmal? Ich will jetzt nur noch raus in die Natur", schrie sie und lief, nur mit dem Minirock und ohne Unterwäsche aus dem Raum.

Jürgen blieb ganz ruhig neben mir stehen und sah dabei zu, wie ich das Geburtenblatt ausfüllte.

„Na was meinst, wie lange wird's jetzt noch dauern?", fragte er und kratzte sich unter dem Arm.

Ich erklärte ihm, dass das bei jeder Frau anders sei und Erstgebärende doch ihre Zeit zum Aufgehen brauchen. Er sollte jetzt besser zur Antje gehen, um sie wieder zu beruhigen. Ich würde in fünf Minuten nachkommen.

Antje war quer durchs Haus gelaufen und schnurstracks durch den Wintergarten in den Obstgarten gelangt.

Schilfmatten am Zaun schützten damals unseren Garten vor ungebetenen Blicken.

Gott sei Dank, denn Antje hatte sich auf die Wiese gelegt und wälzte sich (ohne Unterwäsche) im Gras.

Dabei rief sie bei jeder Wehe: „Scheiße Mann ich wollt' ja gar kein Kind!"

Etwas sehr spät, diese Erkenntnis, dachte ich, innerlich lachend.

Jürgen hockte mit seiner Badehose auf der Terrasse angelehnt an der Hauswand und gab, in seinen Haaren kratzend, Folgendes von sich: "Weißt du was Antje, wenn du das Wort Scheiße so oft sagst, wird unser Kind das als erstes sagen können!"

Was waren das für Leute, was machen die eigentlich beruflich und wie leben die sonst, dachte ich. Eigentlich hatte ich nie Probleme mit „alternativer" Einstellung, aber ein Stück Seife kann sich doch jeder leisten, um sich zu waschen.

Wir hatten große Mühe, Antje gemeinsam ins Geburtszimmer zu schleppen. Mit lautem Geschrei und voller Verzweiflung gab sie ihrem Schmerz Ausdruck. - Immer mit den gleichen Worten: „Scheiße Mann ich wollt' ja gar kein Kind!"

Es half kein gutes Zureden und auch kein warmer Dammfleck. Der Maximilian kam mit einem Dauerschrei am Hocker letztendlich zur Welt.

Als dann auch die Plazenta da war und der Kleine genüsslich an der Brust nuckelte, fragte Antje nach einer Misosuppe.

Leider hatte ich kein Miso (Sojabohnenpaste) zuhause und kochte ihr stattdessen einen Tee.

Zwei Stunden später packten sie den Kleinen in ein buntes Tragetuch und verabschiedeten sich total zufrieden mit den Worten: "Da hast unsere Adresse, aber wir haben keine eigene Hausnummer. Es ist eh nur ein Droadkasten (Getreidespeicher) dort oben, den kann man nicht übersehen. Wenns d' von der Straße kommst, noch 12 km den Berg rauf, dort findest uns, wegen der Nachbetreuung. Des Geld kriegst dann bar. Also noch einmal Dankeschön und bis morgen."

Ob ich jemals ein Geld von diesen Aussteigern bekommen würde? Jürgen hatte mir zwar erzählt, dass er Akademiker wäre und Antje hätte auch studiert, aber sie wollten ein ganz anderes, unbürokratisches Leben führen.

Nach der Verabschiedung reinigte ich noch gründlicher als sonst meinen Geburtshocker, das Geburtsbett und den Boden. Zusätzlich nahm ich die Vorhänge ab, in denen sich der penetrante Geruch festgesetzt hatte.

Am nächsten Nachmittag fuhren Raimund und ich zur angegebenen Adresse. Die Straße war nicht asphaltiert und schlängelte sich den Berg hoch. Immer wieder kamen wir bei einem Bauernhof vorbei und konnten keinen Droadkasten entdecken.

Als wir dann einen Bauern am Straßenrand entdeckten, fragten wir nach der Familie.

„A jo de, de wohnan do oben im Droadkostn, müaßt's no a Weile rauf fohrn, dann siegst se scho!", deutete er den Berg rauf.

Tatsächlich stand dann zwei Kurven weiter ein Droadkasten, typisch mit den dunklen Holzbalken und dem weißen Kalk dazwischen.

Eine grauweiße Ziege war draußen mit einer langen Kette an einem Pfahl gebunden und sah zu uns rüber. Mehrere Gemüsebeete waren seitlich am Hang angelegt.

Zwei Holzstufen führten zur eigentlichen Türe, die offen stand. Ich klopfte zwei Mal und als sich niemand rührte, gingen wir in den Raum, der als Küche mit einem Tisch und vier Sesseln eingerichtet war.

Über dem Holzofen hing ein Kessel an Ketten. Am Tisch waren mehrere Teller mit Essensresten. Ein Brot lag auf dem Teller, wo die Butter bereits gelblich, glasig verfärbt war.

Ein Marmeladenglas stand offen und hunderte Fliegen brummten fliegend im Raum und saßen in und auf dem Glas. Zwei angeschnittene Brote lagen vertrocknet daneben. Wespen schwammen verzweifelt in einem Krug mit einer gelben Flüssigkeit. Der gesamte Raum war ein einziger Sauhaufen.

Raimund drehte sich zu mir um und meinte: „ Da musst du sofort das Jugendamt einschalten."

Als wir gerade wieder am Rausgehen waren, kam uns Jürgen mit einem Korb voller Gemüse entgegen.

„Habt´s uns doch gefunden? Schön, dass ihr da seid, die Antje ist im Schlafzimmer", und er deutete auf eine Türe hinten im Raum. Leider habe ich Holz hacken müssen und noch keine Zeit gehabt aufzuräumen. Wollt's was trinken?"

Dankend lehnten wir diese Einladung ab und ich ging ins Schlafzimmer.

Antje saß mit einem weißen Rüschchen-Nachthemd im Bett und stillte Maximilian.

„Uns geht's so gut Petra, der Kleine trinkt und schläft und macht überhaupt keine Probleme."

Sie rutschte etwas zur Seite, damit ich mich zu ihr hinsetzen konnte. Da raschelte es unter dem Leintuch. Als sie meinen fragenden Blick sah, meinte sie, dass das von den Maisblättern kommt.

Das Bett war so konstruiert, dass Bretter auf mehreren Ziegelsteinen aufgelegt waren. Darüber waren dann gefüllte Säcke mit getrockneten Maisblättern als Matratzenersatz gelegt.

Die würden sie dann jedes Jahr neu befüllen, weil sie sich mit der Zeit flach legen.

Als ich dann das Baby näher untersuchte, wie den Nabel und die Haut, musste ich feststellen, dass es sauber, gepflegt und gewickelt war.

Die Brust war nicht entzündet und Antje hatte reichlich Milch für ihr Baby.

Sie fragte mich noch, wie lange das Kindspech* kommen würde und, ob sie jedes Gemüse essen darf, wegen der Blähungen beim Stillen.

Als ich ihr dann alles erklärt hatte, verabschiedete ich mich. Da es dem Kind gut ging und es auch in Ordnung war, hatte ich keine Veranlassung das Jugendamt einzuschalten. Wie die Erwachsenen leben wollten, war mir egal, wichtig war, dass das Kind in Ordnung war.

Raimund erzählte dann noch beim Fahren, dass Jürgen ihm erklärt hätte, dass sie kein Fließwasser hätten, sondern nur eine Regentonne. Mit dem Wasser würden sie dann kochen.

Am vierten Nachbetreuungstag bekam ich in einem Kuvert das gesamte Geld für die Geburt und einen Korb voll Gemüse geschenkt.

Nach Jahren trafen wir dann die Familie auf dem Kunsthandwerksmarkt in Ossiach. Maximilian war ein blonder Lockenkopf mit roten Wangen geworden und hüpfte mit einem Fuß vom Gehsteig rauf und runter. Lebenskraft pur!

Wir verkaufen jetzt Gemüse und Ziegenkäse am Biomarkt erzählten sie ganz stolz und ihr spezieller Geruch erinnerte uns beide daran, als wir uns das erste Mal kennen gelernt hatten.

DOPPELTES GLÜCK FÜR EINE LÖWIN

„...wir sind Zwillinge und so lieben wir einander – mehr als alles andere....
Louisa May Alcott

Eine Geburtsgeschichte, von einer löwenstarken Frau, die genau wusste, was sie wollte.

Bernadette hatte bereits vor zwei Jahren ihren ersten Sohn spontan bei mir im EH ohne Probleme und einem wunderschönen Wochenbett zur Welt gebracht.

Als sie nun zum zweiten Mal schwanger war und dabei festgestellt wurde, dass sie dieses Mal Zwillinge erwartet, war zuerst die Freude riesengroß.

Im Laufe der Vorsorgeuntersuchungen erklärte ihr jedoch der Frauenarzt, dass dies auf jeden Fall ein Kaiserschnitt werden würde.

Es gäbe gewisse Voraussetzungen, um eine Zwillingsgeburt spontan zur Welt zu bringen, doch das würde falsche Hoffnungen wecken, da meistens was dazwischen käme.

Bernadette wollte diese Voraussetzungen jetzt auch definiert bekommen. Ihr Arzt erklärte ihr dann, dass der führende Zwilling nicht mehr als 500 g kleiner sein darf, als der zweite.

Dann müsste sich dieser auch in Schädellage befinden und die 36. SSW müsste beendet sein.

Um diese Kriterien alle zu erfüllen, bräuchte sie nicht nur eine Portion großes Glück, sondern sie solle auch auf dem Boden der Realität bleiben. Es wäre besser für sie, wenn sie sich mit dem Kaiserschnitt anfreunden würde.

Da kannte dieser Arzt aber meine Bernadette nicht. Die erste Aktion, die sie startete war, einen anderen Frauenarzt zu suchen, der mit ihrem Wunsch konform gehen würde.

Dazu rief sie erstmals in dieser Schwangerschaft mich an und erklärte mir voller Stolz, dass sie Zwillinge erwarten würde, die sie unbedingt mit mir zur Welt bringen wollte und jetzt einen Frauenarzt bräuchte, der dafür Verständnis hätte.

Der Frauenarzt war nicht das Problem, den konnte ich ihr sofort empfehlen, sondern die Vorstellung, dass ich die Geburt machen sollte.

Frei praktizierenden Hebammen war es untersagt, sogenannte regelwidrige Geburten, außerhalb der Klinik zu machen. Dazu gehörten Frühgeburten, Mehrlingsgeburten und alle Geburten, die nicht einer physiologischen Geburt entsprachen.

Diese mussten immer im Beisein eines Arztes stattfinden. Für mich absolut wichtig und vernünftig wäre, die Anwesenheit eines Kinderarztes.

Bernadette kämpfte wie eine Löwin um die Erlaubnis, dass ich mit in die Klinik zur Entbindung kommen durfte.

Da es damals noch keine Belegshebammen gab, die selber versichert gewesen wären, war dieser Wunsch fast nicht umsetzbar.

Der ärztliche Leiter erklärte mir, dass die Klinik bei eventuellen Komplikationen, die während der Geburt mit mir, als außenstehender Hebamme entstehen würden, nicht versichert wäre und sie deshalb das Risiko nicht eingehen könnten. Dies leuchtete mir ein und deshalb war guter Rat teuer.

Bernadette und ihr Mann besuchten dann, wie selbstverständlich, noch einmal meinen Geburtsvorbereitungskurs.

Sie meinte, alleine andere Mütter kennen zu lernen und noch einmal „Lust auf's Gebären" zu bekommen, wäre ihr unheimlich wichtig.

Jede Woche auf's neue würde sie sich auf den Mittwoch freuen. Die Probleme anderer mitzubekommen und gleichzeitig die Lösungen zu hören, würden ihr immer mehr Sicherheit und Vertrauen geben.

Der Kurs war nach sechs Doppelstunden beendet und Bernadette in der 35. SSW angelangt. Sie hatte keinerlei SS-Beschwerden und war guter Dinge, alles geregelt zu bekommen.

Sie hatte sich nämlich ohne mein Wissens einen „Schlachtplan" ausgedacht.

In der 38. SSW (Juhu!) hatte sie den letzten Termin für die Kontaktaufnahme in der vorgesehenen Klinik.

Der diensthabende Arzt, war mir persönlich nicht bekannt und war erst seit kurzem in der Hebammen Ambulanz tätig.

Wie Bernadette mir dann berichtete, hätte er einen zweiten Kollegen geholt, um die Zwillinge zu schallen. Beide Kinder hätten bereits über 3000 g und da sie ohnehin schon am Termin wäre, würde er empfehlen, noch am selben Tag eine Einleitung zu machen.

„Nix da!", war der erste Gedanke bei Bernadette. Sie lehnte das höflich ab und meinte, dass sie sich wieder melden würde, wenn es soweit wäre.

Der Arzt wurde ganz unruhig und meinte, er möchte zumindest von einer Hebamme bestätigt bekommen, dass der Vaginalbefund in Ordnung wäre. Schließlich hätte er die Verantwortung für die letzte Untersuchung.

Als auch dies geschehen war und der MM zwar verkürzt und auf Fingerkuppe durchlässig war, fuhr sie wieder nach Hause.

Jetzt war für sie klar, dass das „Schonprogramm" der letzten Wochen beendet war. Sie begann ihre Fenster zu putzen, arbeitete fleißig in ihrem Garten und machte längere Spaziergänge mit ihrem dreijährigen Sohn.

Ich unterstützte sie meinerseits mit der entsprechenden Akupunktur.

Vier Tage später rief sie mich am Vormittag gegen 11 Uhr an und erzählte mir eher beiläufig, dass es in der Nacht „Plopp" gemacht hätte und sie jetzt so alle zehn Minuten leichte Wehen verspüren würde.

Sofort fragte ich sie: "Wie ist die Farbe des FW, wieviel davon ist abgegangen, wie lange hält eine Wehe an und musst du dabei mit atmen?"

Sie erklärte mir, dass das FW durchsichtig ist und war und, dass sie nur leichte Wehen hätte, die noch keine Minute dauern würden. Sie würde jetzt in aller Ruhe den Klinikkoffer packen und dann auf mich warten.

Irgendwie sagte mir meine innere Stimme: "Die ist mir einfach zu ausgeglichen!"

Wenn man vorhat, in den nächsten Stunden Zwillinge spontan zur Welt zu bringen, ist man zumindest aufgeregt.

Sofort packte ich meine Hebammentasche, stieg ins Auto und fuhr Richtung Klagenfurt.

Bernadette wohnte eine viertel Stunde vom Krankenhaus entfernt und so machte ich mir nicht wirklich Sorgen.

Als ich bei ihr in die Hofeinfahrt fuhr war die Haustüre geöffnet. Ich ging ins Haus und rief ihren Namen. Bernadette antwortete vom Schlafzimmer aus, dass sie hier wäre. Sie war gerade dabei, sich eine Strumpfhose anzuziehen.

„Warte noch damit, sagte ich spontan zu ihr. Ich würde mir gerne noch einen Überblick schaffen, wie es den Kindern geht und wie weit die Geburt fortgeschritten ist, bevor wir uns mit dem Auto auf den Weg machen."

So setzte sie sich auf ihr Bett und zog sich im Zeitlupentempo aus. Als dann eine Wehe dazwischen kam, atmete sie eine Minute lang mit.

Bitte leg dich jetzt hin, damit ich dich untersuchen kann, begann ich etwas zu drängen. Der Befund war bereits auf 6 cm MM und ich konnte die Haare des Babys tasten.

Jetzt ließ ich mich nicht länger hinhalten und nachdem ich die Herztöne der Kinder, die Gott sei Dank in Ordnung waren abgehört hatte, ließ ich sie ihre Strumpfhose nicht mehr anziehen.

„Du Petra, ich würde aber ganz gerne noch auf meinen Mann warten, der ist sicherlich in ein paar Minuten da."

„Auf gar keinen Fall, sagte ich jetzt etwas bestimmter und nahm sie bei der Hand." In die andere Hand nahm ich ihren Koffer und meine Tasche gleichzeitig und setzte sie in mein Auto.

Von unterwegs rief ich im Kreiszimmer an, um uns anzukündigen.

Die gesamte Crew erwartete uns bereits am Gang. Der diensthabende Arzt, den ich sehr gut kannte, wollte sofort den letzten Befund.

Es hatte sich wie ein Lauffeuer herumgesprochen, dass eine Mutter spontan Zwillinge auf die Welt bringen wollte.

Als dann die diensthabende Hebamme, zwei Hebammenschülerinnen und eine Turnusärztin gemeinsam im Raum standen, sagte Bernadette, das dies ihr zu viel Publikum wäre. Was ich absolut nachempfinden konnte.

So schickten wir alle, außer der diensthabenden Hebamme aus dem Zimmer.

Sie schloss zwei CTG's, jeweils für ein Kind, an und untersuchte den Muttermund.

Ihre Augen wurden kreisrund und sie sagte: „Die ist ja schon im Verstreichen!" Sofort holte sie den Arzt namens Gerd, mit dem ich per Du war.

Er kam mit einem Lächeln ins Zimmer und meinte, dass wir das ja gut eingefädelt hätten.

Wenn der wüsste, wer da was geplant hatte, ich war es mit Sicherheit nicht.

Er erklärte Bernadette, nachdem er sie auch noch einmal untersucht hatte, dass sie bei der nächsten Wehe ohne weiteres mit drücken könnte.

Sofort war sie damit einverstanden und wir warteten ungeduldig auf die nächste Wehe. Aber nichts geschah.

Dieses Verhalten war wieder einmal so typisch für sie.

Frauen haben da meiner Meinung nach einen Urinstinkt. Sobald sie sich in ihrer „Gebärhöhle" nicht ganz sicher fühlen, lassen die Wehen einfach nach.

Zu Hause haben sie regelmäßige, gute Wehen. Sobald sie in der Klinik im Bett liegen, sind diese wie fortgeblasen.

Ich fragte die Hebamme, ob sie nicht einen Syntocinon Nasenspray bei der Hand hätte.

Dieses müsste sie auf der Wochenbettstation holen. Ich erklärte ihr kurz, was ich damit vorhatte und so kam sie gleich wieder damit zurück.

Dr. Gerd schaute einfach kommentarlos zu. Ich verpasste Bernadette zwei Hübe pro Nasenloch und nach ein paar Minuten hatte sie eine kräftige Presswehe.

Nach zwei Wehen, war das Köpfchen des ersten Kindes geboren und schlüpfte komplett bei der nächsten Wehe heraus.

Diesen glücklichen Gesichtsausdruck von Bernadette werde ich nie vergessen. Richtig triumphierend nahm sie ihren Sohn entgegen.

Dr. Gerd fragte spontan nach einem Ultraschallgerät, da er jetzt gerne einen Überblick vom zweiten Zwilling haben wollte.

In der Zwischenzeit wurde das erste Kind abgenabelt und der Rest davon hing mit einer Klemme noch aus der Vulva, da die Plazenta ja noch drinnen war. Man hatte in der Schwangerschaft festgestellt, dass sich beide Plazenten zu einer verschmolzen hatten.

Beim Ultraschall stellte Dr. Gerd fest, dass sich der zweite Zwilling in Querlage gedreht hatte. Sofort orderte er, dass alles für einen Kaiserschnitt hergerichtet werden soll.

In diesen Moment brach für Bernadette eine Welt zusammen. Hilflos blickte sie mich an und meinte, ob ich da jetzt gar nichts mehr machen könnte.

Da ich ja in der Klinik auch nur eine Begleitperson war und eigentlich nicht Hand anlegen durfte, fragte ich Dr. Gerd, ob er was dagegen hätte, wenn ich was versuchen würde.

„Was willst denn da noch machen?", fragte er mit hochgezogenen Augenbrauen.

Ich erklärte ihm, dass ich bei meinen Heimgeburten schon des öfteren Kinder in Steißlage umgedreht hätte.

„Probier es, aber ich glaube nicht, dass da noch was zu ändern ist."

Sofort legte ich los und tastete nach dem Kopf des Babys. Für mich war die Situation vollkommen klar.

Das zweite Baby musste ja dem ersten Platz machen und „ausparken", indem es sich querlegte.

Ich schiente mit meinen Händen das Kleine und nachdem da gerade noch zwei Babys Platz hatten, war es überhaupt nicht schwer, es in das kleine Becken zu schieben. Dr. Gerd sah ungläubig auf die hervortretende Fruchtblase und als Bernadette noch mit drückte, wurde er etwas geduscht.

Nach drei guten Wehen war auch dieses Kind spontan geboren worden.

Richtig stolz war ich auf meine „Löwenmutter" mit ihren beiden strammen Söhnen.

Dr. Gerd gratulierte uns zu der gelungenen Geburt und meinte, dass man immer noch was dazu lernen könnte.

Bernadettes Ehemann kam, leider zu spät, als beide Kinder schon auf der Welt waren.

Nach zwei Stunden in der Klinik fuhren wir Bernadette im Rollstuhl, beide Kinder rechts und links stillend, bei der Kliniktüre hinaus zum Auto.

Dieses Bild hing viele Jahre im Eingangsbereich der Geburtenstation. Immer, wenn ich daran vorbei ging, erinnerte ich mich an diese wunderbare Geburt.

Möglicherweise hängt es dort noch immer!

VON WEGEN „LUSTVERLUST"

Wenn ich könnte, wie ich wollte - glaub' mir ich würde!

So steht´s in den Büchern geschrieben, und trifft normalerweise auch so zu: Nach der Geburt, der ganz normale „Lustverlust". Schwangerschaft und Geburt fordern einer Frau körperliche und seelische Höchstleistungen ab. Zudem ist die erste Zeit zu dritt für die Eltern – trotz allen Glücks – meist ziemlich anstrengend. Da kann die Lust auf Sex schon mal eine Weile auf der Strecke bleiben.

Wenn Frauen in der ersten Zeit nach der Entbindung keine Lust auf Sex haben, ist das zunächst einmal eine Entscheidung ihres Körpers: Er muss sich von den Strapazen der Schwangerschaft und Geburt erholen. Zudem hemmt das, für die Milchbildung zuständige Hormon Prolaktin das sexuelle Verlangen.

Da die körperlichen Veränderungen tiefgreifend sind und oft auch Geburtsverletzungen abheilen müssen, kann es nach einer Geburt länger dauern, bis entspannter und schmerzfreier Geschlechtsverkehr wieder möglich ist!

Diese Theorie traf so ganz und gar nicht bei Andrea zu.

Es war der dritte Tag nach der Geburt als Andrea etwas verlegen zu mir in die Küche kam.

„Ich muss dich was ganz spezielles fragen?", sagte sie, indem sie ein ziemlich verschmitztes Lächeln aufsetzte.

„Kannst du auf den Ludwig eine Zeit lang hier in der Küche aufpassen?"

„Na klar doch", kam spontan von mir.

Meistens wollten die Frauen sich die Haare waschen oder duschen gehen, wenn sie mit dieser Bitte an mich herantraten.

Einmal hatte ich sogar eine Wöchnerin, die einen Friseurtermin in der Stadt hatte, während sie hier im Entbindungsheim war. Auch da war es für mich überhaupt kein Problem, auf das Baby zu schauen. Von einem Stillen zum nächsten war meistens drei Stunden Zeit.

Als dann Andrea begann auf ihren Nägeln herum zu beißen und nicht aus der Küche ging, fragte ich nach, ob sie noch einen Wunsch hätte.

Jetzt ging sie zur Küchentüre und machte sie zu. „Ich habe eine ganz komische Frage an dich", druckste sie herum.

„Es gibt keine komischen Fragen, also raus damit. Was ist los?"

„Also mein Hubert hat mich gefragt, ob ich dich fragen kann?"

„Was, fragen?"

„Ich weiß nicht, wie ich es dir sagen soll, aber ab wann darf man nach der Geburt wieder Verkehr haben?", schoss jetzt regelrecht aus ihr heraus.

Im ersten Moment war ich gar nicht so sehr überrascht über diese Frage, da sie die Frauen meistens beim Heimgehen stellten.

Als dann Andrea sich outete und meinte, dass sie beide JETZT Lust hätten, war mein Staunen über diesen Wunsch, auf den ich so gar nicht vorbereitet war allerdings echt groß.

„Ok", meinte ich und da Andrea keinerlei Geburtsverletzungen hatte, sprach nichts dagegen. „Hat den dein Liebster was dabei?"

„Ach so du meinst ein Kondom, oder?"

„Ja genau, das meine ich, denn solange du den Wochenfluss hast, ist die Wunde von der Plazenta in der Gebärmutter noch offen und so müsst ihr unbedingt ein Kondom verwenden wegen der Infektionsgefahr."

„Ja das hat er mit, kein Problem sagte sie und drehte sich schon zur Türe hin. Dann geh' ich jetzt den Ludwig holen."

Meistens kämpften die Frauen die ersten Tage mit dem Neugeborenen zwischen Babygeschrei und totaler Müdigkeit und der neuen Rolle als Mutter.

Schlaflose Nächte, schmerzende Brüste führten eher zu einem Gefühlschaos. Der Gedanke an Sex war da normalerweise ganz weit weg.

Zum Leidwesen der meisten Väter, die sich da erstmals zurückgestellt vorkommen und deshalb auch zur Eifersucht gegenüber den Babys neigten.

So gesehen war das gar nicht so verkehrt, was sie beiden da gerade praktizierten.

Zu Hause, wenn sie alles wieder selber machen musste, würde sich das wieder ganz schnell ändern, waren meine Überlegungen.

Da Andrea nicht alleine zu dieser Zeit im Wochenbett war, fragte sie ihre Mitbewohner, ob sie nicht in den Garten gehen wollten, es wäre ein so schöner Tag. Sie würde jetzt gerne alleine sein mit ihrem Mann.

Beim Abendessen saß eine völlig entspannte Andrea am Tisch, mit einem sehr zufriedenen Gesichtsausdruck.

Alle wussten es, aber keiner verlor auch nur ein Wort über die natürlichste Sache der Welt.

RETTUNG IN LETZTER MINUTE

Humor ist der Knopf, der verhindert, dass uns der Kragen platzt.
Joachim Ringelnatz

Wenn das zweite Kind geboren wird, verändert sich die Familienstruktur dramatisch. Das Erstgeborene, steht plötzlich nicht mehr im Mittelpunkt, reagiert oft mit Eifersucht auf das Geschwisterchen, wenn die Eltern nicht aufmerksam mit der neuen Situation umgehen.

Um brenzlige Momente zu entschärfen, sollten bestimmte Grundsätze berücksichtigt werden.

Gerade nach dieser so prekären Geschichte „Rettung in letzter Minute", habe ich diesem Thema der „Geschwister-Eifersucht", in meinem Geburtsvorbereitungskurs einen festen Platz eingeräumt.

So wie sich alles für das älteste Kind ändert, wenn ein Baby in die Familie hineingeboren wird, bleibt für die Eltern auch nichts mehr gleich. Plötzlich sehen diese ihr erstes Kind nämlich nicht mehr als das kleine, hilflose Baby, sondern als das ältere Geschwisterchen des Babys. Vom Älteren wird verlangt, dass die Eltern ihre Aufmerksamkeit mindestens teilen.

„Die Großen" wollen plötzlich wieder getragen werden, verlangen nach dem Fläschchen oder dem Schnuller. Dieses Verhalten ist der verzweifelte Kampf um die Aufmerksamkeit. Sie fordern die gleichen Rechte, wie das Neugeborene. Ihnen jetzt zu sagen: „Dafür bist du schon zu groß", ist total verkehrt. Das Kind fühlt sich dadurch zurückgesetzt.

Einfühlsamkeit ist jetzt sehr wichtig, denn ein komplettes Eingehen auf die Wünsche des Kindes ist genauso verkehrt, wie das entschiedene Ablehnen der Wünsche.

Sobald das Kind spürt, dass es ebenso geschätzt und beachtet wird, wie sein kleines Geschwisterchen, wird sich das Verhalten meistens wieder normalisieren.

Wenn die gemäßigten Eifersuchtssignale von Kindern nicht beachtet werden, dann kann es allerdings sehr ernst werden!

Judith hatte zu Hause bereits einen vierjährigen Michael, der voll und ganz im Mittelpunkt stand. Er durfte auf dem Bauernhof täglich mit seinem Vater in den Stall gehen, auf dem Traktor mitfahren und die Eier der Hühner selbstständig mit einem Korb holen.

Bei den Großeltern, die im Nebengebäude wohnten, war er immer der „Prinz", dem sie jeden Wunsch, so gut es ging erfüllten.

Als Judith wieder schwanger wurde, bemühte sie sich, ihn auf sein Geschwisterchen vorzubereiten. Sie kaufte ein kindgerechtes Buch mit dem Titel „Peter, Ida und das Minimum" und erklärte Michael behutsam, was auf ihn zukommen würde.

Sie besuchten eine Freundin, die gerade ihr Baby geboren hatte und Michael kümmerte sich rührend um den Kleinen.

Abends vor dem Schlafengehen horchte er regelmäßig am Bauch und sprach auch mit dem Baby, erzählte Judith im Geburtsvorbereitungskurs.

Bei strömenden Regen kam Judith mit ihrem Mann zur Geburt. Sie war richtig froh, dass es endlich losgegangen war und bekam nach zwei Stunden, ohne Probleme ihre Tochter Anna. Die Kleine wog stattliche 4300 g und war 54 cm lang.

Ihr Mann war in der Früh heimgefahren, um die Tiere zu füttern und wollte am Nachmittag mit Michael vorbeischauen.

Ich war gerade in meiner Küche, backte einen Apfelstrudel, als Michael bei der Türe hereinschaute. „Hallo Michael, na was sagst jetzt zu deiner Schwester?", fragte ich ihn ganz spontan.

Er kam mit gesenktem Blick auf mich zu und sagte: „Du-u-u, kann ich die bitte wieder umtauschen, ich hätte lieber ein Feuerwehrauto?!"

Im ersten Moment verstand ich gar nicht, was er genau meinte und fragte noch einmal nach, „was willst du umtauschen?"

„Na die Anna, die schreit nur und außerdem stinkt sie", kam ganz entrüstet von ihm.

Ich hockte mich vor ihn hin und erklärte ihm, dass das seine Schwester ist und, dass man die nicht einfach umtauschen kann.

Wortlos drehte er sich um und verließ meine Küche.

Als wir dann gemeinsam am Abend beim Tisch saßen, erzählte ich Judith von Michaels Wunsch.

Aber auch sie meinte, das wäre ganz normal, da die Großen immer der Meinung sind, mit dem Geschwisterchen könnte man gleich spielen.

Judith ging dann am vierten Tag nach der Geburt mit Anna nach Hause.

Von jetzt an lasse ich Judith selber erzählen:

„Wir sind Heim gekommen und Michael hat mich nicht einmal angeschaut. Seine Schwester hat er kurz begrüßt und ist dann sofort wieder in sein Zimmer gegangen.

Als ich Anna dann gestillt hatte und es Zeit für Michael war, ins Bett zu gehen, schrie er mich an, dass ich aus dem Zimmer gehen soll. Mir kamen die Tränen, da ich sein Verhalten überhaupt nicht nachvollziehen konnte.

So schickte ich meine Mutter zu ihm und nach zwanzig Minuten war er eingeschlafen.

Am nächsten Tag kam meine beste Freundin zu Besuch. Brachte Michael einen Fußball mit und bemerkte am Rande, dass Anna so wunderschöne Wimpern hätte. Michael begann mit dem Fußball gegen die Zimmerwand zu spielen. Einige Male bat ich ihn, damit aufzuhören und in den Hof zu gehen. Er ballte seine Fäuste und schrie wie ein Wilder um sich. Er provozierte mich so lange, bis ich ihn samt dem Fußball vor die Türe setzte.

„Du bist so gemein, ich möchte, dass du wieder weggehst" schrie er aus vollem Halse.

Meine Freundin beruhigte mich und meinte, dass sich das alles mit der Zeit geben würde. Er müsse halt erst in seine Rolle hineinwachsen.

Meine Freundin ging und gleich danach stillte ich Anna. Als ich dann die Brust wechselte, blieb mir fast mein Herz stehen.

Anna hatte an diesem Auge keine Wimpern mehr. Sie waren bis zum Lidrand abgeschnitten!

Die gesamte Familie saß nun beisammen und wir wollten es uns gar nicht vorstellen, was bei dieser Aktion alles hätte passieren können. Wir diskutierten, wie es mit Michael weiter gehen soll. Seine Eifersucht war so offensichtlich, dass ich meine Kinderärztin am nächsten Tag beim Hüftultraschall um Hilfe bat.

Sie meinte, dass wir Michael nicht alleine lassen sollten mit der Kleinen und ihn bei allem, was ich mit Anna machte, einbeziehen sollten.

Seit drei Wochen waren wir nun zu viert. Und seit drei Wochen suchte ich händeringend nach Worten, die das Auf und Ab hier beschreiben. Michaels Welt stand Kopf und ich war Schuld daran.

Jeden Tag das selbe Theater, er spuckte, trat um sich und wand sich aus meinen Armen.

Ich erkannte mein eigenes Kind nicht mehr.

Die nächsten Tage wurden nicht besser. Wir sagten jeden Besuch ab, um alle weiteren Störungen auszuschließen. Um Ruhe einkehren lassen zu können.

Von Ruhe war aber keine Rede. Er spielte nicht mehr, sondern verwüstete alles. Meine Mutter versuchte, ihn mit Ablenkungen wieder ins Lot zu bekommen. Das Chaos ging weiter und schien der Spiegel seiner Gefühlswelt zu sein.

Ich spürte von Tag zu Tag eine immer größer werdende Distanz zwischen uns. Er war wütend auf mich. Er ‚schenkte' mir böse Blicke, ignorierte mich und in Wutanfällen schob er mich mit all seiner Kraft zur Seite. Ich bot mich an – immer wieder und teilte ihm dabei mit, wie sehr ich ihn lieb hatte. Um selber gefühlsmäßig nicht unterzugehen sagte ich mir, dass es bald besser werden würde. Nach einer Woche wurde es dann tatsächlich etwas besser.

Es war an einem Wochenende und wir saßen alle gemeinsam im Apfelgarten bei Kaffee und Kuchen.

Michael spielte im Sandkasten mit seinem Bagger und die Welt schien wieder halbwegs in Ordnung.

Gegen 16 Uhr spürte ich das Ziehen meiner Brüste und wartete schon sehnsüchtig darauf, dass Anna munter werden würde, um sie zu stillen.

Ich hatte sie im Kinderwagen schlafen gelegt, abgedeckt mit einem weißen Fliegengitterstoff gegen die Wespen, die sich über die herabgefallenen Äpfel hermachten.

So stand ich auf und ging zum Kinderwagen. Als ich hineinblickte, und dieser leer war, war mein erster Gedanke, dass meine Mutter sie mit in die Küche genommen hatte.

Als sie dann aber dort auch nicht war, bekam ich Panik. Durch unseren Hof ging ein schmaler Weg, der ins Dorf hinunter führte.

Als wir den Tisch gedeckt hatten, war niemand beim Kinderwagen gewesen. Hatte man sie entführt?

Die Großeltern waren außer sich und mein Mann verständigte in seiner Hilflosigkeit die Polizei.

Mittlerweile war es 17 Uhr und mein Mann musste die Kühe melken. Er putzte verstreuten Mist in die Rinne. Als er anschließend die Entmistungsanlage einschalten wollte, entdeckte er am Rande des Misthaufens etwas Größeres liegen. Beim näheren Hinschauen sah er mit Entsetzen, dass es Anna war.

Sie lag seitlich im Mist und nuckelte an ihrer Hand. Das große Glück, das sie hatte war, dass sie nicht mit dem Gesicht nach unten lag.

Sofort brachte mein Mann mit lautem Rufen Anna zu mir.

Als er mir erzählte, wo er sie gefunden hatte, war mir klar, wer das gewesen sein musste.

Michael war währenddessen bei der Oma in der Küche und zeichnete. Mit gesenktem Blick und wie ein Häufchen Elend saß er nun auf der Küchenbank, als ich mit Anna auf dem Arm hereinkam.

Ich gab Anna meiner Mutter, die sie sofort badete.

Michael begann bitterlich zu weinen und erzählte, dass er mit dem Kinderwagen zum Misthaufen gefahren war und ihn dort ausgekippt hatte. Er wollte, dass sie endlich weg war.

In meiner Verzweiflung und Hilflosigkeit nahm ich ihn auf meinen Schoß. Ohne Widerstand ließ er das nach drei Wochen zu und wir weinten nun beide. Ich versprach Michael, dass er immer mein großer Bub bleiben wird und ich ihn sehr lieb habe.

Nach diesem tiefgreifenden Ereignis holte ich mir professionelle Hilfe bei einem Kinderpsychologen. Mit seiner Unterstützung hat Michael seine erst große Lebensprüfung bestanden.

Mittlerweile sind Michael und Anna ein Herz und eine Seele und haben so manchen Schabernack miteinander ausgeheckt."

DER WONNEPROPPEN

Geboren wird nicht nur das Kind durch die Mutter,
sondern auch die Mutter durch das Kind.

Gertrud von le Fort

Marianne war eine fröhliche immer gut gelaunte Schwangere, die ihr zweites Kind erwartete.

Die erste Schwangerschaft lag vier Jahre zurück und war völlig problemlos verlaufen. Das Mädchen hatte 3200 g, war 49 cm lang und war im Krankenhaus in zehn Stunden geboren worden.

Marianne ernährte sich sehr gesund, kaufte nur in Bioläden Obst und Gemüse, vermied weißen Zucker, verwendete kaltgepresste Öle und aß außer Schweinefleisch auch jedes andere Fleisch.

Da sie nur 1,60 cm groß war, versuchte sie in der Schwangerschaft nicht allzu rund zu werden.

Egon, ihr Mann war allerdings 2,10 cm groß und sehr schlank. Sein Hobby: Basketballspieler aus Leidenschaft.

Als in der 24. SSW die Maße des Oberschenkelknochens, des Brustkorbes und des Kopfes nicht den Normkurven entsprachen, vermutete der Frauenarzt einen Schwangerschaftsdiabetes. Er fragte sie, ob sie müde wäre oder vermehrt durstig, aber nichts traf zu. Auch ihr Blutdruck war nicht erhöht und ihr Blutbild in Ordnung.

Daraufhin schickte er sie zum Blutzuckertest, der ohnehin jetzt für alle Schwangeren vorgesehen war. Als auch diese Werte vollkommen unauffällig waren, kam er auf die Idee nach der Körpergröße des Vaters zu fragen. Bei den folgenden Untersuchungen, war dann die Größe für den Arzt soweit kein Thema mehr.

Als Marianne dann zur Kontaktaufnahme ins Krankenhaus fuhr, ging das Theater von vorne los.

Ihr Kind wäre schon viel zu groß, hätte jetzt in der 38. SSW schon an die 4000 g und er könne den Kopfumfang des Kindes nicht einmal mehr exakt messen, da er schon sehr tief im Becken sitzen würde. Das würde mit Sicherheit ein Kaiserschnitt.

Wenn sie das Kind spontan bekommen wolle, wäre eine Geburtseinleitung bereits am nächsten Tag um 8 Uhr dringend anzuraten.

Marianne kam mit Egon danach völlig aufgelöst und verunsichert zu mir.

Beiden erklärte ich, dass ich schon mehrere „4000-er" entbunden hatte. Eines hatte sogar 4600 g und auch dieses Kind kam auf normalem Wege.

„Kann denn das Kind im Becken nicht steckenbleiben?", war die nächste Frage von Egon?

„Das weibliche Becken ist kein starrer Ring und die Gelenkverbindungen werden durch ein bestimmtes Hormon (Relaxin) in der SS flexibler", gab ich ihm zur Antwort.

Ich nahm mein Demonstrationsbecken und zeigte ihnen, dass die Schambeinfuge sich bis zu 1,5cm öffnen kann. Ich erklärte ihnen auch, dass das Kreuz-Steißbeingelenk es dem Steißbein ermöglichen kann, nach hinten auszuweichen. Das funktioniert nur, wenn du bei der Geburt eine aufrechte Position einnimmst.

Egon wurde richtig neugierig und wollte das mit der aufrechten Position genauer wissen.

Also erklärte und zeigte ich ihnen Folgendes: „wenn man gegen das Steißbein drückt oder halb zurück gelehnt sitzt, drückt das gesamte Gewicht auf das Kreuzbein. Der obere Teil des Kreuzbeines wird dadurch nach hinten gedrückt, während das Steißbein in das Becken zum Kind hin gepresst und so der Geburtskanal verengt wird."

„Ja jetzt verstehe ich: das Steißbein kann dann ja gar nicht dem Kopf ausweichen", meinte jetzt Egon überzeugt.

Richtig und deshalb entbinde ich solche Frauen nur in der „Ur-Indianer Hocke", also ohne Gebärhocker, angelehnt in die

Rundung meines Gebärstuhles. Wichtig dabei ist, dass die Fersen am Boden bleiben.

Allein durch diese Hocke weiten sich die Schambeine, die Hüftknochen weichen auseinander, das Kreuzbein bewegt sich nach hinten und das Becken öffnet sich zur maximalen Größe, wobei die Flexibilität und Mobilität der Beckengelenke optimal genutzt werden. Die Schwerkraft kommt dann auch noch unterstützend dazu.

Eine Frau mit einem „Riesenbaby" hinzulegen wäre äußerst kontraproduktiv, da die Gebärmutter zusätzlich gegen die Schwerkraft arbeiten muss.

„Glaubst du Petra, dass ich das mit den Füßen aushalten werde, wenn ich immer in der Hocke bin. Schlafen da nicht die Beine ein?", fragte jetzt Marianne.

„Du hockst doch nicht die ganze Zeit – um Gottes Willen! In der Eröffnungsphase kannst du gehen und stehen und das Becken frei bewegen bei jeder Wehe. Du kannst in den Vierfüßlerstand gehen oder dich auch seitlich hinlegen. Das spürst du dann am besten, was dir guttut. Die Positionen zu wechseln, ist immer eine gute Entscheidung, da du dadurch die Rotation des Köpfchens unterstützt. Nur in der Austreibungsphase, wenn du schon richtig das Gefühl hast, mit schieben zu wollen, da ist die tiefe Hocke dann richtig."

Zustimmend nickten jetzt beide.

„Außerdem versorgst du dein Kind durch die aufrechte Haltung auch noch mit mehr Sauerstoff", erklärte ich weiter.
„Warum?", fragte jetzt Egon.

„Also, das ist so: durch die aufrechte Haltung zieht sich die Gebärmutter seltener zusammen, als im Liegen. Im Liegen muss sie ständig gegen die Schwerkraft arbeiten. Der innere Druck auf den Muttermund ist in aufrechter Haltung allerdings um einiges höher und jede Wehe kraftvoller, während die Ruhephasen länger dauern und somit die Durchblutung der Plazenta verbessert ist. Das bewirkt dann auch bessere Herztöne beim Kind und mehr Beweglichkeit durch die Längshaltung zum Ausgang hin."

Jetzt hatten beide die Physik des Geburtsablaufes verstanden und waren guter Dinge.

Mehrmals telefonierten wir und als vier Tage vor dem Termin leichtes Ziehen im Kreuz und vermehrter Schleimabgang die Geburt ankündigten, freuten wir uns alle, dass es losgehen würde.

Gegen 23 Uhr 30 kamen sie dann zur Geburt. Marianne hatte sehr gute und langanhaltende Wehen. Der MM war auf 6 cm geöffnet und dem Baby ging es ausgezeichnet.

Egon überlegte noch, welchen Namen sie sich jetzt aussuchen sollten. Zwischen Moritz, Leon und Maximilian musste entschieden werden.

Marianne war das jetzt völlig egal und sie konzentrierte sich auf ihre Wehenarbeit. Als dann der MM fast verstrichen war, wurde ihr kotzübel. Immer wieder musste sie sich übergeben.

Sie tat mir richtig leid, denn wenn sie gerade fertig war mit dem Mundausspülen, überrollte sie die nächste Wehe.

„Ich kann einfach nicht mehr!", stöhnte sie und blickte mich fragend an.

Diesen Satz kannte ich nur zu gut. Immer, wenn die Frauen das zu mir sagten, dauerte es nicht mehr lange.

Ich legte in den Wehenpausen Tücher mit einer Wärmflasche auf die Lendengegend. Anschließend massierte ich ihr den Rücken, bis die nächste Wehe sich ankündigte.

Egon stand vorsichtshalber mit dem Kübel in der Hand daneben.

Die Übergangsphase dauerte doch fast eineinhalb Stunden und war äußerst schmerzhaft. Marianne konnte und wollte jetzt nicht mehr stehen und ging in den Vierfüßlerstand, wobei die Arme auf drei Polstern vor ihr abgestützt waren.

Mehrere Wehen überstand sie dann ganz gut in dieser Haltung. Als sie sich dann neuerlich übergeben musste, platzte endlich die Fruchtblase.

Leicht grün verfärbt floss das Fruchtwasser ab. Da die Herztöne des Kindes aber immer im Normbereich waren, machte ich mir wegen der Farbe keine Sorgen.

Babys drücken manchmal gegen die Nabelschnur oder halten sich sogar daran fest und dann kommt es kurzzeitig zu einem Sauerstoffdefizit. Sie setzen dabei etwas Kindspech ab und das verfärbt dann das Fruchtwasser. Da dies aber alle drei Stunden erneuert wird, kann es auch wieder klar sein, wenn es die Zeit dazu hat.

Zwei Presswehen hielt sie sich im Stehen bei Egon um den Hals fest. Als sie sich dann auch noch hängen ließ, wurde sie Egon doch zu schwer.

Ich empfahl ihr jetzt die tiefe Ur-Indianer-Hocke zu versuchen.

Als sie dann hockte, griff ich beherzt hinter ihr auf beide Darmbeinschaufeln und presste diese während der gesamten Wehe fest gegeneinander. Dadurch drückte es die Sitzbeinhöcker auseinander und es entstand spontan mehr Platz im kleinen Becken. Diesen wertvollen Griff lernte ich von einer Hebamme (Ina May Gaskin) bei einer Fortbildung, die auch ein großes Vorbild für mich war.

Bei dieser Wehe war sie von dem übermäßigen Druck dann doch sehr überrascht.

„Ich habe jetzt Angst, dass ich zerreiße", sagte sie flehend zu mir.

„Verlass' dich jetzt ganz auf mich, Marianne, ich öle jetzt den Damm mit ganz viel warmem Öl ein und stützte ihn dann mit meiner Hand. Du musst mir allerdings von oben mithelfen, dann schaffen wir das ganz bestimmt. Wenn ich sage, ‚nur mehr atmen', dann bitte mir folgen, damit der Damm Zeit hat, sich zu dehnen."

„Ok, dann auf gute Zusammenarbeit", kam mutig von ihr.

Bei der anschließenden Wehe wuchs der Kopf regelrecht in meine rechte Hand. Bis zu den Augenbrauen hatte der Kopf durchgeschnitten. Als dann die Backen zum Vorschein kamen, dachte ich mir, wie groß wird denn der noch? Die Wangen schoben die Augen regelrecht zu kleinen Schlitzen zusammen. Ich wartete jetzt auf ihre nächste Wehe. Der Kopf rührte sich keinen Millimeter zur Seite. Marianne hielt jetzt die tiefe Hocke nicht mehr aus, da ihr die Beine eingeschlafen waren.

Wir halfen ihr gemeinsam nach vorne in den Vierfüßlerstand. Jetzt sah uns das Gesichtchen des Babys verkehrt herum an. Der kleine wulstige Mund war zusammengeschoben und kleine Spukebläschen bildeten sich zwischen den Lippen.

Egon war ganz fasziniert von dem Anblick und machte sogar ein Foto.

Ich versuchte jetzt mit meinen Fingern, die Schulter beim Schambein zu tasten. Vorsichtig schiente ich mit zwei Fingern die Schulter beim Schambein, was in dieser Haltung für mich nicht leicht war. Ich musste mich im Knien unter dem Bauch der Mutter hinarbeiten. Alles war jetzt verkehrt herum, als bei einer hockenden Geburtsstellung.

Ich nahm jetzt den Kopf mit meiner linken Hand, schiente noch immer die Schulter und hob den Kopf zu mir an. Marianne half mit, was das Zeug hielt. Nun hörte ich ein leises Knacken, die Schulter war zu sehen. Drückte jetzt das Baby wieder leicht nach unten, stützte den Damm mit der Linken und langsam entwickelte sich die zweite Schulter.

Mensch ist der dick, dachte ich bei mir. An den Oberarmen waren die Speckröllchen zu sehen. Sogar jetzt musste ich noch einmal mitziehen und der restliche Körper kam zum Vorschein.

Mit leicht blaugrauer Gesichtsfarbe, durch den enormen Stau, lag ein kleiner „Buddah" vor uns. Marianne drehte sich jetzt nach hinten, um ihr Kind zu sehen. Wir halfen ihr dann mit dem oberen Fuß über die Nabelschnur zu steigen.

Erschöpft lehnte sie sich zurück und betrachtete ungläubig dieses kleine Monster. „Der hat aber sicher 4 kg", meinte sie ganz überzeugt.

„Der hat mehr, glaub' mir, so ein großes Kind habe ich noch nie gehabt", bemerkte ich und konnte gar nicht mehr wegschauen.

Marianne hob ihn zu sich. "Uff ist der schwer!" Sofort begann er, die Brutwarze zu suchen und daran zu saugen. Die Nabelschnur war auspulsiert und Egon übernahm, sichtlich stolz, das Abnabeln.

Es war bereits eine Stunde seit der Geburt vergangen und die Plazenta immer noch nicht abgegangen. Die Lösungszeichen* waren positiv und so nahm ich meine Akupunktur zur Hilfe und setzte zwei Nadeln (Ni16)* rechts und links vom Nabel. Die Wunderpunkte zur Plazenta Ablösung!

Wenn danach nicht innerhalb von 10 Minuten die Plazenta kam, musste sie manuell geholt werden. Das war Gott sei Dank nicht der Fall und sie ging spontan ab.

Riesengroß und herzförmig kam der Mutterkuchen mit einem wunderbaren Lebensbaum* auf der Seite der Nabelschnur. Ich untersuchte die Plazenta auf Vollständigkeit. Alles in Ordnung. Sie wog sagenhafte 1300 g.

Jetzt kam der große Moment. Ich hob das Baby auf die Waage. Ich sah eine Zahl und nahm ihn wieder herunter. Ich vergewisserte mich, dass sie wieder auf null stand. Noch einmal legte ich das Kind auf die Waage und sie zeigte unglaubliche wieder 5360 g. So ein Riesenbaby hatte ich nicht einmal in der Klinik gesehen.

Als die beiden das Gewicht mitbekamen, war auch der Name klar. „Leon" war genau der richtige für ihn. 64 cm war er lang und ich hatte kein Hemdchen, das lang genuge Arme hatte. Selbst die Neugeborenen Windeln bis 4 kg waren zu klein.

Ich wickelte ihn provisorisch mit einer Vorlage und einer Stoffwindel.

Jetzt musste ich Marianne noch genauer wegen Geburtsverletzungen untersuchen.

Sie hatte lediglich einen Dammriss von zwei Zentimetern, den ich mit einer Naht versorgte. Die Geburt dauerte genau vier Stunden und 45 Minuten, ich hatte wieder eine Bestätigung, dass mit dem richtigen „know-how" auch größere Kinder ohne Kaiserschnitt geboren werden können.

Was Marianne doch sehr zu schaffen machte, waren die starken Nachwehen.

Die Wunde von der Plazenta im Bauch war natürlich auch viel größer, als bei anderen Frauen.

Ich machte ihr einen Wickel mit meinem „Nachwehenöl". Die Wärme muss man auf den Rücken und nicht auf den Bauch legen, wegen der Nachgeburtsblutung.

Homöopathisch bekam sie Arnica C30 und zum Schlafen ein Mexalen Zäpfchen, denn da muss meiner Meinung nach keine Frau die Zähne zusammen beißen.

Am nächsten Tag hatte ich meine Kinderärztin Dr. Sieglinde K. zur ersten Mutter Kind-Pass-Untersuchung angerufen.

Als ich Leon auf den Wickeltisch legte, war sie erst einmal sprachlos. „Wie schwer war der?"

Als ich ihr das Geburtsgewicht verriet, hielt sie sich die Hände an den Mund. „Sie haben aber keinen Schwangerschaftsdiabetes gehabt?", fragte sie Marianne. Noch bevor sie antworten konnte, stand Egon an der Zimmertüre. „Alles klar", kam jetzt von der Ärztin. „Der kommt absolut nach ihnen." Reichte ihm die Hand und sagte: „Herzlichen Glückwunsch zu diesem ‚Wonneproppen'."

Bei der Untersuchung stellte sie fest, dass das rechte Schlüsselbein gebrochen war. Kein Wunder – bei einem Schulterumfang von 42 cm. Bei Babys ist das ein unkomplizierter Bruch, der in wenigen Tagen wieder verheilen würde, erklärte sie den Eltern.

Am Abend bekam Marianne immer mehr Schmerzen beim Sitzen. Als ich sie untersuchte, sah ich drei bis vier dunkelviolette große Hämorrhoiden Knoten. Durch das sehr große Kind und die anstrengende Pressarbeit hatten sich die Hämorrhoiden nach außen gestülpt und waren stark gestaut.

Sofort rief ich meinen Hausarzt an, der es dann für vernünftiger hielt, diese im Krankenhaus veröden zu lassen. Noch am selben Abend brachte dann die Rettung Mutter und Kind in die Klinik.

Wie mir Marianne anschließend erzählte, war die Belegschaft mehr als erstaunt, dass dieses Kind spontan und gesund zur Welt gekommen war – ohne größere Verletzungen bei Mutter und Kind.

Ein Hoch auf das weibliche Becken, das soviel mehr kann, als angenommen wird!

STERNENKINDER

Wenn du in der Nacht den Himmel betrachtest,
weil ich auf einem von ihnen wohne,
dann wird es für dich so sein, als ob alle Sterne lachten,
weil ich auf einem von ihnen lache.
Der kleine Prinz (Antoine de Saint-Exupéry)

Ein Anruf am Vormittag lässt mich etwas unruhig werden.

Romana ist in der 36. SSW + 5 Tage und erklärte mir gerade am Telefon, dass sie irgendwie plötzlich Angst um ihr Baby hätte, da es ihr sehr still vorkommt. Seit gestern Abend hätte sie keine Kindesbewegungen mehr wahrgenommen. Sie und ihr Mann haben dann in der Früh versucht, durch sanftes Rütteln am Bauch, die Kleine aufzuwecken. Ihr Mann hätte dann sein Ohr an den Bauch gelegt, um die Herztöne eventuell zu hören. Einen kurzen Moment hätte sie dann doch ein Klopfen gespürt aber das war alles, ob sie denn nicht gleich zu mir kommen könnten, um die Herztöne zu kontrollieren.

Natürlich habe ich ihr sofort zugesagt, dass sie kommen könnten und wir dann gemeinsam sehen werden, wie es dem Baby geht.

Sobald ich das Telefon weggelegt hatte, krabbelte in mir ein richtig flaues Gefühl hoch. Was, wenn sie doch recht hatte?

Die meisten denken, der Hebammenberuf hat immer mit dem „freudigen Ereignis" zu tun. Die Mütter sind keine Patienten, sondern gesunde Frauen und die Schmerzen bei der Geburt sind nicht krankhaft. Alles richtig, und meistens ist es ja auch so. Gott sei Dank, wenn die Anstrengungen vorbei sind und sich alle glücklich in die Arme schließen.

Aber auch unser Beruf hat Schattenseiten, die man als Hebamme erst emotional verarbeiten muss. Nein, man kann dann nicht seinen Gefühlen nachgeben, sondern muss stark bleiben, indem man einfühlsam begleitet, wenn das Kind eine starke Behinderung hat oder tot geboren wird.

Sofort erinnerte ich mich an eine Geburt, die ich vor einigen Jahren mit einer Mutter in der Frühschwangerschaft über zwei Tage begleitet, mitgetragen und getrauert hatte.

Manuela bekam beim Organscreening den Befund in der 16. SSW, dass ihr Kind schwerste Behinderungen hätte und deshalb ihr geraten wurde, die Schwangerschaft abzubrechen.

Zur Sicherheit wurde noch ein Termin in Graz vereinbart, wohin ich sie auch begleitet hatte.

Nachdem auch die Grazer Klinik die Thanatophore Dysplasie (Zwergwuchs, der mit dem Leben unvereinbar ist) bestätigt hatten, erklärte ich mich natürlich auch bereit, sie bei der vorzeitigen Geburt zu begleiten.

Wir fuhren damals gemeinsam in die Klinik, die Geburt wurde künstlich eingeleitet. Viele Stunden verbrachten wir dann in diesem Zimmer und versuchten, das Beste aus dieser Situation zu machen. Die ganze Nacht hatte Manuela leichtes Ziehen im Rücken verspürt und mehr war nicht passiert. Am Vormittag wurde sie dann im Kreißzimmer noch einmal vaginal untersucht und dabei wurde die Fruchtblase gesprengt.

Danach durfte sie wieder mit mir ins Zimmer gehen. Ein einziges Mal wurde nachgefragt, ob wir irgendetwas brauchen, ansonsten haben sie uns einfach uns selbst überlassen.

Ich kannte ja nur die andere Situation, wenn ich eine Hausgeburt abgebrochen hatte, wie sich dann meine Kolleginnen verhielten. Da wäre es immer am Besten gewesen, ich hätte mich gleich nach der Einlieferung in Luft aufgelöst und wäre nicht bei „meiner Frau" geblieben.

Dieses Mal hatte ich das Gefühl, dass sie ganz dankbar waren, dass ich sie jetzt betreute. Was sollte denn noch großartig passieren, denn das Kind würde die Geburt nicht überleben.

Mit dieser Situation mussten wir beide fertig werden, dass das Kind im Moment ja noch lebte und erst beim Geburtsakt versterben würde. Es war eine fürchterliche und belastende Tatsache.

Am Vormittag ist dann die Kleine in meine Hand geboren worden, machte noch einen kleinen Atemzug und flog zu den Sternen. Manuela schaute mich an und wir weinten einfach. Irgendwie war es auch eine Erlösung!

Sie hatte die Augen und den kleinen Mund halb geöffnet. Winzige Händchen und Füßchen, wie bei einer kleinen Puppe. Manuela wurde die Kleine nach dem Abnabeln in einem Waschhandschuh überreicht. Jetzt saßen wir da und die Tränen flossen nach wie vor, als Pater Anton in den Raum herein kam. Ein langer Vollbart ist mir noch in Erinnerung. Sehr einfühlsam machte er dann eine kleine Zeremonie und taufte dabei das Mädchen auf den Namen Petra. Manuela wollte, dass sie meinen Namen bekam.

Wir machten noch Fotos und ich verewigte den winzig kleinen Fußabdruck auf einer Karte.

Manuela.

Innigst hoffte ich jetzt, dass sich das nicht noch einmal bei Romana wiederholen würde.

Als dann Romana auf meinem Geburtsbett lag und ich tatsächlich keine Herztöne mehr finden konnte, schlich ein lähmender Schauer über meinen Rücken.

Mein Gesichtsausdruck musste meine Gefühle gespiegelt haben, denn ohne ein Wort gesagt zu haben, fing Romana an, zu weinen.

„Ich habe es geahnt und wollte es einfach nicht wahr haben. Warum passiert denn so etwas? Was habe ich denn falsch gemacht? Was machen wir denn jetzt?", sprudelten die Fragen aus ihr heraus.

Wir vereinbarten dann gemeinsam, dass es das Beste wäre gemeinsam in die Klinik zu fahren und das Kind noch einmal untersuchen zu lassen.

Ich gab Raimund Bescheid, dass ich mit den Eltern nach Klagenfurt mitfahre und erzählte ihm auch noch kurz unseren Verdacht.

Er wünschte uns noch alles Gute und ging dann mit einem besorgten Gesicht wieder in seine Werkstatt.

In der Schwangerenambulanz wurde dann leider noch einmal bestätigt, dass das Baby nicht mehr am Leben wäre. Wir wurden sofort in das Kreißzimmer geschickt.

Den Eltern wurde ausführlich erklärt, wie jetzt vorgegangen werden muss und, dass sie versuchen werden, die Geburt so angenehm wie möglich zu gestalten. Sie könnte so viel Schmerzmittel bekommen, wie sie wollte. Auch ich dürfte die Geburt begleiten und auch durchführen.

Der Wehentropf hing nun schon über vier Stunden und Romana war auf 4 cm MM geöffnet, als die Türe aufging und die diensthabende Hebamme mich heraus rief.

Mein Mann würde am Telefon sein und ganz dringend mit mir sprechen wollen. Das war äußerst ungewöhnlich für Raimund, wenn er wusste, dass ich bei einer Geburt war. Ich nahm den Hörer und fragte ihn, was los wäre. Als ich hörte, was Raimund mir gerade erzählt hatte, wäre mir beinahe der Telefonhörer aus der Hand gefallen. Das gibt es doch gar nicht, war meine erste Reaktion. Raimund hatte mir mitgeteilt, dass Angelika, eine weitere Schwangere gerade bei ihm angerufen hätte, sie würde ihr Kind seit Stunden nicht mehr spüren und sie hätte wahnsinnig Angst. Ich erklärte Raimund, dass er sie bitte noch einmal zurück rufen sollte und sie gleich hierher in die Klinik kommen soll.

Als ich dem Arzt diese Mitteilung machte, sagte er: "Das gibt es doch nicht, das ist heute schon die Vierte mit so einem Befund. Jetzt wird mir das aber schon unheimlich."

Wie versteinert verarbeitete ich seine Worte. Da muss es doch einen Grund dafür geben, überlegte ich und ging mit dem Arzt auf den Gang hinaus.

„Könnte da nicht eine Charge von Medikamenten schuld daran sein, wie Vitamine, Eisenpräparate oder Magnesium, die allen Frauen in der SS verordnet werden?", fragte ich ihn und sah, wie auch er zu überlegen begann.

„Ja und auch, wenn es so wäre, werden wir daran nicht viel ändern können! Die Pharmaindustrie ist eine eigene Mafia", erklärte er und wurde gerade wieder über den Piepser angerufen.

In der Zwischenzeit war auch Angelika im Kreißsaal aufgenommen worden und ich war auch kurz bei diesen Eltern und erklärte ihnen die furchtbare Situation. Beide Frauen kannten sich ja vom Geburtsvorbereitungskurs.

Zwei Stunden später war dann das Baby von Romana tot geboren worden. Der Kleine war 3300 g schwer und 49 cm lang, sah aus als ob er schlafen würde, nur seine Lippen waren dunkelrot gefärbt.

Die Eltern umarmten sich und weinten miteinander, als die Hebamme mich zur Seite nahm und erklärte, dass ich den Kleinen ganz normal, so wie immer, anziehen sollte.

Es ist ein ganz komisches Gefühl, ein nicht lebendes Kind zu bekleiden. Nichts bewegt sich, die Gliedmaßen sind steif und als ich dann das Häubchen aufsetzte, kamen bei mir die Tränen und liefen einfach herunter. Als ich mich gefangen hatte, legte ich Romana den Kleinen in die Arme. Der Vater streichelte sanft über die Wange und auch Romana hatte die kleine Hand in ihre genommen.

„Frau Schurian, könnten sie jetzt zur anderen Frau kommen?", sagte eine Stimme hinter mir.

Auch Angelika gebar ihre Tochter noch an diesem Nachmittag, da sie schon einmal ein Kind geboren hatte.

Beide Kinder waren dann in der Kapelle in kleinen Kinderbettchen aufgebahrt. Die Eltern konnten, so oft sie wollten, auch mit Angehörigen sie besuchen kommen, um sich von den Kindern zu verabschieden.

Emotional war ich dann so überfordert, dass ich, als ich nach Hause kam zu Raimund sagte: „Ich traue mich keine Frau mehr anzufassen. Was ich heute erlebt habe, ist der Wahnsinn schlecht hin gewesen."

Raimund tröstete mich und meinte, dass ich jetzt Zeit bräuchte, das alles zu verarbeiten, dann wird es schon wieder gehen.

Beide Frauen haben sich dann immer wieder zur Trauerbewältigung getroffen und haben sich gegenseitig geholfen. Jede wusste genau, was die andere mitgemacht hatte und, wie es ihr jetzt gerade ging. So gesehen war es ja ein Segen, dass sie sich gegenseitig hatten.

Bei der Nachbesprechung im Krankenhaus mit der gesamten Belegschaft wurde herausgefunden, dass speziell in diesem Monat April auch in anderen Krankenhäusern noch drei weitere Totgeburten stattfanden. Insgesamt waren es sieben Fälle. Bis heute ist die Ursache nicht geklärt worden.

Ein Arzt meinte, dass es das Gesetz der Serie gäbe. Das wäre ein Phänomen, das Betroffenen Rätsel aufgibt.

Mein Gerechtigkeitssinn bäumte sich regelrecht auf dagegen, denn ich war überzeugt davon, dass es einen triftigen Grund geben müsste.

Ich als Hebamme hatte da überhaupt keine Chance, auch nur irgend etwas zu unternehmen. Die, die es hätten tun können, haben es aus Zeitmangel, Angst vor Konfrontation oder was auch immer nicht getan.

Romana hat dann zwei Jahre später noch ein gesundes Kind zur Welt gebracht, wie mir mitgeteilt wurde.

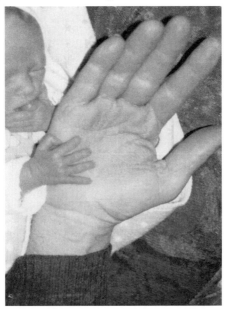

Manuela, die ich damals mit der kleinen Petra begleitet hatte, hat bei mir noch zwei weitere Kinder gesund geboren.

DIE TÜRKIN

Andere Länder andere Sitten.

Wir saßen gerade beim Abendessen, als die Haustürglocke läutete. Raimund stand auf und ging zur Türe.

„Petra, kommst du mal bitte her!"

Als ich bei der Türe hinausschaute, standen da sieben Personen. Eine hochschwangere Frau, ein älter und ein jüngerer Herr, eine ältere Dame und drei jüngere Frauen. Eine der jüngeren sprach gebrochenes Deutsch und erklärte mir, dass ihre Schwester schon starke Wehen hätte, sie zu Fuß von Ossiach nach Buchscheiden gegangen und sie alle aus der Türkei wären.

Ich bat erst einmal alle ins Haus, da es zu regnen begonnen hatte. „Warum, habt ihr denn die Rettung nicht verständigt?", fragte ich jetzt nach.

In gebrochenem Deutsch sagt die jüngere Schwester: "nix so viel verstehen, aber Anka (deutete auf ihre Schwester hin) große Schmerzen, bitte helfen."

Ich sagte zu allen, dass sie sich einmal hinsetzen sollten und ging mit Raimund in die Küche. Beide waren wir ziemlich verunsichert, was wir machen sollten. Raimund meinte schließlich, dass ich erst einmal klären müsste, ob sie überhaupt bei uns versichert wären.

So ging ich noch einmal ins Wohnzimmer und fragte nach, ob sie versichert wäre. Die Schwester verstand erst überhaupt nichts und dann fragte ich noch einmal nach der Krankenkasse. „Ja, wir haben eine Krankenkasse meine sie dann und sagte auch, Gebietskrankenkasse."

Ok, dachte ich mir, dann nehme ich einmal die Personalien auf.

Anka, jammerte ziemlich während jeder Wehe und so wollte ich doch vorher einen Befund haben.

Als sie schwerfällig vom Sofa aufgestanden war, ging die ältere Frau, die sich später als ihre Mutter herausstellte und ihre drei Schwestern mit ins Geburtszimmer.

In der Türkei würde man niemals eine Frau während der Geburt alleine lassen, sondern begleite sie bis die Geburt beendet war, erklärte mir die Eine.

Na das kann ja was werden, dachte ich mir und war heilfroh, dass zu dieser Zeit sonst niemand im Entbindungsheim stationiert war.

Es dauerte an die 40 Minuten, bis sie endlich bereit war, sich auf das Geburtsbett zu legen. Sie behielt ihr Kopftuch und ihr bodenlanges Kleid an. Dann deckte die Schwester mit einer Stoffwindel ihren Unterleib zu und meinte, dass in der Türkei keine Frau sich unbedeckt untersuchen ließe.

Ich tastete zuerst die Kindslage und fragte dann auch nach dem MKP.

Bevor ich sie untersuchen konnte, war sie auch schon wieder aufgestanden und machte ein Theater während der Wehe, dass man sein eigenes Wort nicht mehr verstand.

Die deutschsprechende Schwester kramte einstweilen in der Handtasche und meinte, sie hätte wahrscheinlich den Pass zu Hause liegen gelassen.

Jetzt steigerte sich die Jammerei in ein „Eijeijei, eijeijei!", ging dabei in die tiefe Hocke und schwenkte das Becken von einem Fuß auf den anderen.

Immer, wenn sich eine Pause abzeichnete, deutete ich auf das Geburtsbett, dass sie sich hinlegen sollte.

Mit einer abweisenden Handbewegung zu mir, drehte sie sich weg und sprach auf türkisch sehr weinerlich irgend etwas zu ihren Schwestern.

Jetzt musste ich einfach einmal durchgreifen und erklärte, dass ich jetzt und nicht später die Herztöne vom Kind kontrollieren müsste, sonst würde ich sie nicht entbinden können.

Ob die das alles verstanden hatte, weiß ich nicht, aber nach zwei weiteren Wehen war sie dann bereit, sich noch einmal auf das Geburtsbett zu legen.

Die Herztöne waren etwas schnell, aber im normalen Bereich. Kein Wunder, wenn die Frau sich so in den Schmerz hineinsteigerte.

Als ich dann Handschuhe anzog, um sie vaginal zu untersuchen, wehrte sie sich mit Händen und Füßen.

Sehr bestimmt zeigte ich mit meiner Körpersprache, indem ich sie mit der linken Hand wieder zurücklehnte und mit Hilfe der anderen Schwestern, die jeweils ein Knie hielten, dass ich sie jetzt untersuchen werde.

Der MM war auf 5-6 cm offen und die Fruchtblase intakt.

Jetzt erklärte ich mit einem Blatt Papier, indem ich alles aufzeichnete, wie weit sie geöffnet wäre.

Die Schwestern unterhielten sich kurz auf türkisch und gingen plötzlich zu den Fenstern und öffneten sie alle. Auch die Geburtszimmertüre wurde weit aufgemacht und die Dritte ging zur Haustüre, um auch diese zu öffnen.

„Was soll das denn, bitte?" fragte ich jetzt doch etwas ungehalten.

In der Türkei wäre das ganz normal, sobald eine Frau unter der Geburt wäre, öffnet man Fenster, Türen und die Haare, um den Muttermund schneller aufgehen zu lassen.

Dann zeichnete sie ein Baby und die Nabelschnur, machte zwei Striche um zu erklären, dass sie ein Stück Nabelschnur mitnehmen wollten. Also damit hatte ich keine Probleme, aber dass alle Fenster und Türen offen stehen mussten, damit sehr wohl.

Das kann ja heiter werden, was mach' ich denn jetzt am Besten, war meine Überlegung.

Ich ging aus dem Geburtszimmer und suchte Raimund. Im Wohnzimmer saßen immer noch die zwei Männer. Sie nickten mir zu und sahen mich fragend an.

„Alles ok", sagte ich und ging in meine Küche. Raimund war dabei, Tee zu kochen, da sie seinen Most abgelehnt hatten.

Als ich ihm die Situation geschildert hatte, meinte er: „Dann setz' sie doch in die Badewanne."

Gesagt, getan und so versuchte ich, den Frauen die Vorteile einer Wassergeburt klar zu machen.

Da sie so überhaupt keine Ahnung hatten, waren sie nur mit dem Argument zu überzeugen, dass dann der MM noch schneller aufgehen würde.

Danach zeigte ich noch auf ein Foto, das auf der Wand im Geburtszimmer hing. Darauf war eine Mutter nach der Geburt in der Wanne zu sehen, das Baby schlief friedlich auf ihrer Brust und man sah noch die intakte Nabelschnur.

Nach weiteren drei Wehen mit dementsprechendem Gesang und Gejammer waren sie bereit, ins Badezimmer zu kommen.

Ich hatte in der Zwischenzeit die Wanne volllaufen gelassen und eine Kerze angezündet.

Umständlich, mit BH bekleidet, stieg Anka dann endlich in die Wanne. Sie lag da, wie ein Käfer auf dem Rücken.

Als dann die nächste Wehe anrollte, knieten ihre Schwestern links und rechts und klopften auf ihre Unterarme, um sie zu beruhigen. Dadurch, dass ich in meinem Bad eine sehr hohe Decke mit Gewölbe hatte, kam die Akustik voll zum Tragen.

Immer wieder ließ ich etwas Wasser ab und füllte warmes nach. Sie wälzte sich von einer Seite zur anderen und jammerte was das Zeug hielt.

Ihre deutschsprachige Schwester erklärte mir dann, dass es in der Türkei sogar erwünscht ist, dem Schmerz laut Ausdruck zu geben, denn je lauter, desto mehr Gold gab es danach.

„Na dann, wird die Anka ziemlich reich werden!"

Als dann endlich die Fruchtblase platzte, ging das Theater erst richtig los. Ununterbrochen jammerte Anka – jetzt in türkisch – und hörte überhaupt nicht mehr auf.

Selbst die Wehenpausen waren mit wildem Schreien und Gestikulieren untermalt.

Meine Ohren dröhnten bereits, als endlich der Kopf des Kindes sichtbar wurde.

Jetzt war ich das erste Mal dankbar, dass die drei Frauen da waren. Eine hielt das linke und die andere das rechte Bein gegen ihren Willen fest. Ständig wollte sie die Beine ausstrecken.

Ich bedeutete ihr, dass das Baby jetzt Platz braucht, um auf die Welt zu kommen. Die Dritte machte ständig „psch, psch" und tätschelte ihren Kopf.

Nach etlichen kampfreichen Presswehen kam ein kleiner Bub zur Welt.

Die Schwestern hielten plötzlich ihre rechte Hand an die Nase, verdeckten damit ihren Mund und begannen ganz laut mit ihren Zungen zu trällern. Diese Phänomen ist bekannt unetr der Bezeichnung Ululation*, wie ich später lernte.

Dann klatschten sie in die Hände und begannen zu tanzen.

Dem Himmel sei Dank, dachte ich bei mir, dass diese Geburt beendet ist.

Die Schwestern waren jetzt zu den Männern hinausgegangen. Als ich dann mit Anka und dem Baby aus dem Badezimmer kam, stürzten sie regelrecht zu uns. Sofort fragte die Deutschsprechende nach dem Stück Nabelschnur, dass ich ihr dann auch brachte.

Der jüngere Mann von beiden dürfte der Vater gewesen sein. Er flüsterte dem Kind auf arabisch das Glaubensbekenntnis ins Ohr, wie ich später recherchierte.

Der Ältere hielt mit einem Lächeln die Hand des Neugeborenen und gratulierte auch der Mutter auf türkisch.

Als dann Anka endlich im Zimmer mit ihrem Baby untergebracht war, kamen die Schwestern mit einem silbernen Teller, der voll mit Süßigkeiten war. Sie boten auch mir und Raimund davon an.

Es roch nach Zimt und Nelken und triefte nur so von Honig. Da gab es Baklava, feine Teigfäden, mit Zuckersirup übergossen und mit Pistazien oder Walnüssen bestreut. Gelee Würfel in rosa, die nach Rosen schmeckten und Datteln mit Mandeln.

Ständig schob eine Person ein Stück davon in Anka's Mund. Sie fragten, ob ich Cay (Tee) kochen könnte.

Andere Länder, andere Sitten!

Das Kind war um 21 Uhr geboren worden und gegen 23 Uhr 30 gingen dann alle – Gott sei Lob und Dank oder soll ich besser sagen, Allah sei Lob und Dank – endlich nach Hause.

Die Nacht war ruhig vorbei gegangen und wir warteten in der Küche mit dem Frühstück.

Als um 11 Uhr Anka noch nie erschienen war, ging ich zur Zimmertüre und klopfte vorsichtig an.

Nichts passierte. Ich klopfte ein zweites Mal etwas kräftiger. Als ich da wieder nichts hörte, öffnete ich die Zimmertüre.

Fein säuberlich war die Bettdecke zurückgeschlagen, das Bett leer, wie auch das Babykörbchen.

„Das darf doch jetzt nicht wahr sein!", rief ich laut Richtung Küche. Raimund stand jetzt auch kopfschüttelnd in der Zimmertüre.

„Na die haben sich das alles geschickt ausgedacht", sagte er mit zusammen gekniffenen Augen zu mir.

„Na hoffentlich bekommst du für diese Geburt von der Kasse was bezahlt", war der nächste Satz von ihm.

Ich rief bei der Gebietskrankenkasse an und weder der Name noch die Adresse waren dort registriert.

Ich machte mir Sorgen wegen der Anzeigepflicht bei der Stadtgemeinde und rief auch dort an. So etwas wäre bei Hausgeburten noch nie vorgekommen und sie wüssten auch nicht, was ich jetzt machen könnte.

Ich gab lediglich das Geschlecht, Gewicht und Länge und das Geburtsdatum an. Das war leider alles, was ich hatte. Kein Kind, keine Anzeige! Alles andere was ich notiert hatte, war leider der Phantasie dieser Familie entsprungen.

Zuerst war ich enttäuscht gewesen, dann versuchte ich mich in dieses Familie hineinzudenken, was mir auch nicht leicht fiel. Zuletzt tröstete ich mich mit dem Gedanken, ein gutes Werk getan zu haben und, dass ich einem kleinen Bub auf die Welt geholfen hatte – was soll's!

Zugern wüsste ich heute, welchen Namen er bekommen hatte.

Aus Schaden wird man klug, heißt ein Sprichwort und so passte ich in Zukunft bei ausländischen Frauen, die weder den MKP noch eine Ausweis dabei hatten, besonders auf.

SCHULTERDYSTOKIE – DER SCHRECKEN ALLER GEBURTSHELFER

Keine unvorhergesehene Komplikation wird gelöst, wenn wir träge darauf warten, dass Gott sich darum kümmert.
Martin Luther King

Elena besuchte sechs Wochen lang mit ihrem Partner meinen Geburtsvorbereitungskurs und erwartete ihr erstes Kind.

Sechs Tage vor dem EGT kommen sie gut gelaunt und erleichtert, dass es so schnell von selber losgegangen ist ins Entbindungsheim zur Geburt.

Elena hatte gegen 16 Uhr ihre ersten regelmäßigen Wehen gespürt. Gegen 20 Uhr hatte sie bereits alle drei bis vier Minuten gut anhaltende Wehen und so machte sie sich mit ihrem Partner Stefan auf den Weg zu mir.

Der MM war bereits auf 6 cm geöffnet. Das Köpfchen gut ins Becken eingestellt und auch die Herztöne des Babys waren in Ordnung.

Im MKP war das männliche Zeichen eingetragen und ein geschätztes Geburtsgewicht von ungefähr 3200 g war beim letzten US festgestellt worden.

Bereits zwei Stunden später war Elena in der Übergangsphase, was für eine Erstgebärende eine Rekordzeit bedeutete.

Noch freuten wir uns alle über den raschen Geburtsfortschritt und Elena suchte nach der bequemsten Geburtshaltung. Die Wehen waren jetzt sehr schnell intensiver geworden.

Im Liegen ging es gar nicht, dann versuchte sie es im Stehen, vorne abgestützt auf dem Wickeltisch. Nun versuchte ich, ihre starken Rückenschmerzen mit einer Gegendruckmassage zu lindern, was ihr auch sichtlich gut tat.

Nach nur vier kräftigen Wehen war der Druck am MM für sie nicht mehr gut auszuhalten.

Im Vierfüßlerstand schaffte ich es dann, den MM-Saum während einer starken Wehe über das Köpfchen zu schieben. Mit einem langgezogenen, lauten Stöhnen war das dann endlich geschafft. Es vergingen zehn Minuten und die Wehen waren plötzlich wie abgeschnitten. Keine Wehe weit und breit.

Diese Wehenpause ist auch immer wieder zu beobachten und bringt der Frau Zeit zum Regenerieren, bevor die Arbeit der Austreibungsperiode beginnt.

Elena begrüßte diese Auszeit sehr und entspannte sich sichtlich. Sie trank in einem Zug ein Glas Wasser und ich ermunterte sie daraufhin, die Toilette aufzusuchen, um einer gefüllten Harnblase entgegen zu wirken. Diese verkleinert nur den Geburtsraum und kann sogar für einen Wehenstillstand verantwortlich werden.

Nachdem sie wieder von der Toilette zurück war und alles gut erledigen konnte, waren auch die Wehen wieder am kommen.

Nun versuchten wir den Gebärhocker zu nutzen, um das Tiefertreten des Kopfes zu unterstützen. Eine gute Stunde war vergangen und der Befund hatte sich nicht verändert. Ich begann zu überlegen, wie ich die Geburt unterstützen könnte.

Der Befund zeigte im Prinzip ein ausrotiertes Köpfchen (die Pfeilnaht stand senkrecht) und wies in keinster Weise auf ein Schädel Becken Missverhältnis hin. Das Kind war nicht übermäßig groß. Die Herztöne waren absolut mit einem Basis CTG von 132 Schlägen in Ordnung, aber seit mehr als einer Stunde gab es keinen Geburtsfortschritt.

Meine Erfahrung war, dass die Austreibungsphase bei Erstgebärenden schon einmal über eine Stunde gehen kann – aber, dass sich so gar nichts, nach zuerst guten Wehen tat, war dann doch ungewöhnlich.

Plötzlich fiel mir ein Fortbildungskurs mit Ina May Gaskin ein. Sie hatte sehr anschaulich erklärt, wie man während einer Wehe den Beckenraum (sie nannte es Pelvic press*) spontan vergrößern kann.

Also versuchte ich rechts und Stefan links während der nächsten Wehe, die Darmbeinschaufeln gegeneinander zu pressen. Da braucht man richtig Kraft!

Im selben Moment platzte die Fruchtblase und der Kopf war tatsächlich tiefer getreten und sogar in der Scheide sichtbar. Richtig stolz war Stefan, als er das Ergebnis betrachten konnte. Er wischte seiner Frau mit einer Windel den Schweiß von der Stirn und küsste sie dabei.

Jetzt setzte ich Elena an beiden Händen am Di4 Akupunkturnadeln*, um die Wehen zu unterstützen. Als nach mehreren Wehen der Kopf nicht tiefer trat, unterspritzte ich beide Akupunkturpunkte*, was die kommende Wehe deutlich unterstützte und endlich war der Kopf geboren.

Als dann nach ein paar weiteren Wehen der Kopf immer blauer wurde, kam mir ein Verdacht. Das muss eine Schulterdystokie sein. Der Kopf saß wie einbetoniert und die Wangen drückten gegen die Augen. Mittlerweile war die Farbe des Kopfes dunkelblau geworden. Meine Gedanken überschlugen sich und ich musste so schnell wie möglich eine Lösung finden.

Die Herztöne waren bereits unter 100 Schlägen, zwischen 85 und 90 Schlägen zeigte das CTG an. Jetzt war guter Rat teuer und keine Zeit zu verlieren.

Ich erklärte jetzt so ruhig, wie möglich Elena die Situation und, dass ich jetzt handeln musste, damit der Kleine keinen Sauerstoffmangel bekommt.

Dazu musste sie so rasch, wie möglich in den Vierfüßlerstand gehen, um zwischen Scham- und Kreuzbein mehr Platz zu bekommen.

Beherzt suchte ich jetzt die hintere Schulter mit zwei Fingern, hakte unter der Armbeuge des Babys ein und versuchte die Schulter dadurch zu lösen. Als ich das geschafft hatte, versuchte ich es bei der oberen Schulter und hörte ein deutliches Knaxen. Mit vereinten Kräften und lautem Anfeuern, fest mit zudrücken bewegte sich der kleine Fabian aus seiner misslichen Lage. „Zwetschkenblau" lag er nun in meinen Händen.

Stefan half mit, Elena in Sitzposition zu bringen, damit sie ihr Kind in die Arme nehmen konnte. Fabian war fix und fertig und gab keinen einzigen Laut von sich. Ich nabelte ihn sofort ab und legte ihn auf den vorgewärmten Wickeltisch, um ihn zu reanimieren.

Das sind immer die Momente, in denen man alle guten Geister anruft, um ein Lebenszeichen des Kindes zu bekommen! Das Stethoskop gab schwache langsame Herztöne wieder und ich saugte zuerst die Luftwege frei und setzte im die Sauerstoffmaske auf. Vorher gab ich ihm noch die Notfallhomöopathie (Aconitum C1000), die ich immer am Wickeltisch aufgelöst und griffbereit hatte.

Gleichzeitig hatte ich Raimund gebeten, den Notarzt zu rufen.

In der Zwischenzeit musste ich alles mir mögliche tun, um Fabian zum Atmen zu bringen. Er hatte eindeutig einen Geburtsschock und eine Asphyxie*.

Elena hatte zu weinen begonnen und rief immer wieder: „Komm Bua! Schnauf endlich! Lieber Gott, lass ihn bitte atmen!"

Durch den Sauerstoff wurde seine Farbe immer heller und dann begann er auch deutlich zu husten und selbstständig nach Luft zu schnappen. Sein Vater massierte ihm die Fußsohlen. Die Wärmematte und der Strahler von oben sorgten für genug Wärme und als der Notarzt bei der Türe hereinkam, war er soweit stabil und sogar rosig. Der Arzt blieb noch eine halbe Stunde und meinte, dass er sich gut erholt hätte.

Gott sei Dank, dass damals nicht mehr passiert war. Der Apgar* war nämlich mit 2/5/7 gar nicht gut gewesen.

Meine Kinderärztin bestätigte dann am nächsten Tag, dass das Schlüsselbein rechts gebrochen war und sie heilfroh ist, dass nach so einer Geburt keine Lähmungen am Arm da waren. Sie hätte schon etliche Fälle in der Klinik gesehen, bei denen ein Arm dann gelähmt war und langwierig behandelt werden musste. Ein Schlüsselbeinbruch heilt bei Neugeboren ganz von selber und ist weiter nicht tragisch.

Elena brauchte ein paar Tage, um ihre Geburt zu verarbeiten und ihre Mutter erzählte uns dann beim Besuch, dass auch bei ihr das erste Kind „steckte", wie sie es ausdrückte.

Immer wieder musste ich in den 25 Jahren feststellen, dass sich Geburtserlebnisse der Mütter oft bei den Töchtern wiederholten. Auch dies war eine weiter Erfahrung in meiner Geburtshilfe, die ich dann immer wieder bei den Anmeldungen zur Geburt hinterfragte.

Zwei Jahre später bekam Elena ihren zweiten Buben namens Christoph. Dieser wurde innerhalb von zwei Stunden und ohne Komplikationen geboren. Sein Geburtsgewicht war 4200 g und deutlich schwerer als das des Bruders.

Ich gebe zu, die Unterschiedlichkeit dieser beiden Geburten zu verstehen, fällt schwer.

NERVENKRIEG-VORSORGEUNTERSUCHUNGEN

Selbst wenn alle Fachleute einer Meinung sind, können sie sehr wohl im Irrtum sein.
Bertrand Arthur William Russell

Lavinia war gerade aus einem Urlaub mit ihrem Mann Horst zurück gekommen. Als ihre Tage ausblieben, dachte sie zuerst, es läge an der Zeitumstellung. Sie hatte einen Test aus der Drogerie gemacht, der positiv war. Das konnten sie erst vor Freude gar nicht glauben.

Die Geschichte beginnt damit nervig zu werden, dass ihre Frauenärztin sie nach der Untersuhung in ihrer Praxis anschaut, als wäre das gar keine gute Nachricht, die sie zu verkünden hätte. „Tatsächlich", sagte die Ärztin toternst, „sie sind schwanger!"

Die Ärztin breitete Broschüren auf dem Tisch in der Praxis aus und sagte, man müsse die Sache nun „vom Ende her denken und alle Risiken abwägen".

Lavinia war in der achten Woche, ihr Embryo ein paar Millimeter groß.

Aber sie war älter als 35 Jahre so, wie inzwischen etwa jede vierte Frau, die ihr erstes Kind erwartet. Vor dem Wort Schwangerschaft stand ab jetzt bei ihr das Wort „Risiko".

Lavinia verstand gar nichts mehr. Sie fühlte sich gut, erholt von den Ferien. Sie ahnte nicht, wie viele Tests sie in den nächsten Wochen machen, wie oft sich Angst vor ihre Freude schieben würde.

In den Broschüren ging es um Pränataldiagnostik, um all die Untersuchungen, die nun möglich wären, um abzuschätzen, wie groß das Risiko im Bauch der Schwangeren tatsächlich ist.

Lavinia überfliegt die Begriffe, Ersttrimesterscreening, Amniozentese, Nabelschnurpunktion....

Es geht bei den meisten pränatalen Untersuchungen darum, Behinderungen aufzuspüren.

Ihr Kind, das sie noch nicht mal fühlte per Ultraschall durchchecken lassen, wollte sie das? Waren Frauen nicht früher einfach nur schwanger?

Lavinia ist acht Wochen und sechs Tage schwanger, als der Ultraschall-Arzt ihr Gel auf den Bauch streicht und sie auf einem Flachbildschirm zum ersten Mal ihr Kind sieht. Es hatte innere Organe, es war kein Embryo mehr, sondern ein Fötus.

Sie sah seine Ärmchen, sogar die kleinen Finger, sie sah das schlagende Herz.

Der Arzt setzte Messpunkte auf dem Bildschirm, er sprach von der Nackenfalte, sie sah eigentlich gut aus.

Dann nannte der Arzt nach der Untersuchung eine Zahl. Das Risiko ihrer Schwangerschaft bekam einen Wert: 1:800.

Er erklärte ihr, das wäre die Wahrscheinlichkeit, dass sie ein Kind mit einer Chromosomenstörung erwartete. Die bekannteste wäre die Trisomie 21, auch bekannt als Down-Syndrom. Es gibt auch noch die Trisomien 13 und 18, beide führen zu schweren Behinderungen. Die meisten Kinder sterben daran – noch während der Schwangerschaft.

Um das Ergebnis noch genauer zu machen, könnte er einen weiteren Test anbieten, sagte der Ultraschall-Arzt. Eine biochemische Untersuchung. Er benötige dazu etwas Blut und 60 Euro. Im Blut der Mutter ließen sich zwei Parameter bestimmen, ein Hormon, ein Eiweiß, die Kasse würde das leider nicht übernehmen. Es klang, als böte er eine zusätzliche Bestätigung an, dass alles okay wäre.

Lavinia stimmte der Blutabnahme sofort zu, da sie jetzt nur noch Angst verspürte, etwas falsch zu entscheiden.

Als der Arzt vier Tage später anrief, war ihr Risiko, ein Kind mit einer Chromosomenstörung im Bauch zu tragen, auf 1:37 gestiegen!

Der Arzt erklärte nicht viel. Die Blutergebnisse seien sehr schlecht. Woher der neue Risikowert käme? „Das sind Berechnungen." Er könnte einen Beratungstermin vermitteln, für einen Schwangerschaftsabbruch.

Lavinia konnte kaum aufhören zu weinen. Das schlagende Herz auf dem Bildschirm. Sie hatte solche Angst um ihr Kind.

Sie wusste, dass diese Kinder oft fröhlich sind und als Erwachsene ein erfülltes Leben führen könnten. Sie wusste auch, dass sie oft krank werden, ihre Herzen schwach sind, sie häufig noch als Erwachsene betreut werden müssten. Würden wir das alles schaffen?

Sie fuhr nach Hause und besprach mehrere Tage mit ihrem Mann, wie sie sich entscheiden sollten. Sie besorgten sich Broschüren, Bücher und letztendlich fanden sie in der Nähe eine Selbsthilfegruppe.

Mehrere Eltern trafen sich dort regelmäßig, tauschten Erfahrungen aus und machten anderen Mut. Für Lavinia und Horst stand nun absolut fest, dass sie das Kind annehmen würden, so wie es eben ist.

Beim nächsten Frauenarzttermin erklärte ihre Frauenärztin, dass vor einer Entscheidung weitere Tests nötig wären. Eine Fruchtwasseruntersuchung, die von der Kasse bezahlt würde, wäre Pflicht vor einem späten Abbruch.

Da erklärten sie erstmals der Ärztin, dass sie das Kind bekommen wollten.

Erstaunt meinte damals die Frauenärztin: wenn wir uns stark genug dazu fühlten, akzeptiere sie unsere Entscheidung. Sie hoffe, dass wir uns auch über die Konsequenzen klar wären!? Dann wollte sie noch eine Unterschrift, dass sie uns eingehend aufgeklärt hätte.

Jetzt reichte es den beiden werdenden Eltern! Irgendwie sind sie auf mich gekommen und kontaktierten mich erstmals im Entbindungsheim.

Horst und Lavinia sprachen mit mir über die Diagnosen und erklärten mir, dass sie das Kind gerne bei mir auf die Welt bringen wollten. Ob ich denn auch solche Kinder entbinden würde?

Im ersten Moment gingen mir sämtliche möglichen Komplikationen während der Geburt durch den Kopf. Dann war plötzlich für mich klar. Egal, wo das Kind auf die Welt kam, es war nun mal ein Kind mit dieser Diagnose und dies würde sich auch im Krankenhaus nicht ändern.

Vorsichtshalber fragte ich noch nach dem Organscreeningbefund, „war denn beim Screening irgend etwas auffällig gewesen?"

Als sie mir dann erklärten, dass alle Organe einschließlich das Herz in Ordnung waren, willigte ich ein, die Geburt zu übernehmen.

Beide besuchten auch meinen Geburtsvorbereitungskurs und sprachen auch da offen über ihre Situation. Viele Eltern bewunderten sie damals für ihre Entscheidung und wünschten ihnen von Herzen alles Gute. Wir hatten immer drei Monate nach Kursende ein Babytreffen vereinbart und so wünschten sich alle, Lavinia, Horst und ihr Baby wieder zu sehen.

Es kam der Tag der Geburt, als Lavinia angerufen hatte, dass die Blase gesprungen sei.

Die Wehen ließen sich anfangs Zeit. Nach der Typ-entsprechenden Akupunktur starteten sie dann zwei Stunden später.

Ich schickte Beide noch auf einen ausgedehnten Spaziergang, da Herztöne und Fruchtwasserfarbe in Ordnung waren. Das Köpfchen dichtete gut ab und so mussten einfach die Wehen effektiver werden.

Ich gebe offen zu, dass ich damals unseren Herrgott um Hilfe bat, dass alles gut vorübergehen möge. Noch nie hatte ich vorher ein Kind mit vorhersehbarer Behinderung bei mir im Entbindungsheim auf die Welt geholfen.

Nach zwei Stunden Spaziergang hatte Lavinia ordentliche Geburtswehen und der MM ging zügig auf.

In der Übergangsphase hatte sie für einen Moment Zweifel, ob ihre Entscheidung auch die richtige gewesen wäre. Host tröstete sie und machte ihr Mut, dass er sie bei allem unterstützen werde. „Ich freue mich jetzt richtig auf den kleinen Kerl", sagte er fröhlich.

Die Austreibungsphase begann und Lavinia wählte den Hocker für die Geburt. Nach etlichen Presswehen war der kleine Raphael auf der Welt.

Voller Käseschmiere war er und sah aus, als ob er in Penatencreme gebadet hätte.

Sofort krähte er laut und ruderte mit seinen kleinen Armen.

Horst kniete vor Lavinia und seinem Sohn. Die Tränen liefen beiden über die Wangen.

Irgendwie konnte ich keine deutlichen Zeichen des Down Syndroms erkennen und dachte, dass die Käseschmiere um die Augen das verhindern würde.

Wir warteten, bis die Nabelschnur auspulsiert war und Horst durchtrennte sie dann ganz stolz.

Ich hob den kleinen Raphael auf den vorgewärmten Wickeltisch. Säuberte vorsichtig sein Gesicht und den kleinen Körper. Immer noch nicht konnte ich Anzeichen, wie schräg stehende Augen mit Hautfalte, Vierfingerfurche oder eine übergroßen Zunge erkennen.

Ich rief Horst zu mir und zeigte ihm, dass nichts auf ein Down Syndrom hinweisen würde.

Lavinia stand plötzlich neben uns, die Nabelschnur mit der Klemme in der Hand.

„Das ist doch nicht wahr jetzt!", schrie sie regelrecht aus sich heraus.

Ich bedeckte das Baby mit einem warmen Tuch und führte Lavinia zum Bett. Ich war nicht fähig, auch nur ein Wort zu sagen. Meine Gedanken überschlugen sich und eine große Wut stieg in mir hoch.

Was stellen eigentlich die Ärzte mit solchen Diagnosen an?! Wie kann man so etwas wieder gut machen? Unglaublich!

Horst konnte es anfangs nicht wirklich glauben und wollte dann doch auf die Meinung der Kinderärztin warten.

Die Plazenta kam beim Stillen und Lavinia sprach zwei Stunden kein einziges Wort mit uns. Ständig streichelte sie ihr Baby und lautlos liefen ihr die Tränen herunter.

Ausnahmsweise erlaubte ich Horst, diese Nacht im Doppelbett im Geburtszimmer bei seiner Frau und dem Baby zu bleiben.

Gleich in der Früh hatte ich den Termin mit Dr. Sieglinde K. ausgemacht gehabt.

Auch sie konnte am Telefon erst gar nicht glauben, was da passiert war. Sie nahm sich ganz viel Zeit für die erste MKP-Untersuchung und erklärte den Eltern dann, dass sie ein vollkommen gesundes Kind hatten. Der Hüftultraschall war auch in Ordnung. Herzlich gratulierte sie beiden noch einmal.

Beim Hinausgehen meinte sie zu mir kopfschüttelnd: „unglaublich, was die Eltern neun Monate durchgemacht hatten – und alles umsonst."

Horst und Lavinia diskutierten hin und her, ob sie den Arzt verklagen sollten oder nicht. Letztendlich siegte dann doch das gesunde Kind und die Dankbarkeit.

Man müsste diesen Ärzten dennoch ein Feedback geben, da ihnen überhaupt nicht bewusst ist, was sie mit solchen Diagnosen anstellen.

Beim Babytreffen war die Freude erst unglaublich groß, bis dann alle sich einig waren, dass man diesem Arzt die Meinung so richtig geigen sollte.

Das hatten sich Lavinia und Horst nervlich nicht zugetraut.

Eine andere Frau im Kurs erwähnte, dass ihr Arzt ihnen folgendes beim Schallen mitgeteilt hätte.

„Da schauen sie her und er deutete mit dem Kugelschreiber auf den Bildschirm. Ihr Kind hat eine riesengroße Nase und auch noch Segelohren. Ich würde ihnen empfehlen, sobald wie möglich einen Kinderchirurgen aufzusuchen. Es wird sonst niemand eine Freude haben, wenn er in den Kinderwagen schaut."
(siehe Bild)

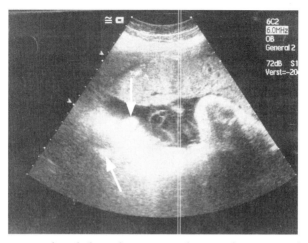

Sie ging damals komplett verunsichert nach Hause und erzählte es ihrem Mann. Da dieser drei Brüder mit abstehenden Ohren hatte, glaubten sie der Feststellung des Arztes.

Bei der Geburt wollte sie das Kind anfangs überhaupt nicht anschauen, hielt sich die Augen zu und drehte sich weg. Ihr Mann erzählte dann auch, dass sie sogar gesagt hätte, sie sollen das „Monster" wegbringen.

Das Kind hatte eine kleine Stupsnase und auch ganz normale Ohren. Das Baby bekam in der Klinik anfangs immer ein kleines Häubchen aufgesetzt.

Erst am dritten Tag, als der Hüftultraschall gemacht wurde, sah die Mutter ihr Kind völlig nackt und ohne Häubchen.

Der Schock von der Aussage des Arztes saß noch so tief, sodass sie plötzlich zu weinen begann.

Natürlich wollten jetzt alle den Grund wissen und so erzählte sie von der ungeheuren Voraussage.

Dieser Vater hatte dann die Courage und ist persönlich mit einem Foto zu diesem Arzt in die Praxis gefahren.

Er stellte ihn zur Rede und erklärte ihm dann auch ausführlich, was er mit dieser unglaublichen Äußerung seiner Frau und ihm angetan hatte.

Dieser konterte, so hätte er das nie gesagt und es wäre doch besser vorher zu wissen, wenn etwas nicht „der Norm" entspräche.

Da der Vater keinerlei Beweise in der Hand hatte, sagte er dem Arzt zum Abschied folgenden Satz: „Ihnen ist scheinbar überhaupt nicht bewusst, was sie mit derartig unsinnigen Aussagen bewirken. Wozu sie studiert haben, würde ich persönlich hinterfragen."

Ich appelliere an alle Eltern und Mütter, sich bei einer derart unverschämten und fachlich nicht zu rechtfertigenden Prognosen nicht zurück zu halten, sondern sich mit Mut zu wehren.

Wenn solche Ärzte nie einen Widerstand bekommen, wird es ihnen auch nie bewusst werden, wieviel Kummer und Sorgen durch ihre unvorsichtigen Diagnosen und Prognosen entstehen und wie unnötig so ein Vorgehen ist.

Meiner Meinung nach ist es für niemanden zu spät, dazuzulernen und empathischer zu handeln.

Eben weil das alles so unnötig und unprofessionell ist, habe ich auch das nächste Kapitel diesem Thema gewidmet.

KONKURRENZ STATT KOOPERATION

Sich ärgern ist, wie eine glühende Kohle in den Händen zu halten.
Er liegt an Dir sie festzuhalten!
Dalai Lama

Der Widerstand der Ärzte gegen uns frei praktizierende Hebammen war mir schon von Erzählungen meiner Kolleginnen bekannt und ich musste diesen auch leider sehr oft selber ertragen.

Schon alleine, dass es uns gab war für viele Mediziner regelrecht ein Dorn im Auge.

Diese Einstellung ging sogar soweit, dass ein Frauenarzt eigenhändig, die Plakate für die Geburtsvorbereitungskurse in unserer Umgebung, die von der Stadtgemeinde an den verschiedensten Orten und natürlich auch bei den Frauenärzten aufgehängt und bezahlt wurden von den Wänden riss. Mit den Worten: „So ein Plakat verdirbt mir schon in aller Früh meine Laune!" Gleichzeitig erklärte er der Hausbesitzerin, allerdings im Geschäft vor Klienten, dass er nur darauf warte, bis endlich eine Leiche wegen mir abtransportiert werden würde!

Als ich dann bei der Besitzerin des Ladens nachfragte, warum ich nun schon zum dritten Mal das Plakat ersetzen musste, schilderte sie mir obigen Aussagen.

Als ich diesen Arzt früher einmal gefragt hatte, ob er bereit wäre, falls einmal eine Dammnaht notwendig wäre, diese zu nähen, bekam ich folgende Antwort (bevor Österreich zur EU kam, durften die Hebammen zwar einen Dammschnitt durchführen, aber diesen nicht selbst nähen): "Wissen sie eigentlich wie ich dann da stehe, mit meinem „großen Wissen"? Mir sind dann die Hände gebunden, wenn ich zuschauen muss und nicht mehr helfen kann, wenn die Frau vor mir verblutet!" theatralisch demonstrierte er mit seinen Händen, wie diese dann gefesselt wären.

Wie er auf den Zusammenhang zwischen Verbluten und einer Naht kam, weiß ich bis heute nicht. - Eigentlich sollten ja Ärzte durch eine Naht eine Blutung zum Stehen bringen.

Von da an wusste ich, diesen Menschen brauchst du um gar nichts mehr zu fragen!

Eine Patientin von mir mit vorzeitigen Wehen in der SS hätte er am liebsten mit dem Hubschrauber abtransportieren lassen, als er vom Krankenhaus in Waiern angerufen wurde, ob er vorbeischauen könnte.

Die Krankenschwestern bekamen von ihm zu hören, dass eigentlich jede Schwangere ein Überwachungsgerät in der Handtasche tragen sollte, um sofort reagieren zu können, wenn die Herztöne bei ihrem Ungeborenen schlechter würden.

Jede Geburt wäre ein riesengroßes Risiko und könnte mit dem Tod enden. Durch uns (frei praktizierende Hebammen) würde die Säuglingssterblichkeit wieder rapide in die Höhe schnellen.

Da fällt mir wieder eine sehr passende Aussage von Frau Dr. Bärbel Basters-Hoffmann ein. Sie sagte so treffend über solche Kollegen: „Geburten wären eigentlich eine feine Sache, wenn da nicht die Mütter wären. Heutzutage gelten für viele Geburtshelfer die Mütter als der Risikofaktor jeder Geburt. Geburtshelfer unterstellen Frauen Verantwortungslosigkeit, nur weil sie auf ihren Körper hören und sich eigener Kompetenzen sicher sind. Sie unterstellen ihnen Egoismus, weil sie die Geburt auch für sich selbst passend gestalten wollen. Das Selbstverständliche von Schwangerschaft, Gebären und Stillen ist verloren. Das Normale ist längst nicht mehr normal. Das führt auf beiden Seiten zu Verunsicherung, (bei der Frauen und bei den Geburtshelfern). Und Angst und Verunsicherung sind immer zwei schlechte Ratgeber."

Warum dieser Arzt, von dem in diesem Kapitel die Rede ist, Gynäkologe geworden ist, habe nicht nur ich mich, sondern auch mehrere Mütter gefragt.

Eine selbstbewusste Frau, namens Barbara, hatte sogar den Mut gehabt, ihm bei der Nachuntersuchung, sechs Wochen nach der Geburt, in der Praxis zu sagen: „ich habe sie bisher sehr als Gynäkologen geschätzt, aber eine Bitte hätte ich, lassen sie um Gottes Willen die Geburtshilfe sein!"

Es gab nur sehr wenige Frauenärzte, die mit uns freien Hebammen zusammen arbeiteten. Leider waren aber noch weniger dazu bereit, uns ggf. auch während der Geburt zur Seite zu stehen.

Ständig mussten sich die werdenden Mütter auch bei anderen Ärzten rechtfertigen, wenn sie außerklinisch entbinden wollten.

Ein praktischer Arzt ging sogar soweit, dass er den Frauen, die sich für eine Hausgeburt entschieden hatten, den Krankenschein in die Hand drückte und sie regelrecht aus der Praxis warf.

Schon mein Vater sagte immer: „Seine Neider muss man sich erst erarbeiten!" Wie recht er hatte, aber auch wie schwierig das bei unserem Beruf war, kann man sich gar nicht vorstellen.

Wenn die Ärzte wie die Geier darauf warteten, dass endlich einmal was schief geht, war das nicht nur unfair, sondern äußerst unprofessionell. Die einzige Möglichkeit, die blieb, war mit positiven Geburten zu punkten. Als Hebamme hat man für zwei Menschenleben die Verantwortung und ist sich dessen auch mehr als bewusst.

Wie allerdings eine Geburt letztendlich ausgeht, weiß nur der Himmel.

Umso aufmerksamer und vorsichtiger musste man eigenständige Entscheidungen treffen und durfte sich nichts, aber schon gar nichts zu Schulden kommen lassen.

Meine Ausbildung war schulmedizinisch sehr anspruchsvoll. Vor allem die Kinderheilkunde hatte ich intensivst studiert, da mir bewusst war, dass ich die Erste war, die sofort erkennen musste, wenn es einem Neugeborenen nicht gut ging.

Die Überwachungsgeräte wurden immer besser und für uns Hebammen durch Leasing auch leistbar.

Keine frei praktizierende Hebamme würde bewusst ein vorhersehbares Risiko auf sich nehmen. So hätte ich auf gar keinen Fall Frauen mit Grunderkrankungen (z.B. Herzfehler, Epilepsie, zu hohen Blutdruck usw.) entbunden.

Schwangere Frauen waren damals mehr denn je über Schwangerschaft und Geburt informiert – doch verunsichert, wie nie zu vor!

Soviel zum Thema Sicherheit!

Der Mensch hat sich die Natur unterworfen – übrigens oft genug zu seinem eigenen Schaden. Mit unseren wissenschaftlichen Erkenntnissen und unseren technischen Möglichkeiten haben wir – unserer Meinung nach – fast alles im Griff.

Wir wollen das Alter, Krankheit, Behinderung und den Tod besiegen. Naturgegebene Grenzen unserer menschlichen Existenz verdrängen wir, wir ertragen sie nicht – schon gar nicht im Zusammenhang mit der Geburt eines ersehnten Kindes. Schicksal oder Fügung gibt es angeblich nicht. So gaukeln wir uns Sicherheit vor, doch die ist reine Illusion.

Da können wir noch so viel messen und kontrollieren, 100%-ige Sicherheit wird es niemals geben. Das Leben ist Anfang und Ende, Geburt und Tod, Gesundheit und Krankheit. – Aber auch und vor allem Freude und Zuversicht!

Mit welcher Überheblichkeit und Selbstüberschätzung erzählt man Schwangeren und Gebärenden, wir garantieren Ihnen Sicherheit?

Hebammenkunst war immer die gleiche geblieben, nur die psychologischen Probleme hatten deutlich zugenommen.

Verunsicherung und Angstmacherei standen an der Tagesordnung, sobald Ärzte erfuhren, dass Frauen außerklinisch entbinden wollten. Manche Fälle, die ich erlebte in diesem Zusammenhang, sind meiner Meinung nach mehr als „strafbar".

Ich nahm den Frauenärzten aktiv weder Patientinnen, noch Geburten oder Verdienst weg. Alle meine Patientinnen kamen aus eigenem Antrieb zu mir.

So rief mich z.B. Marina (die bereits bei mir zur Geburt angemeldet war) nach der letzten Frauenarztuntersuchung – genau

14 Tage vor dem EGT an und fragte mich völlig verunsichert, ob sie wirklich jetzt noch Aspirin nehmen dürfte? Der Arzt hätte ihr soeben geraten zweimal täglich eine Aspirin Tablette zu nehmen.

„Auf gar keinen Fall!", sagte ich energisch zu ihr. Bei der Geburt wäre eine erhöhte Blutungsgefahr (wegen des Blutverdünners Aspirin) vorprogrammiert und die wichtige Verbindung von der kindlichen Hauptschlagader zur Lunge (Ductus arteriosus*) könnte sich vorzeitig schließen und schwere Lungenschäden beim Kind bewirken.

Einer zweiten Mutter sagte dieser „Arzt", ich wäre wie ein Guru und würde durch meine Kursstunden den Frauen regelrecht eine Gehirnwäsche erteilen. Danach hätten sie gar keine andere Wahl und fühlten sich verpflichtet, bei mir zu entbinden.

Der selbe Arzt erklärte doch tatsächlich einer geistig schwachen Patientin beim Schallen folgendes: „Da schauen sie her! Der runde Kreis, ist der Kopf ihres Kindes. Sehen sie die dunklen Schatten hier? Da müssten die Augen sein, wo ich leider keine erkennen kann. Also ich würde ihnen dringend raten, nicht im Entbindungsheim sondern in der Klinik zu entbinden."

Am selben Vormittag war ich zufällig im selben Einkaufszentrum unterwegs, wie die Patientin. Ich sah Daniela mit ihrer Mutter weinend im Gang stehen. Ich ging hin und fragte, was denn der Grund wäre, dass sie so aufgelöst sei.

Ihre Mutter, die bei der Untersuchung anwesend war, erzählte mir zuerst schüchtern und dann doch mit voller Emotion, was dieser „Arzt" ihnen gerade mitgeteilt hätte.

Jetzt war bei mir das Maß absolut voll und ich ging direkt in die Praxis des Arztes im ersten Stock, begleitet von beiden, um den Arzt zur Rede zu stellen.

Die Assistenten kannte mich natürlich und begrüßte mich ganz überrascht. Was denn anstehen würde?

Kurz und knapp erklärte ich ihr, dass ich sofort mit dem Arzt sprechen wollte. Sie sah meine aufsteigende Wut und meinte: „Setzen sie sich doch bitte, es wird noch etwas dauern."

Als dann eine Patientin heraus kam, ging sie sofort danach in den Behandlungsraum.

Es dauerte einige Minuten, bis sie wieder herauskam und meinte, dass der Herr Doktor noch etwas zu erledigen hätte. Sie würde mir dann Bescheid sagen, sobald ich hineingehen könnte.

Es verging gut und gern eine halbe Stunde, bis die Assistentin uns bat, einzutreten.

„Ja Frau Schurian, was verschafft mir die Ehre, sie in meiner Praxis begrüßen zu dürfen", fragte er mit einem süffisantem Grinsen im Gesicht.

„Ersparen sie mir diese übertriebene Höflichkeit, ich komme lieber gleich zur Sache", war spontan meine Antwort.

„Wie kann ich ihnen helfen?", fragte er und setzte sich gleichzeitig in seinen Schreibtischsessel

„Stimmt das, was mir gerade Frau G. erzählt hat, dass sie Folgendes zu ihrer Tochter beim Schallen gesagt hätten?" Ich wiederholte diese unglaubliche Geschichte mit dem Schädel ohne Augen usw.

„Das war ja nicht ernst gemeint", sagte er nun aufgeregt und rutschte in seinem Sessel hin und her. Da müssen sie mich falsch verstanden haben liebe Frau G. Manchmal geht mit mir der Humor durch."

Jetzt war das Fass am Überlaufen und ich stand auf und sagte zur Tür gewandt: „So Herr Doktor, dass reicht mir jetzt absolut, um sie bei der Ärztekammer anzuzeigen. Sie haben einer Mutter kurz vor der Geburt Aspirin verschrieben und der Zweiten haben sie erzählt, dass ich ein Guru wäre und Gehirnwäsche betreiben würde. Und auch aus dieser Geschichte werden sie so leicht nicht mehr heraus kommen."

„Frau Diplomhebamme, so warten sie doch, ich habe über sie persönlich noch nie was Schlechtes gesagt. Können wir da nicht in aller Ruhe ein Glas Wein miteinander trinken gehen, um das alles noch einmal zu besprechen?"

Wortlos verließen wir drei die Praxis. Noch am selben Tag schrieb ich an die Ärztekammer und ans Gesundheitsministerium.

Ein weiterer Fall in meiner Laufbahn war äußerst prekär und schwerwiegend. Ein Frauenarzt, der den Befund der Frau kannte, ließ sie wissentlich zu mir gehen, ohne mich über den Befund zu informieren:

Elke erwartete ihr zweites Kind und entschied sich in der 10. SSW für das Entbindungsheim.

Die Monate vergingen und ich sah Elke erst sechs Wochen vor ihrem Geburtstermin, da sie bis zum Schluss in einem Supermarkt arbeitete.

Als dann die Wehen in der 39. Woche einsetzten, war ihr großer Wunsch eine Wassergeburt.

Sie hatte mehrere Freundinnen, die schon vorher bei mir im Wasser entbunden hatten und alle wären sehr begeistert davon gewesen, dass die Kinder auffällig ausgeglichen im Wochenbett und danach waren.

So setzte ich sie bei 7 cm MM in die Wanne. Nach 45 Minuten war es dann soweit und die Presswehen begannen.

Elke hielt sich am Griff fest, der über ihr montiert war. Bei der zweiten Presswehe war der Kopf ohne Verletzungen geboren worden. Sie streichelte ihn unter Wasser und presste bei der nächsten Wehe das Baby heraus.

Mir blieb, als ich das Baby sah, in diesem Moment das Herz stehen. Was war das denn? Ich hatte dieses Bild schon einmal in der Ausbildung gesehen, doch niemals zuvor in der Realität.

Das Baby hatte vorne am Bauch, wo eigentlich die Nabelschnur sein sollte einen zehn Zentimeter großen Nebelbruchsack (Omphalozele)*, indem man den Dünndarm und einen Teil der Leber erkennen konnte.

Wir hatten gelernt, dass es in so einem Fall das Wichtigste ist, dass der Bruchsack keinen Defekt bekommt. Also war die Geburt im Wasser ideal gewesen. Sofort erklärte ich Elke und ihrem Mann, was ich festgestellt hatte und, dass ich beide nun leider in die Klinik bringen lassen musste.

Elke war außer sich und bombardierte mich mit ihren Fragen wie: „Hätte man das nicht im Ultraschall sehen müssen? Ab wann wächst denn der Bruchsack? Was wird denn jetzt mit der Kleinen gemacht? Wird das wieder ganz in Ordnung kommen?

Da ich selber noch geschockt war, gab ich den Eltern nur kurz die Info, dass ich jetzt die Erstversorgung gemacht hätte und die Rettung gleich da sein würde.

Der Notarzt lobte meine Erstversorgung und er wäre guter Dinge, dass die Omphalozele noch in der Nacht operiert und verschlossen werden würde.

Drei Tage später hatte genau dieser Frauenarzt bei uns im Dorf einen Vortrag in einem größeren Gasthof. Ich hatte vor, ihn dann zur Rede zu stellen. Davor telefonierte ich noch mit einem Arzt, der Spezialist im Organscreening war, und mit dem ich guten Kontakt pflegte.

Dieser war absolut der Meinung, dass der Arzt entweder fachlich derart daneben war und die Omphalozele nicht erkannte oder mir eine Falle stellen wollte, damit endlich ein Grund da wäre, mich anzuzeigen. Er erklärte mir, dass diese sackförmige Ausweitung bereits in der dritten SSW beginnt und dann dementsprechend mitwächst. Ab dem 6. Monat könnte man jedenfalls so etwas nicht mehr übersehen.

Er riet mir eindringlich, mich auf die Hinterfüße zu stellen und diesen Arzt anzuzeigen. „Wenn das so ein Trottel ist, gebührt ihm nichts anderes!", waren seine Worte.

Der Saal füllte sich an diesen Abend und der Herr „Doktor" begann mit seinem Vortrag.

Das ursprüngliche Thema waren die Wechseljahre gewesen. Er erklärte eine Stunde lang die Symptome in der Menopause und was die Pharmaindustrie dafür bereitstellen würde.

Danach teilte er Papier und Bleistifte aus, damit man anonyme Fragen stellen konnte, die er dann generell beantworten wollte. Da ergab es sich, dass auch eine hochschwangere Frau im Publikum saß und ihm plötzlich eine Frage stellte.

„Herr Doktor, wie ist das eigentlich, stimmt das, dass es für die Geburt wichtig ist, eine vertraute Person zur Seite zu haben? Ich meine damit, dass man nur ein und die selbe Hebamme hat und nicht ständig gewechselt wird?" – Meine Freundin hatte bei ihrer Geburt drei verschiedene Hebammen und lag 20 Stunden in den Wehen.

„Also, wenn sie ein bestimmtes Entbindungsheim hier in Feldkirchen damit ansprechen wollen, kann ich ihnen nur vehement davon abraten. Da ist nicht einmal ein Arzt vor Ort und ich möchte mir gar nicht erst vorstellen müssen, was da alles passieren kann."

Das war jetzt die richtige Vorlage für meinen Auftritt.

Ich stand auf und sagte mit lauter deutlicher Stimme: "Da würde ich aber an ihrer Stelle jetzt ganz vorsichtig sein. Erstens haben sie mich hier soeben in aller Öffentlichkeit kritisiert und schlecht gemacht und zweitens haben sie vor drei Tagen eine werdende Mutter mit einer 10 cm großen „Omphalozele", ohne ihr etwas davon zu sagen, bei mir entbinden lassen."

Ich sagte die Diagnose extra auf Lateinisch, damit nicht alle mitbekamen, um was es sich handelte.

Das Gesicht des Arztes wurde kreidebleich, anschließend dunkelrot und er stammelte: "Wäre es nicht möglich, dies unter vier Augen zu besprechen und nicht jetzt?"

„Wir werden gar nichts miteinander besprechen, sie werden von der Staatsanwaltschaft Post bekommen."

Danach stand ich auf und verließ den Saal. Leider bekam ich nie heraus, welche Konsequenzen der Arzt für diese ungeheuerliche Aktion bekam.

Das kleine Mädchen wurde damals noch in derselben Nacht Not-operiert und konnte - Gott sei Dank – ohne größere Probleme aufwachsen.

Natürlich versuchte ich auch, seine Denkweise nachzuvollziehen und kam letztendlich zu folgender Meinung: dieser Arzt hatte ständig Angst, dass bei mir im Entbindungsheim – ohne Arzt und Krankenhaus im Hintergrund akut etwas passieren könnte.

Doch der Terminus „Krankenhaus" passt überhaupt nicht zu einer Geburt, da es nicht um kranke, sondern um gesunde Menschen mit einem physiologischen Vorgang, nämlich der „Geburt" geht.

Dieses Ereignis sollte deshalb auch örtlich davon getrennt sein, da Krankenhauskeime für Neugeborene äußerst gefährlich werden können.

Die für mich ideale „Zukunftsvision" wäre, ein gemeinsam geführtes Geburtshaus, in dem Hebamme, Gynäkologe und Kinderarzt Hand in Hand und auf gleicher Augenhöhe arbeiten würden, zum Wohle von Mutter und Kind.

DER KÄRNTNER „MUNDL"

Sehen sie sich um. Die meisten Ehemänner sind der beste Beweis dafür, dass
Frauen Humor haben.
Donna Leon

Alexandra selbst Diplom Krankenschwester erzählt ihre Geburtserlebnisse:

Im 7. Monat, hatte ich keine Ahnung, wo die Geburt stattfinden sollte. Als Krankenschwester hatte ich auf der Gynäkologie Geburten aus einer ganz anderen Perspektive erlebt, die nicht immer meinen Vorstellungen entsprachen. Man lernt in der Klinik meistens die Pathologie (Abnormes oder Krankhaftes) kennen und funktioniert als Schwester. Ist man dann plötzlich selber in der Situation, denkt man ganz anders. Man wird sensibler und will natürlich das Beste für sich und das Kind.

Durch Zufall erfuhr ich, dass es in Buchscheiden bei Feldkirchen ein Entbindungsheim gab, dass von der Hebamme Petra Schurian geleitet wurde. Nachdem ich mit ihr eine telefonische Terminvereinbarung ausgemacht hatte, fuhren mein Mann und ich ohne jegliche Erwartungen nach Buchscheiden, um das Heim und vor allem die Hebamme kennen zu lernen. Als wir geläutet hatten, öffnete sich die Türe und die Hebamme reichte uns mit einem Lächeln die Hand zum Gruß.

Vom ersten Augenblick an war uns Petra äußerst sympathisch. Sie zeigte uns die Entbindungsstation mit den drei liebevoll eingerichteten Zimmern. In jedem stand ein kleines Babybettchen mit einem kuscheligen Lammfell. Jedes Zimmer war mit einer anderen Farbe gestrichen. Rosa, hellblau und zart lila. Sogar die Bettwäsche war farblich abgestimmt.

So hatte jede Frau ihr eigenes Reich und konnte sich zurück ziehen. Das Geburtszimmer war hell und freundlich und hatte Wohnschlafzimmer Charakter. Ein gemütliches Doppelbett stand hinten an der Wand. Rechts war eine Glasvitrine mit den verschiedensten Medikamenten. Ein Schreibtisch mit dem

CTG-Apparat stand links davon. Direkt neben dem Eingang war das Geburtsbett, das ihr Mann Raimund selber konstruiert und gebaut hatte. Der Fußteil war wegklappbar und so entstand dann ein gynäkologischer Sessel.

An der Decke war eine OP-Lampe montiert. Über das Geburtsbett hatte Petra ein selbst gemaltes Seidentuch gehängt. In sehr schönen Farben war die Geburt symbolisch darauf dargestellt.

Nach der Besichtigung saßen wir gemütlich gemeinsam mit ihrem Mann in der Küche und tranken Tee beziehungsweise Most. Für mich gab es jetzt keinen Zweifel mehr.

Hier in diesem Haus mit Petra will ich unsere erste Tochter zur Welt bringen. Es war für mich äußerst wichtig, dass mein Mann Roland auch mit meiner Entscheidung einverstanden war.

Zur Einstimmung auf die Geburt haben wir uns gleich für den nächsten Geburtsvorbereitungskurs angemeldet.

In unserer Verwandtschaft war Gott sei Dank niemand dabei, der Bedenken oder Ängste äußerte, dass ich nicht in ein Krankenhaus ging.

Viele kannten das Entbindungsheim und die Hebamme und jeder wusste, dass dort schon sehr viele glückliche Geburten stattgefunden hatten. Auch war bekannt, dass die Hebamme kein Risiko eingeht und immer rechtzeitig reagiert hatte, wenn die Geburt nicht ihren „normalen" Verlauf nahm. Petra hatte soviel Berufserfahrung, dass ich ihr voll und ganz vertraute.

Den Geburtsvorbereitungskurs hielt Petra so spannend und interessant, dass wir uns immer schon auf die nächste Doppelstunde freuten. Sie erklärte alles so einfach und logisch, dass ich nie Angst vor der Geburt hatte.

Manchmal war dann auch eine frisch entbundene Mutter im Kurs anwesend, die begeistert von ihrer Geburt erzählte. Das Neugeborene wurde dann gleich für die optimale Stillhaltung als Vorzeigebaby verwendet.

So stieg die Vorfreude immer mehr und wir konnten es am Schluss gar nicht mehr erwarten, bis es endlich losgeht.

Selbst der Dammschnitt hatte seinen Schrecken verloren. Petra lernte den Partnern die Dammmassage und selbst wenn dann noch ein kleiner Entlastungsschnitt notwendig wäre, machte sie es so, dass man danach keine Schmerzen hatte und auch keine Fäden zu ziehen waren.

Wir lernten in der Ausbildung das noch ganz anders. Seitlicher Dammschnitt und dann drei oder vier Nähte, die am dritten Tag gezogen wurden. Petra setzte den Schnitt median (in der Mitte des Dammes) und deshalb hatte man dann beim Sitzen keine Schmerzen. Außerdem nähte sie intrakutan (in der Haut) und mit einem selbst auflösenden Nahtmaterial.

Als die sechs Doppelstunden vorbei waren, ging zum Abschluss die gesamte Truppe zum Chinesen essen. Die Mütter wollten sich alle nach der Geburt zu einem „Babytreffen" wiedersehen.

Endlich war es dann soweit und genau am EGT setzten abends die Wehen ein.

Um 22 Uhr rief ich Petra an und sagte zu ihr: "Ich glaube, es ist soweit." „Na dann kommt's vorbei, ich warte auf euch!", war ihre Antwort.

Es war gegen 23 Uhr, als wir im Entbindungsheim ankamen und somit war auch für Petra eine schlaflose Nacht vorprogrammiert. Als erstes führte sie uns in das Zimmer, wo ich dann nach der Geburt sein würde und verstaute meine Sachen.

Anschließend wartete sie schon im Geburtszimmer und untersuchte mich. „Ihr müsst noch ein wenig Geduld haben, aber ich helfe dir schon, wirst schon sehen", sagte sie zu mir.

Roland verstand sich schon im Kurs sehr gut mit ihr und machte da schon immer seine Witze. So scheute er sich überhaupt nicht, auch jetzt den „Mundl" (ein echter Wiener geht nicht unter mit Karl Merkatz) zu parodieren.

Als er hörte, dass der MM erst auf 4 cm offen war sagte er: „Geh heast tua weida, sonst prack i da ane, dass da 14 Tog der Schädel woggelt."

Beide lachten jetzt aus vollem Hals. Ich wartete allerdings damit, bis meine Wehe wieder abgeklungen war. Roland konnte den Mundl so perfekt nachmachen, dass vor lauter lachen die Geburt wie eine Komödie war.

Mich störte es überhaupt nicht. Im Gegenteil es war eine gelungene Abwechslung. Natürlich war Roland auch ernst und war immer an meiner Seite. So massierte er zuerst meinen Rücken und dann begann er die „Äpfel zu schütteln". Das lernte uns Petra auch im Kurs und es ist eine ganz hervorragende Möglichkeit, Verspannungen einfach weg zu schütteln.

Der Partner setzt sich dazu hinter die Frau, die sich stehend wo anlehnt. Dann nimmt er beide Pobacken in je eine Hand und schüttelt in einem guten Rhythmus auf und ab, solange die Wehe eben dauert.

Das ging Roland so sehr auf die Oberarm Muskulatur, dass er regelrecht zu stöhnen anfing. Als ich dann zurückschaute und zu ihm sagte, dass er auch was von der Geburt spüren soll, kam von ihm: „Na eh klar du Nud'l Aug, du hast leichd loch'n. Mir foll'n die Händ ab. Eh klar und i bin da Deppade!"

Doch schön langsam wurde es ernst und die Wehen wurden immer heftiger. Die Presswehen setzten ein. In aller Ruhe wurde der Gebärhocker hergerichtet und Petra tat wirklich alles, damit die Geburt für mich ein wunderschönes, einzigartiges und unvergessliches Erlebnis wurde.

Nach 4 ½ Stunden half sie unserem ersten Kind, Julia, auf die Welt. Es war damals der wunderschönste Moment in unserem Leben!

Sogar Roland rannen jetzt die Freudentränen über die Wangen, als Petra ihm herzlich gratulierte. Man kann das Gefühl gar nicht beschreiben, das mich durchströmte, als Petra mir meine Tochter auf den Bauch legte. Einfach ein Wunder! Als sie dann Roland fragte, ob er die Nabelschnur durchtrennen möchte, war er schon wieder gefasst und sagte: "Na eh klar!"

Ich sagte dann zu ihr: "Du hast den schönsten Beruf der Welt und ich könnte jetzt sofort wieder ein Kind gebären!"

Die gesamte Atmosphäre war unendlich warmherzig und entspannt. Julia wurde dann von Petra untersucht, gewogen und gemessen. Danach durfte sie ihr erstes Bad genießen und wurde liebevoll angezogen. Wir ruhten uns dann gemeinsam im Doppelbett aus und in der Früh gab es für uns alle ein super gutes Frühstück an einem herrlichen Frühlingstag, draußen auf der Terrasse.

Vier Jahre später kam dann unser Sohn, Leonhard, natürlich bei Petra auf die Welt. Diese Geburt war noch schneller und ich genoss, wie beim ersten Mal die wunderschöne Zeit dort.

Bei unserem dritten und letzten Kind war Petra leider schon in Pension. Dennoch half sie mir mit Akupunktur und Blütenessenzen, sodass Florian zwei Stunden später im Elki (Eltern Kind Zentrum in Klagenfurt) zur Welt kam.

Ich versetzte mich während der Geburt einfach in Gedanken ins Entbindungsheim. Bei jeder Wehe schloss ich die Augen und dachte an Petra.

Im Prinzip wusste ich ja jetzt, wie eine schöne Geburt funktioniert!!!

Herzlichen Dank für diese wunderbaren Geburten!

EINE WINTERNACHTSGEBURT

Das Schönste, was wir erleben können, ist das Geheimnisvolle.
Albert Einstein

GEBURTSERLEBNIS VON EINEM VATER FESTGEHALTEN

Dieser ganz natürliche Akt ist auch für den Mann etwas Einzigartiges und Besonderes. Mitzuerleben, wie ein neues Leben die Welt erblickt, wie das Baby seinen ersten Schrei tut, ist unbeschreiblich. Ich bin jetzt sogar der Meinung, dass Väter, die die Geburt miterlebt haben, später feinfühliger und geduldiger sind.

Es war Anfang Mai, als meine Frau Virginia mit ernstem Gesichtsausdruck das Gespräch mit mir suchte und sagte "Do you remember, when we thought three kids are absolutely enough?" (Kannst du dich noch erinnern, dass wir einmal sagten, drei Kinder sind absolut genug?)

Na ja, wir hatten recht, aber jetzt kommt es doch anders! Mit diesen Worten hielt sie mir einen positiven Schwangerschaftstest unter die Nase.

Unsere drei Kinder waren in England geboren worden. Nie konnte ich es mir geschäftlich einrichten, bei den Geburten dabei zu sein.

Bisher war es immer so, dass ich meine Frau zu Hause begrüßte und sie ein „neues" Kind in den Händen hielt.

Es war jedes Mal ein Kennenlernen von mehreren Tagen und die Bindung entstand ehrlicher Weise erst, als sie zu sitzen begannen.

Wir hatten jetzt drei Söhne, Georg 6J., Andrew 5J. und Steve 2 1/2J. alt.

So sehr ich meine Kinder liebte, so sehr war es auch ein unerwartetes Erschrecken. Tausende Gedanken wirbelten in meinem Kopf herum, sagten mir, dass sich nun wieder vieles ändern würde und ich brauchte ein paar Tage, um dieses Kopfchaos zu sortieren und hauptsächlich wieder Freude zu empfinden.

Als meine Frau in der 20. SSW mit einem Ultraschallbild nach Hause kam, auf dem eindeutig zu erkennen war, dass es dieses Mal ein Mädchen sein würde, realisierte ich erst das neue Wesen in ihrem Bauch. Ich begann zu verstehen, dass sie mich mit all der Euphorie anzustecken und nicht zu überrumpeln versuchte.

Als dann ihre Mutter aus England zu uns ins Haus nach Kärnten zog und sich rührend um unsere Söhne kümmerte, hatte ich meinen Beruf gewechselt und auch mehr Zeit für uns.

Gemeinsam gingen wir dann fürs Mädchen einkaufen, suchten Kleidung aus und auch wenn ich mir anfangs einredete, dass ich mich dagegen sträubte, verfiel ich immer mehr dem Rausch meiner Frau eine Stütze beim Nestbau zu werden.

Als ich dann etwa 2 Monate vor der Geburt das neue Babyzimmer in einer Nachtschicht renovierte und einrichtete, war jede Spur von ausgeschlossen sein verschwunden und ich freute mich auf den Moment, unser Baby im Arm halten zu dürfen.

Früher hatte ich immer gesagt, ich würde im Leben keinen Säugling auf den Arm nehmen, denn ich könnte ihn ja verletzen und auch in den Kreißsaal würde ich niemals mitgehen. Nun stand für mich fest, dass ich meine Frau dieses Mal bei der Geburt nicht alleine lassen würde. Wir hatten uns beide für das Entbindungsheim Schurian entschieden. Ich wollte dabei sein, sie und unser Baby beschützen, sie stützen wenn ich konnte und natürlich war ich auch neugierig.

Drei Kinder zu haben und immer nur das „fertige Kind" begrüßen zu können, war bisher normal für mich gewesen.

Ich nahm mir jetzt auch vermehrt die Zeit, mit meinen Söhnen zu spielen und gemeinsam die Natur zu erforschen und zu erleben.

George war der Erste, der es aussprach: „Papa, es ist schön mit dir."

Es war im Jänner, ich hatte Spätschicht und wie jeden Tag in den letzten Wochen, telefonierte ich mit meiner Frau so oft ich konnte. Wie unter Zwang musste ich mich alle paar Minuten erkundigen, ob alles mit ihr in Ordnung sei und immer wieder beruhigte sie mich.

Dieser ganze Tag war schon irgendwie anders, etwas lag in der Luft, machte mich nervös, doch ich konnte nicht sagen, was es war. Meine Frau redete am Telefon von den üblichen Übungswehen, doch diesmal beruhigte ich mich nicht. Eine Alarmglocke bimmelte in mir, mein Instinkt sagte: „heute passiert was." So fuhr ich schließlich vorzeitig nach Hause, wo mich ihre Mutter an der Haustür mit der Nachricht empfing, dass vor etwa 20 min. die Fruchtblase geplatzt sei. Schlagartig wurde ich so ruhig, dass ich mich heute noch wundere, wie routiniert ich sein konnte. Es war, als handelte da jemand anderes – nur nicht ich, denn ich müsste ja eigentlich die Nervosität in Person sein.

Es schneite schon den ganzen Tag und der Schneefall wurde immer dichter. Gut dreißig Zentimeter Schnee waren gefallen und ein rutschiger Schneematsch auf den Fahrbahnen

Virginia sitzt neben mir, die Wehen haben eingesetzt und kommen so alle 5 Minuten.

Ich fahre schneller an den Autos auf der Straße vorbei. Fast läuft mir jemand vor den Wagen. Ich kann grade noch bremsen. Noch 20 Minuten bis zum Entbindungsheim und Virginias Wehen kommen immer regelmäßiger. Ich stoppe an einer roten Ampel, als eine weitere Wehe sich ankündigt.

Ich beobachte meine Frau aus dem Augenwinkel und sehe, dass sie sehr in sich gekehrt ist.

Den Rest des Weges lege ich auf der Mittelspur zurück, der Schneefall wird immer dichter und die Sicht ist nicht wirklich gut. Auf der Ossiacher Bundesstraße Richtung Buchscheiden gibt es keine Straßenbeleuchtung. Noch 10 Minuten bis zum Geburtshaus.

„Alles in Ordnung?", fragte ich. „Die war stark", sagte sie, eine Hand in ihrem Rücken. „Ich habe Angst, dass DU mir bei diesem Kind helfen musst!" Ich nickte stumm.

Es würde keine Geburt im Auto geben. Ich versuche den steilen Weg zum Entbindungsheim hoch zu fahren. Keine Chance. Ich versuche es drei Mal, aber der Schnee ist zu tief für mein Auto.

Virginia steigt aus, hüllt sich eine Decke über den Kopf und geht die 100 m zu Fuß hinauf.

Oben steht schon Petra und winkt ihr. Sie hätte wie die Mutter Maria ausgesehen, erzählte sie mir dann im Nachhinein. Virginia hätte ihr nur zugerufen: „I have to push Petra!!!"

Als ich dann endlich im Geburtszimmer ankomme, fällt mir ein Felsen von meinem Herzen. Petra begrüßte mich mit einem Lächeln und meinte, dass wir ein gutes Timing hätten, denn das Baby wird in den nächsten Minuten geboren werden.

Ich habe riesigen Respekt vor allen Hebammen und Geburtshelfern.

Petra hatte genau die richtige Balance von Dasein und Zurückhaltung. Als CTG und alle anderen Untersuchungen abgeschlossen waren, wollte Virginia in die Wanne. Die stand in einem eigenen Bad in der Nähe des Geburtszimmers. „Ich würde dir sehr gerne die Wanne mit warmen Wasser füllen, aber dafür bleibt uns leider nicht die Zeit." erklärte uns Petra. Die Wehen kommen jetzt alle Minuten. In den Ruhephasen war sie für nett gemeinte Worte empfänglich. Ansonsten besteht mein Job in Zurückhaltung. Es fiel mir jedoch schwer, Ruhe zu bewahren. Manchmal verirrten sich meine Gedanken in Überlegungen, was man denn machen könnte, um ihr die Schmerzen erträglicher zu machen. Petra kontrollierte die Herztöne, hob den Daumen und lächelte. Das hat mich sehr beruhigt, wusste ich doch so, dass mit dem Baby alles in Ordnung war. Aber schon bei der nächsten Wehe musste Virginia mitpressen.

Manchmal hielt sie sekundenlang die Luft an, das konnte ich kaum aushalten. Die Zwischenphasen sorgten kaum noch für Erholung. Wie lange hält sie das durch, fragte ich mich.

Petra und Virginia arbeiteten richtig gut zusammen. Und endlich war das Köpfchen da. Haare hat sie, dass konnte ich schon sehen, jetzt fehlte noch eine Wehe und dann war sie geschlüpft. Mein erster Eindruck war, das kleine Gesicht, faltig, grimmig, rot, wie ein alter Indianerhäuptling.

Emily war da! Sie schrie nicht, weinte nicht, nein, sie gab nicht den kleinsten Mucks von sich. Alles was sie tat, war die Hebamme mit einem grummeligen Blick anzustarren, als sei sie wütend, dass man sie aus ihrem kuschelig warmen Platz in Mamas Bauch herausgeholt hatte. All die Anspannung war weg, im Geburtszimmer war eine so ruhige, friedliche Stimmung, als hätte es keine Wehen, keine Schmerzenslaute und erst recht keine Ängste in den Stunden zuvor gegeben.

Als Mann fühlt man sich bei einer Geburt hilflos. Viel mehr als die Hand halten, Mut zusprechen und regelmäßig Wasser reichen konnte ich nicht tun. Ich wollte meiner Frau helfen, aber – ehrlich gesagt – auch nicht mit ihr tauschen. Wenn Männer Kinder gebären müssten, dann gäbe es sicher viel weniger Kinder – und bestimmt mehr Einzelkinder!

Ich ziehe den Hut vor jeder Frau, die auf natürliche Art ihr(e) Kind(er) aus eigener Kraft zur Welt gebracht hat.

Als ich die Nabelschnur durchtrennte, war das für mich ein Augenblick, der mir das Gefühl gab, einen Teil dazu beigetragen zu haben, unsere Tochter auf die Welt zu bringen. So wie ihre Mutter ihren Teil mit den Wehen dazu beigetragen hatte, auch wenn das so nicht einfach miteinander zu vergleichen ist. Aber es war eben, als hätten wir unser Kind gemeinsam geboren.

Nachdem Emily zuerst noch auf dem Bauch meiner Frau gelegen hatte, durfte nun auch ich sie halten.

Dieses Gefühl werde ich mein Leben nicht vergessen. Da war so viel Wärme, Nähe, der Wunsch, niemals mehr etwas anders zu machen, als dieses zerknautschte, wunderschöne, kleine Mädchen zu beschützen. Und in Gedanken sprach ich mit ihr: "Hallo, kleine Mau,s ich bin Dein Papa! Ja, ich bin dein Papa!", du wirst im selben Moment als Vater wiedergeboren.

Du dachtest, du liebst deine Frau, wie sonst nichts auf der Welt. Aber dieser eine Blick aus diesen dunklen Augen, der brennt sich durch dein Bewusstsein direkt in dein Herz und erfüllt es mit einer Liebe, für die es ein ganz neues Universum bräuchte, um darin Platz zu finden. Du weißt plötzlich, du willst dieses Kind, dein Kind, lieben und ehren, in guten, wie in schlechten Zeiten und es bis in den Tod verteidigen und jede Zelle in deinem Körper sagt: „Ja, ich will!"

Und genau so, meine Lieben, fühlt sich eine Geburt für Männer an. Obwohl es uns sonst schwer fällt, über Gefühle zu sprechen, aber das ist eine andere Geschichte!

DIE GEWAGTE KÄRNTENFAHRT

Ein Wagnis eingehen und über sich selber hinauswachsen gehört immer zusammen!

Sieglinde aus Velden am Wörthersee war mit ihrem Mann Klaus im Frühjahr bei mir und meldeten sich für die dritte Geburt im EH an. Mehrere Freundinnen hatte sie schon im EH besucht und sich geschworen, beim nächsten Kind auch hier zu entbinden.

Da sie jetzt bei ihrem Mann in Wien lebte, wollte sie ab Anfang August bei ihren Eltern in Velden wohnen. Klaus würde sich drei Wochen Urlaub nehmen und sie hätte dann noch 14 Tage bis zum Geburtstermin, waren ihre Überlegungen. Somit hätte sie dann auch Unterstützung durch ihre Eltern.

Es war der 30. Juli als ihr in den frühen Morgenstunden beim Umdrehen im Bett die Fruchtblase platzte.

Zuerst dachte sie, geträumt zu haben, aber das nasse Nachthemd holte sie in die Realität zurück.

Die Koffer für die Kärntenfahrt waren ja Gott sei Dank schon gepackt und so ging sie ins Bad, um zu duschen.

Gegen 7 Uhr 30 weckte sie dann doch ihren Mann, um ihm das Ereignis mitzuteilen.

Klaus verstand zuerst gar nichts, sondern meinte, dass die Fruchtblase ja erst bei der Geburt platzen würde. Nochmals erklärte Sieglinde, dass die Fruchtblase vor zwei Stunden geplatzt wäre und sie jetzt mich anrufen wird.

Klaus wurde jetzt doch etwas aufgeregt und meinte, ob es denn nicht doch besser wäre, hier in Wien zu bleiben.

„Auf gar keinen Fall!", entgegnete Sieglinde energisch und weckte ihre beiden Kinder.

Als sie mich dann um 8 Uhr am Telefon über ihre Situation unterrichtete, versuchte ich ihr ganz ruhig zu erklären, dass eine mehr als vierstündige Autofahrt mit geplatzter Fruchtblase beim dritten Kind, sehr gewagt wäre.

Sieglinde ließ sich aber von ihrem Vorhaben durch nichts abbringen und argumentierte damit, dass sie ja noch keine Wehen hätte und sie das schon schaffen werden. Sie würden sich jetzt nicht mehr all zulange zu Hause aufhalten und bald wegfahren.

Wohl war mir bei dem Gedanken ganz und gar nicht. In weiser Voraussicht blieb ich in der Nähe des Telefons und bat Raimund, für mich einkaufen zu fahren.

Um 11 Uhr klingelte das Telefon bereits und Sieglinde erzählte mir jetzt etwas kleinlaut, dass sie doch Wehen bekommen hätte. Die Abstände wären aber noch um die fünf Minuten, sie könnte sie noch sehr gut verarbeiten und wollte nur eben Bescheid sagen.

„Wo seid ihr denn jetzt genau, wollte ich wissen?"

„In der Steiermark, Nähe Leoben", kam von ihr und gerade hatte sie wieder eine Wehe.

Klaus übernahm das Handy und meinte, dass er ein sehr ungutes Gefühl hätte. Die Wehen kämen jetzt sehr regelmäßig.

„Bitte fahrt vorsichtig und meldet euch, falls ihr noch was braucht", antwortete ich und hatte auch wieder das Gefühl, dass die Zeit nicht reichen könnte. Immerhin mussten sie noch an die zwei Stunden fahren.

Beim nächsten Klingeln war Klaus am Telefon und erklärte ganz aufgeregt, dass Sieglinde nicht mehr ansprechbar wäre und eine Wehe nach der anderen jetzt käme. „Petra, was soll ich denn jetzt machen? Wir sind hier auf einer Landstraße nach Friesach und das Navi sagt, wir hätten noch 45 Minuten bis zu dir. Sieglinde hat jetzt schon zwei Mal mitgepresst und ich habe keine Ahnung was ich jetzt machen soll?! Ich glaube nicht, dass wir es bis ins nächste Krankenhaus nach St. Veit a.d. Glan schaffen."

Ganz ruhig versuchte ich mich in seine Situation hinein zu denken: „Klaus, ihr habt doch das Geburtspaket in der Apotheke geholt mit den Krankenbett Unterlagen und den Vorlagen für die Sieglinde. Das holst du jetzt bitte aus dem Kofferraum und legst davon eine Unterlage auf den Autositz unter deine

Frau." Ich hörte, wie er den Kofferraumdeckel öffnete und nach der Farbe des Plastiksackes vom Geburtspaket fragte. „Rechts, hinten das blaugrüne mit dem Apothekenzeichen!", hörte ich Sieglinde rufen. Es raschelte und knackste im Telefon. Klaus hatte es zur Seite abgelegt, um die Hände beim Suchen frei zu haben. Dazwischen waren immer Kinderstimmen zu hören wie: „Mama, kommt jetzt echt das Baby? Hast du eigentlich Babysachen im Auto zum Anziehen? Ich freue mich schon so, wenn es da ist." Dann wieder Klaus dazwischen: „Kinder bleibt bitte einfach sitzen, ok!" Ein Auto nach dem anderen hörte ich im Telefon vorbeifahren.

„Ich kann es nicht mehr zurückhalten Klaus, das Baby kommt ich spür' schon den Kopf!" „Petra was soll ich jetzt machen? Ich bringe die Hose von Sieglinde nicht herunter, die sitzt und ich kann sie nicht hochheben." Sieglinde schrie und trat in diesem Moment mit dem Fuß gegen den Magen von Klaus. „Versuche die Rückenlehne nach hinten zu drehen, damit sie mehr liegt!", versuchte ich zu helfen. „Kinder rutscht zusammen auf die linke Seite, hinten!", hörte ich ihn jetzt brüllen. - Die Nerven lagen blank.

Sieglinde hatte es dann geschafft, während der Wehenpause, ihre Hose bis zu den Knien herunter zu ziehen. Die Unterhose wölbte sich, „ich glaube da ist der Kopf schon drinnen", schilderte mir Klaus. „Schau nur Klaus, dass das Baby nichts vor dem Gesicht hat."

Irgend etwas rauschte im Telefon. „Was war das?", fragte ich nach. „Ich habe den Slip in zwei Teile gerissen und jetzt ist das Baby zwischen den Beinen von Sieglinde. Was mach' ich denn jetzt?", rief er ganz aufgeregt.

Auch ich hörte jetzt die kräftigen Schreie des Neugeborenen. „Herzlichen Glückwunsch euch beiden", sagte ich jetzt erleichtert ins Telefon. „Deckt es einfach warm zu und fahrt jetzt ganz gemütlich nach Feldkirchen", waren meine Anweisungen. „Und was mache ich jetzt mit der Nabelschnur?", fragte Klaus mit weinerlicher Stimme. „Einfach dran lassen, das ist das Beste", erklärte ich ihm noch schnell, bevor er auflegte.

Ständig ging ich auf den Hof hinaus, um die Ankunft der frisch gebackenen Familie nicht zu übersehen. Exakt um 13 Uhr und 10 Minuten fuhr das Auto auf den Hof.

Meine Praktikantin hatte den Rollstuhl hergerichtet und die Babysachen vorgewärmt.

Klaus öffnete die Autotüre, stieg aus, sah mich kurz an – und war plötzlich hinter dem Auto verschwunden. Es war einfach zu viel für ihn gewesen. Als seine Anspannung los ließ, fiel er in Ohnmacht.

Meine Praktikantin holte ein Glas Wasser mit Effortil Tropfen für den Kreislauf und nach wenigen Minuten saß Klaus kreidebleich auf der Treppe vor dem Eingang.

Das Baby hatte die Geburt wunderbar überstanden und schlief in den Armen seiner Mutter. Die Lösungsblutung von der Plazenta war über den Rand der Unterlage auf den Autositz gelaufen. Es sah ziemlich wüst aus.

In dem Fall habe ich das Abnabeln übernommen. Sieglinde rutschte auf den Rollstuhl und meine Praktikantin half ihr auf das Geburtsbett. Die Plazenta war gelöst und rutschte sofort heraus. Keinerlei Geburtsverletzungen waren zu entdecken und so konnte Sieglinde sich anziehen.

Die beiden anderen Kinder standen rechts und links beim Wickeltisch und waren sehr interessiert, wie lang und wie schwer das neue Schwesterlein war. Sie war 3580 g schwer und 52 cm lang. Jetzt kam auch Klaus in den Raum und verkündete, dass sie Alina heißen soll. Sieglinde hatte wahnsinnigen Durst und eine Stunde später haben wir alle gemeinsam zu Mittag gegessen.

„Hätte nicht gedacht, dass es dann doch so schnell gehen kann", sagte Sieglinde fast etwas entschuldigend in die Runde.

„Vor allem ich hätte nie gedacht, dass ich meinem eigenen Kind im Auto auf die Welt helfen muss!", kam jetzt von Klaus.

„Außerdem muss ich meinen Beifahrersitz irgendwie wieder sauber bekommen", erwähnte er. Das Auto war nämlich nagelneu, wie ich später erfuhr.

Der exakte Geburtsort und die genaue Uhrzeit musste im Anzeigenblatt eingetragen werden.

Hier war nun vermerkt: Friesacher Bundesstraße B 317 zwischen Friesach und Micheldorf, 12 Uhr 22 Minuten.

Klaus wird diesen Straßenabschnitt mit dem einschneidenden Erlebnis der Geburt seiner Tochter Alina nicht so schnell vergessen – besonders, wenn sie wieder auf ihrem Weg nach Kärnten daran vorbeifahren.

TRAURIGER ABSCHIED

Du bist nicht mehr da, wo du warst, aber du bist überall, wo wir sind.
Überall sind Spuren deines Lebens, Werke, Augenblicke und Gedanken.
Sie erinnern uns alle an dich und werden dich uns in Dankbarkeit nie vergessen lassen!

Die Umbauarbeiten am Haus waren nach elf Jahren soweit abgeschlossen, dass jetzt nur mehr am Eingangsbereich der Turm fehlte. Raimund und ich fuhren deshalb an einem Wochenende nach Velden am Wörthersee, um vom Schloss Velden Fotos zu schießen. Genau so einen Turm, wie das Schloss in Velden hatte, wollte er für unser Haus nachbauen.

Er konstruierte in vielen Stunden Zeichnen genau diesen Turm und reichte den Plan bei der Baubehörde ein.

Mit Holz konnte er umgehen, wie ein Schütze mit seiner Waffe. Nichts war ihm zu kompliziert oder zu schwer. Den genauen Bogen in der richtigen Dimension für den Turmdachstuhl hatte er bereits fertig und fertigte mehrere Streben dafür an.

Auch wegen der richtigen Dachdeckung war er bei mehreren Dachdeckern unterwegs gewesen, um das richtige Material zu bekommen. Die Spitze des Turmes sollte aus Kupfer sein und auch dafür fand er den richtigen Kumpel.

Immer wieder begann Raimund zu sagen, dass er sich so schlaff und müde fühlen würde. Vorerst dachte ich mir, kein Wunder bei der vielen Arbeit. Als er aber dann eines morgens gegen 10 Uhr zur Küche rein kam und sagte: „ich wollte jetzt rund um das Biotop den Schotter wegschaufeln, aber ich habe einfach die Kraft nicht mehr dazu. Mein Herz rast und ich fange an zu schwitzen. Bin eigentlich für nix mehr zu gebrauchen."

Da wurde ich wirklich hellhörig und drängte darauf, dass er noch diese Woche einen Termin für einen Gesundheitscheck machen sollte.

Der Arzt, der die Untersuchungen gemacht hatte, rief bei mir an und bat mich, zu ihm in die Praxis zu kommen.

Er zeigte mir den Blutbefund und erklärte mir, dass dieser sehr schlecht ausschauen würde und da ich ja medizinisch gebildet sei, wollte er dieses vorerst nur mit mir besprechen. Er vermutete im Körper einen sukzessiven Blutverlust, der so schnell wie möglich abgeklärt werden müsste.

Er gab mir die baldige Überweisung für eine Gastroskopie mit.

Bei der Magenspiegelung entdeckte man ein auffälliges Areal, von dem eine Gewebeprobe entnommen wurde.

Ich hatte bei meinen Gebärenden auch immer wieder Mediziner dabei gehabt und rief einen davon an, von dem ich wusste, dass er in der Pathologie in Klagenfurt arbeitete.

Als ich ihn am Telefon hatte, sagte er, dass er Raimunds Gewebeprobe gerade untersucht hätte.

Der Befund war eindeutig, dass das entartete und bösartige Zellen waren und eine Magenoperation unumgänglich wäre.

Gerald beruhigte mich erst einmal und meinte, dass man ohne weiteres einen größeren Teil des Magens entfernen kann. Er würde viele Patienten kennen, die nur mit einem Drittel Magen oder sogar gar keinem mehr, noch viele Jahre gelebt hätten.

Nach dem Telefonat, war ich dann wieder etwas entspannter und zuversichtlicher.

Raimund hatte schon in seiner Jugend immer wieder mit Magengeschwüren Probleme gehabt. Schon damals hatte man einen Teil des Magens entfernt.

Gerald empfahl Raimund, nach Wolfsberg zur Magen Operation zu gehen, da sie dort darauf spezialisiert wären.

Es war kurz vor Ostern, als wir dann mit gepacktem Koffer nach Wolfsberg ins Krankenhaus fuhren.

Raimund hatte am Vormittag noch einmal eine Gastroskopie, bei der der Magen sofort zu bluten anfing. Der Arzt erklärte mir, dass er deshalb sofort vorgezogen würde und die Operation in der nächsten Stunde stattfinden wird.

Wir wurden über die Risiken aufgeklärt und Raimund unterschrieb die OP-Bewilligung.

Ich umarmte Raimund noch einmal innigst und wünschte ihm alles erdenklich Gute für die OP und sagte ihm, dass ich ihn gleich morgen Vormittag besuchen werde.

Mutig und mit einem Lächeln winkte er mir noch einmal zu.

Als ich dann am nächsten Tag auf die Intensivstation kam, wurde mir eine Schutzkleidung gegeben und ich musste mir meine Hände desinfizieren. Ich schob die Schiebetüre zur Seite und sah beim Fenster Raimund liegen. Von zu Hause hatte ich ein Bild von uns beiden in schwarzweiß mitgebracht, auf dem ich mit Filzstift geschrieben hatte, dass ich in liebe. Mein Wunsch war, dass er das als erstes sehen sollte, wenn er aufwacht.

Ich war gerade dabei, das Bild auf den Triangel zum Anhalten darauf zu stecken, als die Intensivschwester mich ganz traurig anschaute und mich fragte, ob ich denn noch nicht beim Primar gewesen wäre. „Nein warum?", fragte ich ganz überrascht. Sie sagte mir dann, dass der Primarius mich unbedingt sprechen möchte. Er wäre jetzt in seinem Büro.

Schon beim Hineingehen merkte ich, dass irgendetwas nicht stimmte. Der Arzt erhob sich von seinem Sessel und meinte, dass wir uns auf die Sitzecke setzten sollten.

„Also, Frau Schurian", begann er mit leiser Stimme, „ich habe sehr schlechte Nachrichten für sie. Nachdem ich gestern gesehen hatte, wie innig ihre Beziehung ist, habe ich unter der Operation meine Methode, die ich sonst angewendet hätte, geändert. Als ich ihren Mann offen vor mir liegen hatte, war außer Metastasen kein gesundes Gewebe mehr zu sehen. Normalerweise schließe ich dann den Bauch und der Patient hat noch eventuell ein bis zwei Wochen. Bei ihrem Mann habe ich jetzt versucht, das Beste aus der Situation zu machen. So habe ich ihm den kompletten Magen entfernt und so viel Metastasen, wie irgend möglich abrasiert. Die Wirbelsäule war voll davon, die Leber und der gesamte Magen außen waren befallen, einen solchen Befund hatte ich noch nie."

Zuerst wollte mein Kopf diese Nachricht gar nicht registrieren. Meine Gedanken überschlugen sich regelrecht und irgendwie zog es mir den Boden unter den Füssen weg.

„Was heißt das jetzt genau?"

„Also ich habe ihrem Mann mit dieser Operation noch ein paar Monate schenken können, wie viel, weiß nur der Herrgott."

Ich stand von meinem Sitz auf und umarmte jetzt den Arzt und fing bitterlich an, zu weinen.

„Es ist besser, wenn sie mit der Realität konfrontiert werden Frau Schurian, aber bitte versprechen sie mir eines, ihr Mann darf – solange er noch auf der Intensivstation liegt – nichts davon wissen. Er muss sich jetzt erst einmal von der schweren Operation erholen und dann wird es den richtigen Moment geben, es ihm zu sagen."

Er öffnete mir die Türe und verabschiedete sich noch einmal von mir.

Mein erster Gedanke war, als ich so im Gang stand, dass ICH jetzt Hilfe bräuchte. Ich wollte jetzt mit jemandem darüber reden können und so fragte ich nach dem Klinikpsychologen.

Natürlich hatte ich keinen Termin und so war ich nicht sicher, ob der Arzt auch für mich Zeit haben würde. Ich klopfte an seiner Türe und der Psychologe bat mich freundlich herein. Als ich ihm dann noch einmal meine Situation erklärt hatte, sagte dieser einen ganz wichtigen Satz zu mir.

„Wissen sie eigentlich, dass sie beide auch Glück haben?"

Entsetzt fragte ich zurück, „wieso haben wir Glück?"

„Weil sie jetzt noch genügend Zeit haben, alles wirklich Wichtige zu besprechen. Bei einem Unfall, bei dem ein Partner plötzlich nicht mehr da ist, steht der andere völlig alleine vor allen Entscheidungen. Sie können mit ihrem Partner noch ganz bewusst Dinge regeln und zukunftsorientierte Entscheidungen gemeinsam treffen."

Er nahm sich dann noch etwas Zeit, mir ein paar Ratschläge zu geben, wie ich jetzt am besten auf Fragen von Raimund antworten sollte und verabschiedete sich dann mit den besten Wünschen für uns beide von mir.

Die nächsten fünf Monate waren dann die schlimmsten, die ich je in meinem Leben hatte.

Raimund wurde von Woche zu Woche schwächer und verlor an die 35 kg.

Sogar eine Reise nach Spanien wollte er noch unbedingt mit mir machen, um dort einen Arzt aufzusuchen, der Heilung bei Krebs versprach.

Völlig fertig und ausgelaugt besuchten wir dann noch die Eltern meiner Schwiegertochter in Valencia, deren Vater auch schwer an Krebs erkrankt war.

Unsere gemeinsame Enkeltochter war sein einziger Halt. Er wollte die kleine Marina auch noch solange, wie möglich aufwachsen sehen.

Leider verlor Raimund den Kampf mit dem Krebs noch vor ihm.

Am 18. Oktober hat er dann unsere Erde für immer verlassen. Zehn Jahre Umbauarbeiten und jetzt, als alles fertig war musste er gehen.

Sein Sohn Robert hatte ihm vorher noch versprochen, den Turm an meinem Haus fertig einzudecken, denn das hat er leider selber nicht mehr geschafft.

Viele Mütter gaben Raimund die letzte Ehre bei seinem Begräbnis und bis heute erzählen wir uns Erlebnisse mit ihm, die wir nie vergessen werden.

Danke für Alles!

VÄTER ERZÄHLEN ÜBER IHR

„GEBURTSERLEBNIS"

Kinder sind Seelen, die spüren,
wofür wir längst schon zu stumpf sind.

Unsere Söhne sind beide bei Petra auf die Welt gekommen. Daniels Eintritt in die Welt war langsam und beschwerlich: er schien seine Ankunft hinauszuzögern, um im Sternzeichen des Widder geboren zu werden, was ihm auch gelang. Er hatte auch mit einer extrem kurzen Nabelschnur zu kämpfen. Wir sind heute noch froh, bei Petra gewesen zu sein – wer weiß, ob im Spital nicht ein Kaiserschnitt vorgenommen worden wäre.

Leon wiederum kam so schnell und glatt auf die Welt, dass wir ganz verwundert waren. Ich kann mich noch genau erinnern, wie er aus dem Badewannenwasser gehoben wurde – ich hatte sofort den Eindruck, es mit einer Persönlichkeit zu tun zu haben.

Für beide Kinder und für uns war das Ambiente bei Petra ein sehr angenehmer Beginn eines neuen Abschnitts in unserem Leben.

Dr. phil. Georg Gombosch, Klagenfurt

Als werdender Vater hat man das Gefühl, dass hier Mutter und Kind zu jeder Zeit in guter und kompetenter Betreuung sind – da kann man sogar, so wie ich, beruhigt eine Stunde vor der Geburt ein Schläfchen machen.

Dr. Peter Mikosch, Klagenfurt

Ein kleiner, schwarzer Hund namens Bonzo, eine blau, schillernde Forelle, köstlicher Most, Marke Eigenbau, frisch gemachter, duftender Nussstrudel, ein idyllischer Platz am Waldrand, ein würdiges, altes Haus, damals gerade im Umbau, die kleine gemütliche Küche, Petra: die Sonne und Ruhe, Raimund:

der wind- und sonnengegerbte Baumstamm, Thomas: der Bub, der die Babys in den Schlaf massiert.

Vier herrliche Tage, Urlaub bei Freunden? Irrtum: das Entbindungsheim von Petra und Raimund in dem unser drittes Kind, Helena, im Mai 1995 innerhalb von 17 Minuten auf die Welt gekommen ist! Ein Glücksfall!!!

Oliver Vollmann, Moosburg/ Kreggab

„ÄGYPTEN"

Ein Land – so anders!

2008 musste ich nach dem Tod meines Mannes, Raimund, Abstand von zu Hause bekommen und ich brauchte dringend einen Tapetenwechsel.

Das riesige Haus, die Erinnerungen und die Leere um mich herum wurden mir einfach zu viel.

Im Reisebüro nahm ich die verschiedensten Kataloge mit nach Hause und wollte eigentlich nur für 14 Tage mit einer Freundin irgendwo in der Sonne Urlaub machen.

Beim Durchblättern blieb ich an einem Bild hängen, das ein kleines, aus Stein gemauertes Apartment zeigte, welches voll mit Bougainvillea in den verschiedensten Farben bewachsen war. Dahinter das Rote Meer und Palmen. Das ist es, dachte ich mir und als auch meine Freundin begeistert von der Hotelanlage und dem Land an und für sich war, buchten wir die Reise für zwei Wochen.

Als wir in Ägypten aus dem Flugzeug stiegen, wehte uns eine warme, würzige Luft entgegen. Die Hitze dort ist sehr trocken, man schwitzt nicht so leicht und erträgt sie deshalb besser.

Dieser Tage verbrachten wir die meiste Zeit am Strand und lernten beim Abendessen schnell die gängigsten Worte auf arabisch zu verstehen.

Irgendwie hatte ich das Gefühl, schon irgendwann einmal hier gewesen zu sein. Warum, kann ich mir bis heute nicht erklären.

Das Essen, das für meine Freundin so fremdartig schmeckte, war für mich vom Geschmack her einfach nur köstlich. Sogar die Sprache lernte ich relativ schnell und behielt auch die Vokabeln.

Nach diesem Urlaub zog es mich gedanklich immer wieder in dieses Land. Die Wärme, die Gastfreundschaft, das Orientalische, die Düfte und die Sprache hatten mich gefangen genommen.

Nach drei Monaten entschloss ich mich dann, für eine etwas längere Zeit dorthin zurück zu kehren.

Wir hatten am Strand sehr nette, deutsche Schwestern kennen gelernt, die sich schon seit Jahren in Ägypten niedergelassen hatten und in einem großen Hotel in der Verwaltung arbeiteten.

Sie halfen mir, eine geeignete Wohnung zu finden und mit der ägyptischen Bürokratie zurecht zu kommen.

In ihrem Bekanntenkreis waren zwei schwangere Europäerinnen, die verzweifelt nach einer Entbindungsmöglichkeit suchten.

Mein Wunsch, wieder meinem Beruf nachzugehen, war geweckt und ich versuchte, mich dort über das Kreiskrankenhaus als freie Hebamme anzumelden.

Nicht nur die sprachliche Barriere war ein großes Problem, sondern der Beruf „Hebamme" war in Ägypten nicht existent. Es gab nicht einmal ein Vokabel dafür.

Hier ist es üblich, in den Städten hauptsächlich durch Kaiserschnitt entbunden zu werden, da alle Ägypterinnen beschnitten sind und deshalb eine Spontangeburt immer mit erheblichen Komplikationen verbunden ist.

Europäische Frauen, die mit Ägyptern verheiratet sind, haben dadurch erhebliche Probleme, auf natürlichen Weg ihr Kind zu entbinden. Die Strategie hatte sich durchgesetzt, dass diese Frauen solange zu Hause abwarteten, bis eine Kaiserschnittgeburt nicht mehr möglich war und sie im letzten Moment mit dem Taxi im Krankenhaus ankamen. Egal wer, ob Sekretärin, Krankenschwester oder Arzt, der sie in Empfang nahm, niemand hatte auch nur einen blassen Schimmer, von einer natürlichen Geburt.

So halfen mir meine Bekannten mich als Krankenschwester anzumelden, da mein Hebammen Diplom ohnehin niemand übersetzen konnte.

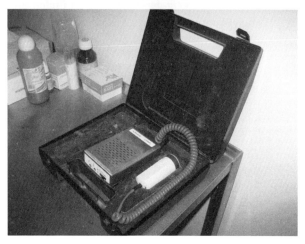

Mein erster Arbeitstag begann in der Früh um 8 Uhr, direkt im Operationssaal.

Die Frauen wurden nach dem Terminkalender operativ entbunden. Das Geld, 5000 ägyptische Pfund in der Hand, warteten sie im Eingangsbereich. Zahlten und wurden direkt mit dem Aufzug in den OP gebracht.

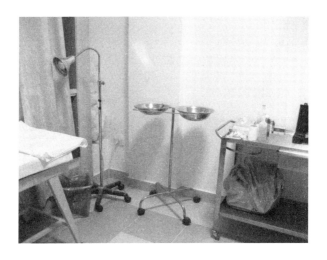

Sie bekamen ein Krankenhausnachthemd, eine Pflegerin setzte den Venenweg und anschließend wurden sie auf den Operationstisch gelegt.

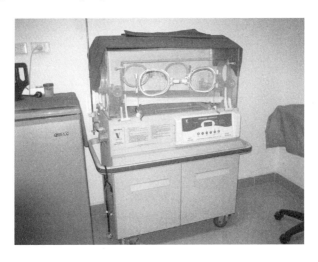

Ohne vorher ein Wort mit der werdenden Mutter gesprochen zu haben, wurde die Narkose gesetzt, der diensthabende

Arzt kam und machte den ersten Hautschnitt. Die Krankenschwester assistierte und die Gebärmutter wurde „neben" die Frau außerhalb des Körpers gelegt. Das Kind wurde herausgehoben, abgenabelt und die Gebärmutter anschließend wieder in den Bauch reponiert.

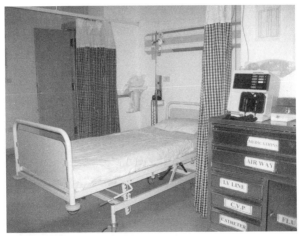

So etwas ist in Europa undenkbar!

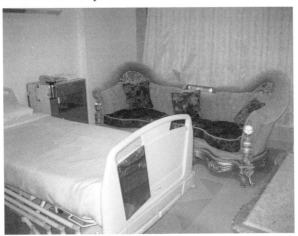

Das Kind wurde abgesaugt, abgewischt, in Tücher gewickelt und unter die Wärmelampe gelegt.

Sobald die Frau aus der Narkose aufwachte, wurde sie mit einem lauten „Yalla", das soviel heißt wie: „auf geht's!", zum Aufstehen angehalten.

Die meisten Frauen konnten gar nicht auf ihren eigenen Füßen stehen und taumelten, noch benebelt von der Narkose, ins Bett zurück. Nach genau drei Stunden mussten sie dann wieder das Krankenhaus verlassen.

Es war der dritte Kaiserschnitt an diesem Vormittag und der Arzt hielt gerade das Neugeborene in einer Hand, das er soeben aus der Gebärmutter gehoben hatte. Laut gestikulierend deutete er zur Schwester, das Kind zu nehmen. Mit einem scharfen Ton sagte er irgend etwas auf Arabisch, das ich nicht verstehen konnte.

Was jetzt kam, kann ich bis heute nicht begreifen. Sie nahm mit der Hand eine Zeitung, breitete diese neben dem Mülleimer am Boden aus und legte das Neugeborene nackt darauf. Laut brüllte das Baby und schlug mit seinen kleinen Armen um sich.

Sobald die Krankenschwester in meiner Nähe war, fragte ich mit meinem bescheidenen Arabisch, warum das Kind dort liegen muss und nicht versorgt wird. Stumm schüttelte sie den Kopf und sagte mit gebrochenem Englisch, dass das bei Frühgeburten oder bei behinderten Kindern hier so üblich wäre und „inshaallah" – so Allah will, wenn das Kind drei Stunden überleben würde, würde es versorgt werden. Ansonsten wird es Allah überlassen, darüber zu entscheiden, ob es lebt oder nicht.

Unglaublich, die Frau hatte drei Wochen zu früh ihre Wehen bekommen! Der Kaiserschnitt war vorbei, die Frau wurde auf ein Zimmer gebracht und das Baby hatte bereits nach 40 Minuten, blaue Hände und Füße. Es schrie verzweifelt und zitterte dabei.

Sobald sich bei mir die Gelegenheit bot, und der OP-Saal leer war, kniete ich mich zu dem Kleinen hin und wärmte mit meinen Händen seine Füße. Nach ein paar Minuten schaute mich das Baby mit seinen dunkelbraunen, großen Augen an und mein Gewissen konnte es nicht mehr aushalten. Ich nahm den Kleinen und legte ihn auf den Reanimationstisch, schaltete die Wärmelampen an und deckte den Kleinen zu.

Nach ein paar Minuten war er eingeschlafen. Ich wollte gerade den Raum verlassen, als ein Pfleger herein kam. Er sah das Neugeborene, drehte auf dem Absatz um, und war weg.

Der diensthabende Arzt kam mit lautem Gebrüll auf mich zu und erklärte mir auf Englisch, dass dies mein letzter Arbeitstag wäre. – Freiwillig, wäre ich ohnehin nie wieder dorthin zurück gegangen.

Im Internet gab es eine Gruppe, die sich die „Hurghada Mums" nannte. Als bekannt wurde, dass ich Hebamme bin und jetzt hier in Hurghada lebe, konnte ich mich vor lauter Anfra-

gen nicht mehr wehren.

Zehn Frauen meldeten sich spontan für einen Schwangerschaftskurs an und wollten natürlich auch dann bei mir entbinden.

Mein Problem war jetzt, dass ich in keinem Krankenhaus arbeiten und deshalb den Frauen nur Hausgeburten anbieten konnte. Für die meisten war das kein Problem.

Frauen, die allerdings im Familienverband lebten, konnten zu Hause nicht entbinden. Die Anwesenheit von Männern – auch in den Nebenräumen – war in Ägypten streng verboten.

So richtete ich mein Gästezimmer als Geburtsraum ein, nahm sämtliche Geräte (CTG, Fetal Doppler, Sauerstoffgerät mit Maske) von Österreich mit und konnte zumindest eine Notfall-

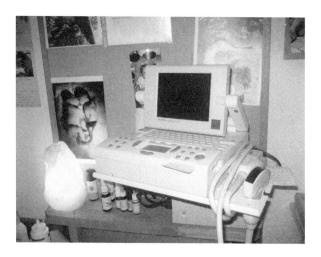

medizin anbieten.

Außerdem schaute ich mir die Frauen ganz genau an, ob sie für mich ein Risiko darstellten. Ich nahm Keine, die schon vorher eine Komplikation in der Schwangerschaft, eine Grunderkrankung oder sonstige Probleme hatte.

In Ägypten gibt es nur ganz wenige Rettungsfahrzeuge und die meisten Patienten kommen mit dem Taxi ins Krankenhaus.

Allerdings mitten in der Nacht, die Tageszeit, zu der die meisten Geburten stattfinden, musste man warten, bis zufällig ein Taxi vorbeifährt. Auch solche Risiken musste man in Ägypten einkalkulieren.

Zwei Mal musste ich Geburten abbrechen und konnte die Frauen rechtzeitig ins Krankenhaus begleiten.

Die Ärztinnen dort kannten mich mittlerweile schon und waren eigentlich sehr dankbar für meine Hilfe.

So wurde es für mich möglich, bei reicheren Familien, die Geburt im Krankenhaus zu begleiten. Bezahlt wurde ich nur über die Familie und Europäerinnen bekamen meistens im Ausland einen kleinen Zuschuss von der Krankenversicherung, den ich dann als Honorar bekam.

Das Problem, Babykleidung für Neugeborene aus Baumwolle in Ägypten zu bekommen, veranlasste mich dann, ein eigenes Geschäft aufzumachen. Ich bot Schreibwaren, wie Mal und Zeichenartikel, die es so gut wie nicht zu kaufen gab im vorderen Bereich an. Im hinteren Geschäftsraum gab es Alles für Neugeborene.

Von der Babyhängematte, über Babyfelle, Kiefer-gerechte Schnuller, Still-BHs, Fencheltee und sämtliche Bekleidung für die Babys aus Europa. Jedes Mal, wenn ich zu Hause war, nahm ich 40 kg Kinderbekleidung mit und verkaufte die, wie die warmen Semmeln in meinem Geschäft.

Die meisten Kundinnen waren Europäerinnen, aber immer wieder verirrte sich eine Ägypterin in mein Geschäft und war ganz erstaunt, was es da alles zu kaufen gab.

Nach vier Jahren konnte ich mich recht gut auf arabisch unterhalten, was mir bei zwei Überfällen in meinem Geschäft sehr half.

Ich hatte mir, bei einem Straßenschleifer ein Messingschwert scharf schleifen lassen und dies als Dekoration und Waffe an die Wand hinter meiner Kasse gehängt.

Beim ersten Überfall kamen gegen Abend zwei Ägypter mit langen Dschallabijas (bodenlanges Gewand) und bloßfüßig ins Geschäft. Sie sprachen miteinander auf Arabisch, dass sie mir mein Handy stehlen wollten, das auf dem Kassentisch lag.

Der Eine sollte mich ablenken, und der Andere würde dann das Handy klauen.

Sie hatten nicht damit gerechnet, dass ich sie verstehen konnte. So machte ich gute Mine zum bösen Spiel. Ich grüßte auf Englisch und fragte, wie ich helfen könne.

Der Eine ging zu den Bleistiften und fragte, welcher denn am besten wäre.

Oben in der Ecke meines Ladens hatte ich mir einen Parabolspiegel montiert und konnte somit um die Ecke in den Kassenbereich sehen. Der Andere steckte gerade mein Handy in seine Tasche. Als beide anschließend zur Türe gehen wollten, lud ich sie auf Arabisch ein, mit mir Tee zu trinken.

Überrascht fragten sie auf Arabisch: „Du sprichst Arabisch?"
„Jawohl", gab ich zur Antwort.

Es ist äußerst unhöflich in Ägypten eine Teeeinladung auszuschlagen, und so bot ich ihnen die Sitzecke an.

Als sie sich gesetzt hatten, griff ich beherzt zu meinem Schwert, schleuderte die Scheide in den Raum und hielt es dem Einen an den Hals. „Gib mir sofort mein Handy wieder!", schrie ich ihn an.

„Maalish" (Entschuldigung), stammelte er. Zitternd griff er in seine Tasche und legte das Handy auf den Tisch.

„Bist du Moslem?", fragte ich ihn. Als er es bejahte, sagte ich ganz deutlich: „Schade, denn ein Moslem stiehlt nicht!" Jetzt hatte ich ihn an seiner Ehre gepackt und er begann zu heulen.

In Ägypten ist Selbstjustiz bei Vergehen, wie Diebstahl oder Betrug ganz legal und so hatten sie Respekt und Angst vor mir.

„Verschwindet!", schrie ich und sie liefen aus dem Geschäft. Ich musste jetzt nur ein einziges Wort rufen und das war „Harami", das soviel, wie „Diebe" bedeutet. Den Rest erledigten alle männlichen Passanten vor dem Geschäft. Die Diebe wurden von den Männern verprügelt, getreten und davon gejagt.

Die beiden machten in Zukunft einen großen Bogen um mein Geschäft.

Der zweite Überfall war ganz anderer Natur. Ein älterer Ägypter betrat mein Geschäft, legte einen 100-Dollarschein auf den Kassentisch und forderte dafür 10 Minuten Sex.

Geistesgegenwärtig sagte ich zu ihm, dass ich nur kurz auf die Toilette gehen würde: „Just a moment, please!"

Ich hatte mit dem Besitzer des Geschäftes nebenan eine Abmachung getroffen: wenn ich seine Telefonnummer wähle und gleich wieder auflege, bräuchte ich dringend Hilfe. So war das meine Rettung.

Als ich von der Toilette zurück kam, flog im nächsten Moment die Geschäftstüre auf und der Nachbar kam herein. „Was ist hier los?"

Der Ägypter wollte seinen 100-Dollarschein gerade wieder einstecken, aber ich war schneller.

Als wir uns den Schein genauer ansahen, sahen wir auch noch, dass es Falschgeld war. Sofort riefen wir die Polizei, diese führten ihn in Handschellen ab und setzten ihn auf einen offenen Jeep. Jetzt war er regelrecht an den Pranger gestellt. Die Leute auf der Straße bespuckten ihn, schmissen mit Steinen und beschimpften ihn aufs Äußerste.

Gott sei Dank! Auch bei diesem Überfall ist mir nichts passiert.

Nach fast 6 Jahren hatte ich 143 Frauen vor dem Kaiserschnitt gerettet und lauter gesunde Kinder zur Welt gebracht.

Es war nicht immer einfach und immer öfter gab es Momente, da wollte ich einfach wieder nach Hause.

Dennoch möchte ich diese Zeit meines Lebens nicht missen, da ich auch sehr viel Wertvolles erlebt habe. Ich hatte eine andere Kultur kennen und verstehen gelernt.

Nachdem Präsident Mubarak gestürzt wurde und sogar das Wasser in Hurghada knapp zu werden drohte, entschloss ich mich, meine Zelte wieder abzubrechen.

In drei Monaten hatte ich das Geschäft und meine Wohnung wieder relativ gut verkauft und kam zu Weihnachten 2012 wieder wohlbehalten nach Hause zurück.

Der Wüstensand in den Küchenkästen und die riesigen Kakerlaken gehen mir Gott sei Dank nicht ab, aber die Menschen, die ich dort kennen und schätzen gelernt habe, sehr wohl.

„MEIN WERTVOLLER ERFAHRUNGSSCHATZ"

„Lernen ist Erfahrung, alles Andere ist Information!"
Albert Einstein

AKUPUNKTUR UND DIE ZWEI WICHTIGSTEN TYPEN DER FRAUEN (MILZ- UND LEBERTYP)

Die Akupunktur-Unterstützung hat schon viele Schwangerschaft, Geburten und Wochenbettbegleitungen erleichtert und für die Frauen erträglicher gemacht. Mit Hilfe der Traditionellen Chinesischen Medizin (TCM) kann besonders in der Frühschwangerschaft gegen Appetitlosigkeit, Übelkeit und Brechreiz, die sich bis hin zum Erbrechen steigern können, geholfen werden. Die Ausprägung der Übelkeit kann unterschiedlich stark sein und dauert meistens nicht länger als 3-4 Monate an. Aus der Sicht der chinesischen Medizin ist diese Hyperemesis (übermässiges Schwangerschaftserbrechen) eine Erkrankung der Mitte mit einer Störung im Magen- und Milzfunktionskreis, mit vermehrter Schleimbildung und es kommt zu einer gegenläufigen Energierichtung.

Auch bei Beckenendlagen kann man die Akupunktur zur Änderung der Kindslage einsetzen, wenn das Kind die Möglichkeit hat, sich zu drehen.

Eine wertvolle Hilfe war die Akupunktur immer zur Geburtsvorbereitung – hier ist es besonders wichtig, je nach Frauentypus (Milz oder Leber-Typ, s.u.) zu unterscheiden. Eine viermalige Sitzung ist ausreichend, wenn die Punkte richtig gewählt werden.

Bei vermehrter Wasseransammlung (Ödemen).

Während der Geburt ist die Akupunktur sehr hilfreich bei Schmerzen, zur Unterstützung der Wehen und Muttermund

Eröffnung. Hier ist es jedoch „kriegsentscheidend", die Frau dem richtigen Typus zu zuordnen: Milztyp oder Lebertyp.

Selbst zur psychischen Stabilisierung verwendete ich die Akupunktur – auch für Väter!

Selbstverständlich können Narbenentstörung akupunktiert werden, um die Stagnation in den Meridianen zu beseitigen.

Zur Plazentalösung ist der wichtigste Akupunkturpunkt die Ni 16.

Bei Milchbildungsstörungen und -stau: schon während der Akupunktur beginnt oft die Milch, zu fließen.

Dezidierte Angaben zu den Akupunkturpunkten finden sie im TCM Akupunktur Leitfaden.

DER „MILZTYP"

Diese Frau ist leicht daran zu erkennen, dass sie einen weichen Händedruck bei der Begrüßung hat und leider ein schlechtes Bindegewebe mitbringt. Schwangerschaftsstreifen sind vorprogrammiert, die Gewichtszunahme in der SS ist erhöht, die aktive Bewegung an frischer Luft wird gemieden und der Couch zum Handarbeiten, Lesen und Fernsehen der Vorzug gegeben. Sie ist über-fürsorglich, was die Betreuung des Mannes oder der restlichen Familie angeht und zieht sich zurück zum Weinen, wenn es Konflikte gibt. Sie fügt sich, wenn Entscheidungen getroffen werden. Bevorzugte Farben bei der Kleidung: Herbstfarben, Ocker, Gelb, Rostrot, Lindgrün

Einfach liebe, weiche, mütterliche Frauen!

DER „LEBERTYP"

Schon bei der Begrüßung ein kräftiger Händedruck, der durch viel Reden untermauert wird.

Straffes Bindegewebe und gut geformter, fester Bauch, der sich, wie ein Fußball vor dem Körper abzeichnet. Normale Gewichtszunahme, manchmal SS erst im 5. Monat erkennbar. Sie liebt Sport und Bewegung bis zum SS-Ende.

Ihre Stimme ist laut und bestimmt, mit ihr unterstreicht sie ihre Vorstellungen. – Oft sind Leber-Frauen "Karrierefrauen".

Jähzornig setzt sie ihre Wünsche bei Konfrontation durch, es gibt kein Nachgeben, sie kämpft bis zum Schluss, wenn sie im Recht ist. Bevorzugte Farbe: blau

Selbstbewusste, straffe Frauen, radikal, was aber nicht heißt, dass sie nicht auch lieb sein können.

Die „Mischtypen" haben von beiden Typen etwas, während der Geburt manifestiert sich, welcher Typ sich letztendlich durchsetzt.

„Liebliche Karrierefrauen".

VOR- UND NACHTEILE BEI DER GEBURT UND IM WOCHENBETT BEI DEN VERSCHIEDENEN TYPEN:

Die „Milzfrau" hat bei der Geburt den Vorteil, dass sie wunderbar aufgeht. Der MM ist weich und geht bis zu 8 cm zügig auf. Leider auch manchmal schon vorzeitig in der SS.

Danach ist „Sendepause". Durch die Bindegewebsschwäche haben diese Frauen einfach nicht die Kraft, im Liegen ihr Kind heraus zu bekommen.

Wenn diese Frauen, wie Käfer auf den Rücken gelegt werden, geht es ohne Mithilfe durch Chrystellern (festes Mitdrücken von oben auf den Bauch) der Muskelkraft eines Arztes, einer Hebamme oder sogar der Saugglocke nicht.

Diese Frauen sollten unbedingt aufrecht gebären. Die große Hilfe der Schwerkraft kommt hier absolut zum Tragen.

Die Wehen haben eine ansteigende und wellenartige Struktur. Gute Wehenpausen.

Sie sind schnell weinerlich und verzweifelt, wollen sich nicht bewegen und genießen Wärme.

Warme Getränke und eine Wärmflasche im Kreuz tut ihnen sehr gut.

Für Wassergeburten sollte man diese Frauen nicht vor 8 cm MM ins warme Wasser lassen. Alles was früher passiert, ist äußerst kontraproduktiv. Sie machen es sich im warmen Wasser urgemütlich, drehen sich zur Seite, beginnen manchmal sogar zu schlafen. Die Wehen verabschieden sich und das Kind kommt „Übermorgen"!

TCM Akupunkturpunkte: siehe TCM Akupunktur Leitfaden Tabelle „Milzfrau".

Sie neigt zu Blutungen* nach der Geburt und hat eine verzögerte Rückbildung der Gebärmutter (siehe Nachwehen- und Rückbildungsöl).

Diese Frauen haben sehr schnell viel Milch (meistens schon am Ende der SS) und es „rinnt" überall. Tränen, Wochenbettfluss, Milch, Harn, Schweiß sind typische Symptome.

Diese Frauen neigen dazu, in der SS „komplett aus dem Leim zu gehen". Sie benötigen dringend nach der SS eine gute Unerstützung, um ihre ursprüngliche Figur einigermaßen wieder herstellen zu können. Der tollste "Figurformer" ist der Bauchgurt (elastischer Gurt mit 25 cm Breite und einem gut haftenden Klettverschluss), dieser wurde bei mir sofort noch im Liegen (ganz wichtig, da der gerade Bauchmuskel gestützt werden muss) nach der Geburt, vor dem ersten Aufstehen angelegt!

Die Frauen bekamen dadurch besser Luft beim Atmen und beim ersten Mal Aufstehen und Gehen. Der Bauch bildete sich in 14 Tagen gut zurück!

„Leider ist der Bauchgurt in Vergessenheit geraten!"

Die „Leberfrau" hat den großen Nachteil, dass sie einen sehr straffen (rigiden) MM hat und daher auch relativ langsam aufgeht. Wenn diese Frauen noch psychische Probleme mitbringen, kann sich die Geburt über Tage hinziehen. Sie haben keine Geduld und können sehr zornig werden. Die Wehen kommen krampfhaft und intensiv. Sie haben nur sehr kurze Wehenpausen. Sie brauchen Kälte, also kalte Getränke oder einen kalten Waschlappen auf die Stirn.

Der riesen Vorteil der Leberfrauen: sie sind beim Pressen einfach „Spitze". Durch die guten Bauchmuskeln haben sie genug Kraft, um hervorragend mit zudrücken. Sie würden ihre Kinder auch im Kopfstand gebären – wenn es sein müsste.

Wenn sie eine Wassergeburt wünschen, ist es egal, wann sie in die Wanne steigen. - Sie bewegen sich freiwillig, so lange es ihnen gut tut.

Bei diesen Frauen fließt die Muttermilch oft erst am dritten Tag nach der Geburt. Sie halten generell alle Flüssigkeiten zurück.

Der Wochenfluss fließt eher spärlich, jedoch bildet sich die Gebärmutter sehr schnell zurück, was sich leider auch in kräftigen bis krampfartigen Nachwehen bemerkbar macht.

Auch der Bauchgurt hilft mit Wärme im Kreuz gegen die starken Nachwehen.

Milchbildungstee und TCM Akupunktur (siehe TCM Akupunktur Leitfaden Tabelle „Leberfrau"), sind weitere Optionen.

ANTI-D-IMMUNGLOBULINE

Eine Blutgruppenbestimmung in der Frühschwangerschaft gehört zu den üblichen Schwangerschaftsvorsorgemaßnahmen. Alle Rh-negativen Mütter erhalten vorbeugend in der 28. Schwangerschaftswoche und spätestens 72 Stunden nach der Geburt eines Rhesus-positiven Kindes eine Gabe von Rhesusfaktor-Antikörpern (Anti-D-Immunglobulin). Eine Antikörperbildung bleibt so aus und Folgeschwangerschaften sind nicht gefährdet.

APGAR TEST

Mithilfe des Apgar-Tests bewerten Arzt und Hebamme den Gesundheitszustand des Neugeborenen unmittelbar nach der Geburt.

Entwickelt wurde dieser medizinische Gesundheitscheck, mit dem der Zustand des Neugeborenen nach der Geburt beurteilt wird im Jahr 1953 von der New Yorker Narkoseärztin Dr. Virginia Apgar. Seit damals gehört der Apgar-Test zur Erstversorgung von Neugeborenen dazu.

Die Ergebnisse des Tests zeigen, wie das Baby die Geburt überstanden hat, wie gut es den Anpassungsprozess außerhalb des Mutterleibs bewältigt und, ob es sich nach anfänglichen Schwierigkeiten schnell erholt. Untersucht werden fünf Lebensfunktionen:
- Die Hautfarbe des Babys,
- der Herzschlag,
- die Reaktionen beim Absaugen,
- der Muskeltonus und
- die Atmung

Für jeden Einzeltest bekommt das Neugeborene 0 bis 2 Punkte. Die Punkte werden zusammengezählt: Acht bis zehn Punkte bedeuten, dass es dem Kind gut bis sehr gut geht, eine Bewertung unter sieben Punkten zeigt an, dass das Neugeborene Schwierigkeiten hat, sich den neuen Lebensbedingungen anzupassen und eine medizinische Versorgung braucht.

Deshalb wird der Apgar-Test nach fünf und noch einmal nach zehn Minuten wiederholt. Hat das Baby bei der ersten Untersuchung weniger als vier Punkte, wird sofort behandelt. Wenn alles optimal ist, ergibt sich die Traumnote 10. Erschrecken Sie nicht, wenn Ihr Baby bei den ersten beiden Tests weniger Punkte erreicht: Auch eine Summe von 7 oder 8 wird noch als „lebensfrisch" bezeichnet. Die meisten Neugeborenen haben nach 10 Minuten aufgeholt und präsentieren sich in bester Form.

AUSROTIERT

Das Baby muss sich bei der Geburt durch das knöcherne Becken drehen. Der Beckeneingang ist queroval, die Beckenmitte ist rund und wenn der kindliche Kopf den Beckenboden erreicht hat, tastet man die kindlichen Fontanelle senkrecht. Dann spricht man davon, dass der Kopf „ausrotiert" ist.

ASPHYXIE

Bei der Asphyxie (griech. asphyktos = "pulslos") handelt es sich um einen vor, während oder nach der Geburt einsetzenden Sauerstoffmangel des Neugeborenen mit Atemstörung und Kreislaufzusammenbruch.

Vor der Geburt kann ein Sauerstoffmangel durch eine Minderdurchblutung der Plazenta (Nachgeburt), Nabelschnurkomplikationen oder Infektionen entstehen.

Zum Zeitpunkt der Geburt besteht beim Neugeborenen eine verschlechterte Atmung, eine sogenannte Atemdepression. Das Kind ringt nach Atem und atmet sehr oberflächlich, ohne tiefe Atemzüge. Die Herzfrequenz fällt unter hundert Schläge pro Minute ab, die Muskulatur ist schlaff. Die Haut verfärbt sich blau, wenn der Sauerstoffmangel im Blut im Vordergrund steht (blaue Asphyxie) oder weiß, wenn es zum Kreislaufzusammenbruch gekommen ist (weiße Asphyxie). Erst bei weißer Asphyxie ist eine zusätzliche Sauerstoffgabe erforderlich.

BAIHUI

Baihui, der Punkt der „100 Verbindungen", ist ein ganz besonderer Akupunkturpunkt, mit dem jede Akupunkturbehandlung beginnen kann. Der Baihui beruhigt, entspannt und erhellt das Bewusstsein. Die aufhellende Wirkung der Seele-Körper-Verbindung kann man meist auch bei der alleinigen Nadelung des Baihuis feststellen.

Deshalb habe ich besonders diesen Punkt auch sehr oft bei den betreuenden Vätern verwendet. Innerhalb von nur fünf Minuten waren sie ausgeglichen und nicht mehr so nervös. Manche sind sogar während der Geburt neben dem Bett eingeschlafen.

BÄUCHLEIN- ODER VIERWINDEÖL

Das Bäuchleinöl oder Vierwindeöl habe ich in Apotheken für meine Frauen mischen lassen. Auf 50ml Mandelöl sind je 5 Tropfen ätherische Öle von Anis, Kümmel, Fenchel und Koriander vermischt worden.

Im Uhrzeigersinn bei jedem Wickeln mit sanfter Massage des Bauches einreiben. Bei akuten Blähungen ein Babygenussbad machen und anschließend das Öl verwenden, wie oben beschrieben.

BECKENENDLAGE: MUTTER UND KIND SIND PERFEKT FÜR DIESE GEBURT EINGERICHTET

Originaltext von Frau Dr. Bärbel Busters-Hoffmann

Mehrmals in der Woche sitzen uns schwangere Frauen in der Schwangerenambulanz gegenüber, die besorgt und unglücklich sind, weil ihr ungeborenes Kind noch „falsch herum" liegt. Dabei sind die Schwangerschaften oft kaum älter als 35. SSW oder es handelt sich um Frauen, die bereits gut geboren haben und dennoch haben die Eltern bereits Wochen voller Sorge hinter sich. Wo man sich für die Schwangere Zuversicht und Unbeschwertheit wünschen würde, kreist all ihr Denken und Handeln um die Notwendigkeit, das ungeborene Kind zur Wendung zu bewegen, da sonst unausweichlich der Kaiserschnitt auf sie zukommt. Indische Brücke, Moxen, Osteopathie, wegweisender Einsatz der Taschenlampe, immer wieder erfährt man von teilweise skurilen Ideen, die das Kind zur Wendung bewegen sollen.

DIE BECKENENDLAGE (BEL) IST EINE NORMVARIANTE UND KEINE PATHOLOGIE

Schließlich ist das Vorliegen einer BEL zunächst einmal kein pathologischer Befund, sondern nur die seltenere Variante einer physiologischen Poleinstellung. Zwischen 3 % und 5 % aller Föten verharren bis zum Geburtstermin in BEL, je jünger also die Schwangerschaft, desto häufiger wird noch eine Steißlage vorliegen. Bis zum Termin drehen sich 95% der Kinder spontan in Schädellage. Grund genug also, zunächst davon auszugehen, dass es nicht bei einer BEL bleiben wird. Aber selbst wenn das Kind sich bis zur 37. SSW noch nicht gedreht hat: dann ist jetzt zunächst einmal der Zeitpunkt gekommen, die geburtshilflichen Optionen zu reflektieren. Keinesfalls ist eine BEL eine absolute Sectio (Kaiserschnitt) Indikation, im Gegenteil – das Vorliegen einer BEL alleine ist überhaupt nicht als Sectio Indikation zu werten. Es gilt vielmehr, die Gesamtsituation gut zu erfassen und mit den werdenden Eltern zusammen ein individuelles, geburtshilfliches Vorgehen zu erarbeiten, das ihnen in ihrem Umfeld und ihrer Lebenssituation entspricht.

WAS SAGEN UNS DIE LEITLINIEN?

Die aktuelle Leitlinie zu Beckenendlagengeburten lässt uns dabei unter Beachtung klarer Rahmenbedingungen jeglichen Spielraum: so kommt die äußere Wendung, die primäre Sectio, die Sectio nach Geburtsbeginn und selbstverständlich auch die Spontangeburt in Betracht.

Bei aller Empathie für die Not der schwangeren Frauen, empfinde ich immer wieder auf's Neue Unverständnis für eine Beratungspraxis zu der Thematik BEL, die schwangere Frauen derart verunsichert.

Bei der Entscheidungsfindung wird vor allem auf die Kopf-Rumpf-Proportion des Kindes geachtet, auch darauf, wie gut das Kind zur Mutter proportioniert scheint und, wie groß das zu erwartende Geburtsgewicht ist. Wichtiger wäre, die Länge der Conjugata vera (Durchmesser des mütterlichen Beckens) zu kennen. Diese sollte nicht unter 11,5 cm messen und/oder 1,5cm länger als der Bip (Kopfdurchmesser des Ungeborenen) des Kindes sein. Erheben wir hier Normalbefunde, stehen uns geburtshilflich alle Wege offen.

Es ist dabei gar nicht notwendig, dass die Eltern sich frühzeitig auf einen Weg festlegen, sie sollen einfach um die Optionen wissen, gut informiert und damit in der Lage sein, den für sie richtigen Geburtsmodus zu wählen. Das ist sicher nur bedingt eine intellektuelle Entscheidung, sondern in hohem Maße auch eine Entscheidung „des Bauches". Wir als Geburtshelfer wissen sowieso, dass wir jeder Geburt vorurteilsfrei begegnen müssen, dass immer alles sein kann und, dass das Anstreben der Spontangeburt und das Glücken der Spontangeburt durchaus noch zweierlei ist.

ERFAHRUNGEN UND VORURTEILE

Vielmehr als die evidence based medicin mit ihren Leitlinien beeinflussen die eigenen Erfahrungen und Vorurteile unser Handeln und unsere Beratungspraxis. Und gerade das ist die crux, hier zeigt sich der Teufelskreis: gute geburtshilfliche Erfahrungen und das Vertrauen in physiologische Prozesse gehen immer mehr verloren, die geburtshilfliche Kunst stirbt aus. Wie viele der Geburtshelfer in Schlüsselpositionen haben jemals normale Geburtsverläufe ohne Interventionen begleitet? Haben erlebt, was alles gut geht, wie die Natur sich selber hilft?

Haben erlebt, dass die menschliche Zuwendung und das Zutrauen in die Potenz der Gebärenden genau den Unterschied zwischen gelungener Geburt oder medizinischer Intervention machen? Ganz zu schweigen von Beckenendlagengeburten. Wer von den Fachleuten, die den Frauen von Spontangeburten abraten, die ihnen Angst machen, ihnen ein schlechtes Gewissen machen, wer von ihnen hat jemals eine spontane BEL-Geburt erlebt? Natürlich sind Vorbehalte nachvollziehbar. Versucht man sich nämlich das Thema Beckenendlagengeburt aus den gängigen Lehrbüchern theoretisch zu erarbeiten, muss man zwangsläufig kapitulieren. Nahezu gegen alle Wahrscheinlichkeit scheint es zu sein, dass eine solche Geburt glücken kann, selbst wenn der kundige Geburtshelfer sich im Dschungel der Manual Hilfen zurechtfinden sollte.

Geburtshelfer müssen die eigene Haltung reflektieren.

Eigene Vorbehalte zu haben, ist dabei das eine. Dennoch ist es unsere Pflicht und Ausdruck unserer Professionalität, objektiv zu beraten, vorurteilsfrei alternative Wege darzustellen und den gewählten Weg dann nach bestem Vermögen zu begleiten.

Sind wir da wirklich ehrliche Ratgeber? Geht es uns wirklich um das beste outcome für Mutter und Kind? Die Studienlage zeigt doch eindeutig, dass kurzfristiges und langfristiges outcome für Mutter und Kind sich nicht unterscheiden – keinesfalls aber zum Nachteil der Spontangeburt. Warum werden Daten dann einfach ignoriert, wo doch sonst unser Handeln sich ständig auf Statistiken beruft?

Offensichtlich geht es noch um etwas Anderes, vielleicht auch Irrationales. Es fällt sehr viel leichter, zum Kaiserschnitt zu raten, als zur spontanen Geburt, schließlich wird dabei ja das angeblich maximal Mögliche für Mutter und Kind getan. Wenn dann etwas Unvorhergesehenes passiert, muss sich niemand einen Vorwurf machen: schließlich hat man ja das Beste gewollt.

GEBURTSHELFER UND ELTERN MÜSSEN LERNEN VERANTWORTUNG ZU TRAGEN

Entscheidet man sich dazu, die werdenden Eltern bei einer Spontangeburt zu begleiten, tragen beide Seiten ungleich schwerer an der Verantwortung. Kommt es hier zur Komplikation, muss man sich immer den Vorwurf gefallen lassen, das Schicksal heraus gefordert zu haben. Das geht sogar so weit, dass Eltern sich von Laien und Fachleuten unterstellen lassen müssen, ihr Kind aus Egoismus und Verantwortungslosigkeit zu gefährden...
Ist es denn so unstrittig, dass der Kaiserschnitt geburtshilflicher Goldstandart ist? Ist es völlig egal, wie wir gebären, wie wir geboren werden? Reicht es, wenn Mutter und Kind die Geburt (einigermaßen) körperlich unversehrt überleben, oder hat das Gebären selbst auch einen eigenen Wert? Wir können doch eigentlich nicht umhin anzuerkennen, dass Geburt Physiologie ist, dass sie ein zutiefst menschliches Geschehen ist, dass das Normale normal ist.

EINE VOLLKOMMENE CHOREOGRAFIE DER NATUR

Wie wunderbar sind Mutter und Kind doch für die Geburt eingerichtet! Wie perfekt sind Mutter und Kind für die Geburt aus Beckenendlage eingerichtet! Anders als aus Schädellage haben wir bei den Geburten aus Steißlage lagebedingt das Privileg, das Kind genau dabei beobachten zu können, wie es sich, den Erfordernissen des Geburtskanales folgend, ideal dreht und anpasst und sich so quasi aus seiner Mutter herausschraubt.

Wir haben hier die Chance zu erleben, wie dynamisch, wie angemessen eine Geburt verläuft, wenn sich die Mutter im Vorfeld damit befasst hat, wie sie gebären möchte und im Vertrauen auf die eigene Ressourcen die Spontangeburt anstrebt. Wir sind Zeuge einer vollkommenen Choreografie der Natur, deren Ästhetik und Funktionalität unseres Eingreifens nur in den seltensten Fällen bedarf. In der Betreuung von Beckenendlagen erlegen wir uns äußerste Zurückhaltung auf: nach Möglichkeit keine Geburtseinleitung, keine Amniotomie (Blasensprengung), unbedingt aufrechte Gebärpositionen. Wir haben verstanden, dass unser Eingreifen oft unnötig und störend ist und der erste Eingriff weitere nach sich zieht, uns in Zugzwang bringt und Geburten kaputt machen kann.

„MAN MUSS VIEL WISSEN, UM WENIG ZU TUN"

Wir sollten wertschätzen, dass wir an diesen Beckenendlagengeburten neu erfahren dürfen, was eigentlich für die allermeisten Geburten Geltung hat – wir werden nicht gebraucht als Macher und Bestimmer. Geburtshilfliche Kunst – statt geburtshilflicher Chirurgie.

Mit all unserem Zutrauen in physiologische Prozesse sind wir die Begleiter im Hintergrund. Mit all unserer Geduld geben wir der Geburt ihren Raum. Mit all unserer medizinischen Erfahrung wissen wir, wann es Zeit ist, einzugreifen und stehen dann mit unserem medizinischen Knowhow und Equipment bereit.

BLÜTENESSENZEN

Ob Original Bachblütenessenzen, Allgäuer Blütenessenzen oder die wertvollen Blütenessenzen von Erika Pichler: alle haben etwas ganz Besonderes in sich.

Stellen sie sich eine blühende Bergwiese vor und genießen sie diese Pracht! – Merken Sie, wie alle Ihre Sinne dadurch angeregt werden?

Haben Sie sich schon einmal länger im Lebensraum eines Baumes aufgehalten und seinen Rhythmus, seine Energie gespürt?

Pflanzen sind einmalig. Jede Art und jeder Standort. Unterschiedliche Vegetations- und Klimazonen, sowie regional unterschiedliche Bodenbeschaffenheit und Umweltbedingungen bilden die Grundlage für ihr Wachstum, ebenso Einflüsse von Sonne und Mond.

Dies führt zu ihrem differenzierten Gedeihen. Und so können sich in den Pflanzen unterschiedliche Energien ausprägen, die verschieden auf uns Menschen wirken. Im Gegensatz zu uns sind Pflanzen uralt. Ohne die Pflanzenwelt könnten weder die Tiere, noch die Menschen auf der Erde überleben. Und die Pflanzen sind auch zum Unterschied von uns Menschen vollkommen. Das heißt, in ihrem Sein nicht verbesserungswürdig. Auch zum Unterschied von uns. Dies sind die Worte von Erika Pichler und ich habe mehrere Fortbildungen im Mölltal mit ihr genießen dürfen.

Die Wirkungen von Blütenessenzen muss man sich mit Erfahrung erarbeiten und dann sie mit Dankbarkeit einsetzen!

Vielen Frauen konnte ich sich damit eine Einleitung ersparen, Hebammen konnten Ängste nehmen und Zuversicht schenken.

BLUTUNGEN

Blutungen während der Geburt. Es gibt keine Entbindung, bei der es nicht blutet.

Starke Blutungen während der Wehen sind daher wahrscheinlich eher auf eine vorzeitige Plazentalösung zurückzuführen, die zudem Schmerzen im Unterleib und eine fötale Mangelversorgung verursachen kann. In so einem Fall stabilisiert die Hebamme die Gebärende und transferiert sie in eine Klinik.

Verstärkte Blutungen nach der Entbindung sind mit einem erheblichen Blutverlust für die Mutter verbunden.

Außer Gerinnungsstörungen sind die häufigsten Ursachen eine verzögerte, nicht vollständige oder gar nicht stattfindende

Lösung des Mutterkuchens (Plazenta) und die unzureichende Rückbildung der Gebärmutter, unmittelbar nach Lösung des Mutterkuchens.

Erhöhte Blutungsneigung: Blutgerinnungsstörungen, die mit einer zu langsamen Blutgerinnung einhergehen, sind entweder erworben, zum Beispiel durch blutverdünnende Medikamente, oder angeboren. Die Betroffenen bluten dann häufiger und länger.

CRANIO SACRALE OSTEOPATHIE

Die Cranio Sacrale Therapie ist eine sehr sanfte, nicht invasive Methode, mit welcher auch Schrei-Babys untersucht und behandelt werden können. Das dynamische Gleichgewicht in Körperstrukturen, wie Knochen, Hirn- und Rückenmarkshäuten, Organen und Gehirnflüssigkeit (Liquor) kann mit cranio sacralen Handhaltungen wieder hergestellt werden. Bei Störungen oder Blockaden werden stille, sanfte Lösungstechniken angeboten. Das bewusste und subtile „in Beziehung treten" mit den Strukturen des cranio sacralen Systems ermöglicht dem Kind eine tiefgreifende Entspannung. Mit der Anregung der Selbstheilungskräfte von Körper und Seele werden nicht nur strukturelle, sondern auch emotionale Spannungen gelöst.

Ganz typisch ist es auch, beim Stillen zu Erkennen, wenn eine Verspannung am Kopf da ist.

Die Babys trinken zum Beispiel auf dem linken Arm ganz normal an der Brust und sobald man sie auf den rechten Arm nimmt, um die andere Brust leerzutrinken, beginnen sie lauthals zu schreien, drücken den Rücken ins Hohlkreuz und werden krebsrot im Gesicht. Mit aller Kraft versuchen sie, sich aus dieser Lage zu befreien.

Was ist der Grund dafür? Wie schon im Kapitel „Schreikinder" erzählt, hängt es meistens mit der Geburt oder starken Emotionen in der Schwangerschaft zusammen.

DAMMFLECK (FLECK = KÄRNTNER BEZEICHNUNG FÜR KOMPRESSE)

Die Hebamme (oder der Geburtshelfer) stützt, sobald der Kopf das Dammgewebe dehnt, dieses mit ihrer einen Hand. Die andere Hand liegt auf dem kindlichen Kopf und reguliert dessen Durchtrittsgeschwindigkeit (sog. Kopfbremse). Gleichzeitig wird die Gebärende zu einem langsamen, wohldosierten Mitschieben angeleitet. So kann der Kopf langsam über den Damm geboren werden, welcher somit genügend Zeit hat, sich zu dehnen.

Vorbereitend für den Dammschutz kommen vielerorts auch warme Dammkompressen, die auch als Dammfleck bezeichnet werden zum Einsatz. Die Wärme steigert die Elastizität des Dammgewebes.

DAMM MASSAGE

Die Massage des Dammes in der Schwangerschaft macht diesen weicher und für die Geburt elastischer. So kann sehr oft ein Dammschnitt während der Geburt vermieden werden. Im Geburtsvorbereitungskurs habe ich den Eltern die Massage folgender Maßen erklärt: Die Frau legt sich entspannt hin und stellt die Beine auf. Das Umfeld sollte gemütlich und vertraut sein. Am besten eignet sich dafür das Schlafzimmer. Gedämpftes Licht und ein gutes Dammmassage Öl sind gute Voraussetzung. Der Partner führt zwei Finger gut eingeölt in die Scheide ein und dreht jetzt die Fingerkuppen zum Beckenboden (BB). Jetzt sollte die Frau ganz bewusst den BB einmal anspannen. Sofort ist der BB als harter Strang für ihn zu tasten. Genau diesen heißt es jetzt zu dehnen und nicht den Scheidenausgang. Die Frau sollte jetzt einatmen, der Partner sagt, wann er mit der Massage beginnt. In diesem Moment atmet die Frau lange und entspannt aus und der Partner massiert jetzt halbrund von links nach rechts und zurück mit gutemn Zug. Anfangs wird die werdende Mutter etwas protestieren, da sie diesen Dehnungsschmerz nicht kennt. Kein Mitleid haben, sondern konsequent weiter arbeiten – nicht länger als fünf Minuten, aber dafür mindestens vier Mal in der Woche. Je früher sie mit der Massage beginnen, desto besser. spätestens ab der 30. SSW!

Je öfter sie massieren, desto leichter dehnt sich das Gewebe und wird weich und nachgiebig. Man kann jeden Muskel trainieren, so auch den BB Muskel. Bei der Geburt ist es dann auch für die Frau kein Problem, wenn der Kopf den Damm zu dehnen beginnt, da sie jetzt dieses Empfinden gut kennt und damit umgehen kann.

Wenn jetzt noch zusätzlich ein warmer und gut eingeölter Dammfleck beim Dammschutz verwendet wird, ist von einem Dammschnitt keine Rede mehr. Die meisten Frauen empfinden die Wärme als sehr angenehm und trauen sich dann auch, dorthin zu pressen.

MEINE DAMMMASSAGE-ÖL-REZEPTUR:

50ml Jojobaöl (kann im Gegensatz zu Weizenkeimöl nicht ranzig werden)

Ätherische Öle: je 10 Tropfen Muskateller Salbei (entspannend, Angst-lösend, desinfizierend und aphrodisierend) und Rosenöl (sehr weiblich, entspannend, stimmungsaufhellend, antiviral und antibakteriell, krampflösend, auch während der Geburt).

DUCTUS ARTERIOSUS

Der Ductus arteriosus ist eine physiologische Kurzschlussverbindung zwischen der Aorta (Hauptschlagader) und der Lungenarterie vor der Geburt.

Da die Lunge vor der Geburt noch nicht belüftet ist und somit auch noch nicht relevant durchblutet wird, fließt das Blut über den Ductus arteriosus aus der Lungenschlagader direkt in die Aorta. Nach der Geburt schließt sich diese Öffnung.

EINLEITUNGSMÖGLICHKEITEN

Vorausschicken, möchte ich unbedingt, dass diese alternativen Einleitungsvorschläge nur dann einen Sinn haben können, wenn die Schwangerschaft tatsächlich beendet ist.

Eine Geburtsbereitschaft kann nur dann vorhanden sein, wenn der Muttermund verkürzt, verstrichen oder leicht geöffnet und ein gut eingestelltes Köpfchen tastbar ist.

Eine absolute Voraussetzung ist, dass der Geburtstermin auch wirklich stimmt und erreicht ist.

Siehe Kapitel: „Die Langzeitmieter".

Bei einer Terminüberschreitung von einer Woche, habe ich immer zuerst die Schwangere gründlich untersucht. Erst bei einem wirklich reifen MM-Befund und einem gut eingestellten Köpfchen habe ich den Wehencocktail empfohlen.

Mein Rezept: Je nach Körpergewicht bei 60 kg:
- 3 EL Rhizinusöl (bei mehr als 80kg 1EL mehr vom Rhizinusöl), dazu
- 4 EL Öl, ½ Stamperl (=Schnapsglas) Cognac,
- ½ Tasse Fruchtnektar (Marille)

gut vermischen und zügig trinken.

Nach 1 ½ Stunden den gleichen Cocktail noch einmal, dann aber mit nur 1 EL Rhizinusöl. Zusätzlich ist eine Brustwarzenstimulation in warmen Wasser sehr unterstützend. Zwischen zwei Fingern die Brustwarze etwas herausziehen und hin und her rollen.

Eine weitere Möglichkeit ist es, mit körpereigenen Hormonen des Mannes zu arbeiten:

Natürliche Prostaglandine sind in der männlichen Samenflüssigkeit ausreichend vorhanden.

Wenn sie sich noch einmal ein „Schäferstündchen" mit ihrem Partner gönnen möchten, wäre dies sicherlich im Sinne einer Einleitung produktiv. „So wie sie hineingekommen sind, kommen sie auch wieder heraus", sagte mir eine ältere Kollegin bei einem Kaffee.

Diese Gewebshormone sind äußerst wehen-stimulierend und sind bei einer Klinikeinleitung in chemischer Form in den Einleitungstabletten enthalten. Aber wie schon erwähnt, bringen sie nur dann etwas, wenn die Geburtsbereitschaft gegeben ist.

Die beste Erfahrung hatte ich mit der Kombinationsmethode.

Nach einem Untersuchungsbefund, der als „reif" bezeichnet werden konnte, habe ich den Muttermund – wenn notwendig – reponiert, (siehe Kapitel: Die Nie und Nimmerfrau) da dann der Kopf des Babys direkt am Muttermund Druck ausüben konnte und so die Schwerkraft mithalf ihn zu dehnen. Durch vermehrtes Bücken war bei den meisten Frauen der Muttermund nach hinten gerutscht und außer einem vermehrten Ziehen in der Leistengegend hat sich wehentechnisch nichts tun können!

Anschließend, habe ich je nach Frauentyp (siehe TCM-Akupunkturleitfaden) die Akupunkturpunkte zur Einleitung gesetzt.

Nach der Akupunktur habe ich der Frau geraten, noch alle Zutaten für den Cocktail zu besorgen und noch einen romantischen Nachmittag mit ihrem Partner zu verbringen.

Nachmittag deshalb, da ja der Cocktail in zwei Partien mit 1 ½ Stunden Wartezeit getrunken wird und anschließend sich der Darm ausgiebig entleert.

Meistens war es so, dass wir uns noch in der selben Nacht zur Geburt wiedergesehen haben!!!

ENTSPANNUNGS- ODER GENUSSBAD DES NEUGEBORENEN

Für Neugeborene gibt es nichts Schöneres, als ein Entspannungsbad. Nur sollte man es auch richtig machen. Die Meisten legen das Baby auf ihrem Unterarm und halten den Oberarm des Babys fest. Gleichzeitig stützen sie den Kopf des Kindes mit dem Unterarm. So badet man ein drei Monate altes Kind, aber kein Neugeborenes.

Genau das ist es, was die Babys nicht wollen. Sie kommen doch aus dem Wasser und wollen auch in dieses Urelement wieder zurück versetzt werden.

Heben sie ihr Kind beim Hinterkopf und zwischen den Beinen hoch und legen sie es genauso auch ins körperwarme Badewasser. Meine Babys wurden in Molke Babybad gebadet. Jetzt lassen sie die Hand am Hinterkopf so weit nach unten sin-

ken, bis beide Ohren des Baby unter Wasser sind.

Sofort wird sich das Kind entspannen und die Augen schließen. Es hört wieder das Wasser rauschen und fühlt sich vollkommen sicher unter Wasser. Ich habe dann die Hand am Hinterkopf vollkommen ausgelassen und dem Baby den kleinen Finger zum Saugen angeboten. Schwerelos schwimmen sie jetzt im Wasser.

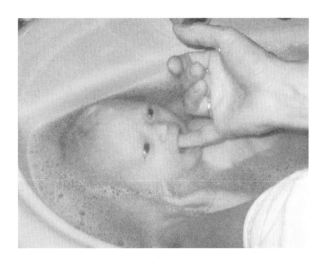

Wenn sie das als Vater direkt erleben wollen, steigen sie mit ihrem Kind gemeinsam in die Badewanne (das Wasser bitte nicht zu heiß oder zu kalt machen) und lassen sie es zwischen ihren Beinen schweben. Sie werden sehen, wie entspannt und friedlich die Kinder dabei sind.

Jetzt kommt noch ein wichtiger Aspekt. Wenn sie jetzt das Kind wieder aus dem Wasser nehmen, legen sie es auf dem vorgewärmten Wickeltisch nicht auf den Rücken. Die Babys brauchen die Erdung, wenn sie auf den Rücken gelegt werden, rudern sie ganz panisch mit ihren Armen durch die Luft (Mororeflex) und fangen panisch an, zu schreien. Sobald sie aber in der Bauchlage, die warme Unterlage spüren, sich daran festhalten können und warm zugedeckt werden, bleibt das aus.

FRUCHTWASSER

Ihr Baby fühlt sich im Fruchtwasser sehr wohl. Es ist geschützt vor Druck und Stößen von außen und kann sich darin relativ frei bewegen, bis es so groß geworden ist, dass es eng wird. Die wachsartige weiße Käseschmiere (Vernix caseosa), von der bei der Geburt häufig noch Reste zu sehen sind, schützt das Kind und sorgt dafür, dass die Haut im Fruchtwasser nicht zu sehr aufweicht.

Gleich nach der Einnistung der befruchteten Eizelle beginnen die winzigen Häute der Fruchtblase mit der Produktion von Fruchtwasser. Ab der 14. Lebenswoche trinkt das Ungeborene Fruchtwasser in kleinen Schlucken und scheidet es über seine Nieren und Harnblase wieder aus. Gegen Ende der Schwangerschaft wird das Fruchtwasser etwa alle drei Stunden komplett ausgetauscht. Der Fruchtwasser-Kreislauf trainiert so schon vor der Geburt die Nieren- und Schluckfunktion.

Wenn das Baby aber in eine Stresssituation (z.B.: die Nabelschnur bekommt Druck durch den Beckenring) kommt und der Sauerstoffgehalt im Blut sinkt, scheidet es Kindspech (Mekonium) in das Fruchtwasser aus. Das Fruchtwasser verfärbt sich je nach Menge hell- bis dunkelgrün. Allerdings können die Häute (Amnion und Corion) der Fruchtblase innerhalb von drei Stunden das Fruchtwasser wieder klar filtern.

Ein sehr altkluger 8-jähriger Sohn meinte bei der Geburt seines Geschwisterchens im Geburtszimmer bevor die Blase gesprungen war: „ich bleibe jetzt noch bis der Fruchtsaft kommt, aber dann gehe ich raus!" – Na dann Prosit!

GEBURTSSTILLSTAND IN DER AUSTREIBUNGSPERIODE

Immer wieder kann es vorkommen, dass die Geburt plötzlich zum Stillstand kommt. Der Kopf ist bereits sichtbar und es fehlen plötzlich die Wehen.

In der Klinik ist es einfacher, da hängt man ein wehenförderndes Medikament an und die Wehen kommen wieder in Gang. Bei außerklinischen Geburten ist man dann sehr froh, wenn man eine Methode mit **"spontaner" Wirkung** zur Verfügung hat. Man spritzt subcutan jeweils rechts und links am Di4, 0,5ml Syntocinon.

Die Wirkung tritt unmittelbar, also ca. innerhalb von einer Minute ein und bewirkt eine sehr gute Kontraktion der Gebärmutter. Meistens ist dann das Kind mit wenigen Wehen spontan geboren.

Für mich war es nach der TCM-Ausbildung ein echter "Segen", dies zur Verfügung zu haben.

KEHRTWENDE

Um ein Baby, das sich in der BEL befindet umzudrehen, müssen die Voraussetzungen stimmen.

Das Kind hat sich immer wieder von selber in die Kopflage begeben und wieder zurück. Das ist die allerbeste Voraussetzung, dass es auch die Möglichkeit dazu hat.

In diesem Fall empfehle ich der Schwangeren, mit Hilfe ihres Partners einen Hand- oder Kopfstand z.B. gegen eine geschlossene Türe oder eine Wand zu machen. Ist die Schwangere zu schwach, um sich mit den Händen halten zu können, kann man es auch in einem Schwimmbad unter Wasser versuchen.

Die ganze Prozedur dauert nicht einmal eine Minute und ist daher auch machbar.

Durch die 180°-Drehung der Mutter, schlüpft das Kind relativ leicht – auch wegen des Fruchtwassers – aus dem Becken. Da der Kopf, das schwerste beim Kind ist, dreht sich beim Wiedereinnehmen des normalen Standes auf beiden Beinen der Kopf mit Hilfe der Schwerkraft nach unten ins Becken. Die Mutter spürt sofort danach einen Druck auf der Harnblase. Bitte, dann auf gar keinen Fall das Ganze noch einmal wiederholen!!!

Mit dieser Methode, habe ich sehr vielen Kindern geholfen, sich nach unten, in die richtige Geburtsposition zu drehen. Unmittelbar danach habe ich die Herztöne rechts oder links unter dem Bauchnabel gehört. Bei einer Steißlage sind die Herztöne immer über dem Bauchnabel zu finden.

Wenn aber ein Kind ab der 32. SSW immer in der Steißlage war, hat es einen Grund dazu. Eine Vorderwand Plazenta könnte es davon abhalten, sich in die „Normal-Lage" zu drehen oder die Nabelschnur ist z.B. zu kurz für eine Drehung in die „Normal-Lage". Beides sind Gegebenheiten, die man nicht ändern kann.
Auch gibt es Familien, in denen die Steißgeburt vererbt wird und dann kann auch diese Längslage spontan entbunden werden. Siehe Kapitel „Martinas Rückwärts-Kinder".

KINDER ALT GENUG, UM BEI DER GEBURT DABEI SEIN ZU KÖNNEN

Um Kinder bei einer Geburt dabei sein zu lassen, sollten sie nicht jünger als 5 Jahre sein. Ab diesem Alter kann man Kindern zutrauen, dass sie selbst entscheiden können, was sie wollen.

Eine vertraute Person sollte außer dem Partner dennoch anwesend sein, um das Kind zu betreuen, falls es die Mutter oder das Kind nicht mehr möchte. Die letzte Entscheidung liegt dann voll und ganz bei der Gebärenden.

KINDSPECH UND MEKONIUMASPIRATION

Schwarzgrün, klebrig und zäh: so lässt sich am besten das Kindspech beschreiben.

Kindspech ist der Darminhalt des Ungeborenen und wird ab der 13. SSW gebildet. Darmzellen, Gallenflüssigkeit, Hautzellen, Käseschmiere und Lanugo Haare das alles schwimmt im Fruchtwasser herum, wird vom Baby verschluckt und sammelt sich im kleinen Bauch, bis es nach der Geburt ausgeschieden wird. Deshalb ist Kindspech streng genommen eigentlich kein Stuhl im herkömmlichen Sinne. Denn eine Nahrungsaufnahme hat ja noch nicht stattgefunden.

In der Regel scheiden Neugeborene in den ersten ein bis zwei Tagen nach der Geburt das Kindspech aus. Umso früher das Kindspech sich entleert, desto besser für Baby's Gesundheit.

Eine Mekoniumaspiration tritt nur bei Neugeborenen auf. Das ist dann der Fall, wenn Mekonium, das sogenannte Kindspech, in die Lungen der Neugeborenen eingedrungen ist. Gelangt das Kindspech über das Fruchtwasser in die Lunge, dann ist eine der unmittelbaren Folgen eine erhebliche Atemnot nach der Geburt. Die Mekoniumaspiration gehört zudem zu den Störungen, die über bestimmte Krankheitsvorgänge zu einem sogenannten Atemnotsyndrom des Neugeborenen führen können. Besteht ein entsprechender Verdacht, wird eine Röntgenuntersuchung des Brustkorbs in die Wege geleitet, um die Diagnose zu bestätigen.

Was können die betroffenen Eltern noch tun? Wenn das eigene Kind mit einer Mekoniumaspiration zur Welt gekommen ist, sollten die Eltern eine regelmäßige Überwachung ihrer Kinder anstreben. Besonders wenn diese Kinder an Atemwegserkrankungen oder Atembeschwerden leiden, ist Vorsicht geboten.

LEBENSBAUM – PLAZENTA

Die Plazenta hat das Kind die ganze Schwangerschaft hindurch ernährt und gehört solange einfach zum Kind dazu, bis es geboren ist. Daher ist auch die Geburt der Plazenta, mal ganz abgesehen von den rein physiologischen Gründen, noch Teil des Geburtsprozesses. Die Plazenta wird manchmal nur wenige Minuten nach dem Kind, bis hin zu einer knappen Stunde später geboren.

Die Plazenta wird auch als Nachgeburt oder Mutterkuchen bezeichnet. Am Ende der Schwangerschaft wiegt sie durchschnittlich circa 500 Gramm, ist zwei bis vier Zentimeter dick, und hat einen Durchmesser von 15 bis 30 Zentimetern. Es gibt eine mütterliche und eine kindliche Plazenta Seite. Während die mütterliche Seite eher schwammig ist und vom Aussehen her oft mit Leber verglichen wird, ist die kindliche Seite glatt und glänzend. Auf ihr verlaufen die Blutgefäße sehr verästelt, was ihr den schönen Namen „Baum des Lebens" eingebracht hat.

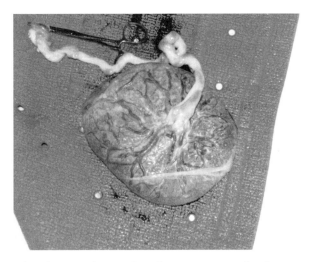

Viele Eltern nehmen die Plazenta mit und pflanzen ein Bäumchen darauf, den sogenannten „Lebensbaum" – wenn das von den Behörden erlaubt ist (oder auch nicht)!

LÖSUNGSZEICHEN

Normalerweise löst sich die Plazenta von selbst – innerhalb von dreißig Minuten nach der Geburt des Babys. Die frischgebackene Mutter hat dann nochmals Wehen, durch die die Plazenta ausgeschieden werden kann.

Für die Hebamme ist es wichtig, zu kontrollieren, ob die Plazenta komplett abgelöst ist. Dies kann man ganz einfach feststellen, indem man die Handkante oberhalb des Schambeines der Frau vorsichtig in die Tiefe drückt. Zieht sich die Nabelschnur, die jetzt vor der Vulva zu sehen ist, nicht mehr zurück, ist die Plazenta gelöst.

LOTUSGEBURTEN

Wenn die Nabelschnur nach der Geburt nicht durchtrennt wird, sondern mit der Plazenta verbunden bleibt, bis sie (nach etwa 3 bis 10 Tagen) von selbst abfällt, spricht man von einer Lotusgeburt. Einige Hebammen sehen darin gesundheitliche Vorteile für das Baby, da es angeblich weiter über den Mutterkuchen mit Mineralien, Nährstoffen und Vitaminen versorgt wird. Bislang gibt es jedoch keine wissenschaftlichen Studien, die diesen Nutzen belegen.

Die Bezeichnung geht auf die US-amerikanische Hellseherin Claire Lotus Day zurück, die aufgrund von Beobachtungen bei Schimpansen das Durchtrennen der Nabelschnur in Frage stellte. Diese Praxis wird von vielen Naturvölkern durchgeführt, ist aber in zivilisierten Ländern eher selten anzutreffen. Da in Kliniken eine hohe Keimbelastung herrscht, wird die Lotusgeburt in der Regel nicht dort, sondern im Rahmen einer Hausgeburt praktiziert. Befürworter dieses postpartalen Vorgangs sehen in dem Belassen der Nabelschnur viele Vorteile. So sollen die Neugeborenen beispielsweise ausgeglichener und weniger anfällig für Krankheiten sein. Die angeblichen Vorzüge sind bislang jedoch nicht durch wissenschaftliche Studien belegt. Und aus oben beschriebenen Gründen der Geruchsbelästigung rate ich auch dringend von einer sogenannten Lotusgeburt ab.

NABELSCHNUR

Die Nabelschnur ist ein Strang aus Gefäßen, der während der Schwangerschaft das ungeborene Kind mit der Plazenta der Mutter verbindet. Über die Nabelschnur ist der Kreislauf des

Ungeborenen mit dem Blutkreislauf seiner Mutter verbunden. So wird das Kind mit allen Nährstoffen versorgt, die es benötigt. Sie besteht aus zwei Arterien und einer Vene, wobei die Vene hier sauerstoffreiches und die Arterien sauerstoffarmes Blut führen. In den ersten Schwangerschaftswochen wächst die Nabelschnur auf eine Länge von etwa 50 bis 60 Zentimetern an. Sie ist dann ungefähr zwei Zentimeter dick und meist spiralförmig. Die Natur hat dies deshalb so eingerichtet, da eine Spirale dehnbar ist und nicht wie ein gerader Gartenschlauch abknicken kann. So ist eine Nabelschnur Umschlingung auch nicht weiter ein Problem, wenn sie nicht gegen etwas hartes (Beckenring) gedrückt wird.

Sogar ein doppelter Nabelschnur Knoten, den ich bei einer meiner Geburten im EH hatte, war überhaupt kein Problem.

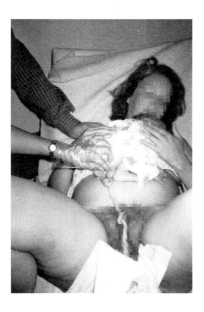

Eine Nabelschnur um den Hals des NG macht im Prinzip auch keine Probleme, soweit diese lang genug ist. Sollte die Nabelschnur jedoch um die Schultern des Babys liegen, erkennt die Hebamme das sofort an den Herztönen während einer Wehe. Dies habe ich immer dadurch gelöst, dass ich die Gebärende in den Vierfüßlerstand gebeten habe, da die Nabelschnur dann meistens von selbst von den Schultern Richtung Hals rutscht, wo viel mehr Platz ist.

Beim Durchtrennen der Nabelschnur, ohne diese abzubinden, kann überhaupt nichts passieren, da die Gefäße sich sofort zusammenziehen und die Blutung gestoppt wird.

Bei Säugetieren nabelt auch niemand ab, sondern die Nabelschnur reißt beim Aufstehen der Mutter an der sogenannten Bruchstelle ab. Die Tierkinder verbluten aus diesem Grund auch nicht!

NACHWEHEN- UND RÜCKBILDUNGSÖL

Das Nachwehenöl erleichtert der Wöchnerin die Nachwehen, die bei jedem weiteren Kind leider zunehmen. Das Öl entkrampft und lindert deshalb den Schmerz.

Mein Rezept: 50 ml Basisöl (Jojoba-, Weizenkeim- oder Mandelöl) je 5 Tropfen Ätherische Öle von Majoran, Lavendel und Rosenholzöl dazu mischen.

Die Rückbildung der Gebärmutter (wieder auf ihre ursprüngliche Größe) kann dadurch unterstützt werden. Vor allem bei einer verzögerten Rückbildung, die meistens bei einem sehr großen Kind oder bei Mehrgebärenden vorkommt, ist das Rückbildungsöl eine große Hilfe.

Rückbildungsöl: 50ml Basisöl und je 5 Tropfen Ätherische Öle von Eisenkraut, Nelke, Zimt und Ingwer dazu mischen.

Nachwehen- und Rückbildungsöl mit warmen, feuchten Kompressen auf den Lendenbereich legen!

Nicht auf den Bauch, da es sonst zu verstärkten Nachblutungen kommen kann!

NEUGEBORENEN GELBSUCHT

Die Neugeborenengelbsucht (Neugeborenenikterus) ist häufig – sie kommt bei etwa drei von fünf Neugeborenen vor. Bei einer Neugeborenengelbsucht sammelt sich der gelbe Gallenfarbstoff (Bilirubin) im Körper an. Liegt eine bestimmte Menge von Bilirubin im Blut vor, äußert sich das in einer Gelbfärbung von Haut und Schleimhaut.

Eine Neugeborenengelbsucht muss nicht krankhaft sein. Oft ist sie Anzeichen eines ganz normalen Prozesses: nach der Geburt werden im kindlichen Körper sehr viele rote Blutkörperchen abgebaut.

Zwischen dem dritten und fünften Lebenstag erreichen die Bilirubinwerte beim Neugeborenen normalerweise Ihren Höhepunkt. Steigen die Bilirubinwerte nicht über bestimmte Grenzwerte und haben sie sich nach einer Dauer von zehn Tagen bis zwei Wochen wieder normalisiert, handelt es sich um eine normale Neugeborenengelbsucht (physiologischer Neugeborenenikterus), bei der keine Behandlung nötig ist.

Meine Babys durften bereits am Tag der Geburt unter den Apfelbäumen in einer Babyhängematte an die frische Luft. Durch die Blätter kam auch das UV-Licht in geringer Dosis auf die Haut der Kinder und half das Bilirubin schneller abzubauen.

OMPHALOZELE

Während einer normalen Schwangerschaft werden die Bauchorgane nach außen in die Nabelschnur außerhalb der Bauchwand verlagert (physiologischer Nabelschnurbruch) und wandern gegen Ende des 3. Entwicklungsmonats in die Bauchhöhle zurück. Bei einer Omphalozele bleibt diese Rückverlagerung aus, die Bauchorgane (Darm, Leber oder Milz) befinden sich daher teilweise innerhalb der Nabelschnur, die sie als dünnes Häutchen (Bruchsack) gegenüber dem Fruchtwasser schützt. Da die Organe jedoch bereits während der Schwangerschaft zu lange außerhalb des Bauchraumes liegen, kann sich die Bauchwand nicht normal entwickeln. Es resultiert eine sehr kleine Bauchhöhle.

Die Diagnose wird vor der Geburt im Rahmen der Ultraschalluntersuchungen in der Schwangerschaft gestellt. Eine Omphalozele ist frühestens ab der 12. Schwangerschaftswoche für den Gynäkologen sicht- und erkennbar.

Die Therapie ist in der Regel operativ und besteht in einer Rückverlagerung des Bruchsackinhaltes in die Bauchhöhle. Dies kann bei kleinen Omphalozelen als primärer Verschluss erfolgen. Bei großen Defekten muss die Behandlungsstrategie im Einzelfall festgelegt werden.

PERIDURALANÄSTHESIE (PDA)

Hierbei handelt es sich um eine lokale Betäubung des Unterleibs durch eine Anäthesie-Spritze in Höhe des dritten oder vierten Lendenwirbels, auch vereinfacht Rückenspritze genannt. Sie bietet Frauen bei der Geburt eine deutliche Schmerzlinderung. In vielen Kliniken können die Gebärenden die Dosierung des Narkosemittels per Knopfdruck sogar selbst bestimmen und die PDA auf Wunsch für die Presswehen auch ganz abstellen.

Die Erfahrungen sind unterschiedlich. Manche Frauenärzte empfehlen gerade bei der ersten Geburt den Schwangeren, eine PDA nicht von vorneherein auszuschließen. Nicht allein aufgrund der Schmerzlinderung, sondern weil eine Periduralanästhesie Verkrampfungen und Blockaden im Körper lösen kann und damit die Geburt begünstigt. Wichtig ist bei all dem: Du allein entscheidest, wann es Dir zu viel wird und, ob Du Dir das Betäubungsmittel geben lassen willst. Wenn die PDA gesetzt ist, verläuft es folgender Maßen.

Nach etwa 10 bis 20 Minuten hat die PDA ihre volle Wirkung entfaltet. Du spürst noch, wie Dein Bauch hart wird unter den Wehen, manchmal auch Druck und Ziehen, aber die Schmerzen sind weg, beziehungsweise deutlich abgeschwächt. Sie können von ihrer Intensität her verglichen werden mit den Schmerzen, die Du während der Periode spürst.

Hin und wieder wirkt das Narkosemittel nur links oder nur rechts, die andere Seite ist noch „wach". Sag dann sofort Bescheid. Oft hilft es schon, wenn Du Dich auf die Seite legst, in der Du noch Schmerzen hast, damit der Wirkstoff dorthin fließen kann. Oder der Arzt muss die Lage des Katheters leicht korrigieren.

Diese Form der Schmerzbehandlung ist inzwischen so hoch entwickelt, das sie den Geburtsverlauf nicht, wie häufig gesagt, negativ beeinflusst. Die Frauen können auch mit der PDA aktiv mitpressen.

PELVIC PRESS

Bei einem Kongress in Graz hatte ich die Möglichkeit die Hebamme Ina May Gaskin (Farmhebamme aus Tennesee) persönlich kennen zu lernen. Sie brachte in ihrem Vortrag die Methode des Pelvic Press. Das ist für uns Hebammen eine ganz wichtige Information gewesen, wie man das innere Becken unter der Geburt weiter machen kann: während einer Wehe müssen zwei Personen rechts und links starken Druck auf die Beckenknochen der Gebärenden gegeneinander ausüben. Im selben Moment rutscht dann das Kind tiefer ins Becken. Da die Verbindungen der Beckenknochen in der Schwangerschaft sehr locker werden, ist das eine wirklich beeindruckende Lösung unter der Geburt, wenn das Kind längere Zeit nicht tiefer tritt.

DAS RICHTIGE STILLEN

Still Informationen gibt es viele – und so möchte ich ganz speziell meine Art zu Stillen vorstellen. Das Wichtigste beim Stillen ist die Einstellung dazu. Etwas Besseres und von den Inhaltsstoffen her genauer auf ihr Baby Zusammengesetztes, können sie nirgends kaufen. Die Brust ist angewachsen, kann daher nicht verloren gehen, ist immer einsatzbereit, hat immer die richtige Temperatur und muss nicht ausgekocht oder desinfiziert werden!!! Beim ersten Anlegen sollte immer der ganze Warzenhof mit der Warze in den Mund geschoben werden. Wenn sie nämlich dem Kind nur die Warze zum Saugen geben, haben sie nach zehn Minuten eine rote und brennende Brustwarze. Das Kind muss mit der Zunge die Warze an seinem Gaumen von hinten nach vorne durch die Saugbewegung melken können. Dies kann es aber nur, wenn es genug vom Warzenhof im Mund hat. Hinter der Brustwarze sitzen nämlich die Milchbläschen, die sih durch das Saugen entleeren. Nur so kann die Brust gut entleert werden. Bieten sie ihrem Kind immer beide Seiten hintereinander an. Sollte ihr Baby nach einer Seite vollkommen erschöpft sein und so tun, als ob es im Tiefschlaf wäre, gehen sie es bitte wickeln. Sofort sind sie dann wieder hellwach und beginnen, nach ihren Händen zu suchen. Genau das würden sie auch tun, wenn sie jetzt ihr Kind ganz sanft ins Bettchen legen, es gut zudecken und im Schleichschritt das Zimmer verlassen wollen. Spätestens, wenn sie die Türklinke ausgelassen haben, beginnt das Theater, wie beschrieben.

In den ersten zwei Tagen brauchen die Kinder nur je 10 ml von jeder Seite. Die Brust kann aber nur das produzieren, was abgetrunken worden ist. Schon am zweiten Tag sind sie mit dieser Menge nicht mehr zufrieden und deshalb bitte immer wieder anlegen. Nicht länger als fünf Minuten pro Seite. Mit der Zeit werden sie sich aufeinander eingespielt haben und wenn sie ihr Kind während des Stillens nicht einschlafen lassen, wird es auch satt sein.

Noch ein Tipp am Rande. Ich habe meine Kinder in der Nacht, wenn es nicht unbedingt notwendig war NICHT gewickelt. Auch kein helles Licht beim Stillen gemacht, sondern eine Salzkristalllampe eingeschaltet, die Licht genug gibt, um zu Stillen. So lernen die Babys ganz schnell Tag und Nacht zu unterscheiden. In der Nacht wird nur gestillt und nach dem Aufstoßen gleich weiter geschlafen. Bei Tag kann man dann dazwischen wickeln, mit dem Kind reden und lachen und auch einmal eine Babymassage einbauen.

Abends habe ich meine Kinder immer gebadet und sie haben nach sechs Wochen alle durchgeschlafen!

BECKENRINGLOCKERUNG (SYMPHYSIOLYSE = STARKE SCHMERZEN IM SCHAMBEINBEREICH, WÄHREND DER SS)

Der hormonelle Einfluss in der Schwangerschaft verändert Vieles im Körper. Das betrifft nicht nur die Geschlechtsorgane. So lockert sich zum Beispiel das Bindegewebe und viele Frauen haben deshalb im Verlauf der Schwangerschaft vermehrt Probleme mit den Venen. Auch die normalerweise sehr straffe Bandkonstruktion des Beckens gibt nach – eine an sich sinnvolle Veränderung, denn das Ungeborene braucht zunehmend Platz, und der natürliche Geburtsweg auch.

Manchmal bereiten die Veränderungen jedoch Probleme. Eine schwangerschaftsbedingte Beckenringlockerung (Symphysiolyse) ist ganz normal. Die Lockerung betrifft unter anderem die Fuge vorne am Schambein (Symphyse), die Verbindung zwischen den beiden Hüftbeinen und die Kreuzbeindarmbeingelenke hinten im Kreuz.

Die Beschwerden äußern sich als zunehmende, ziehende Schmerzen vorne im Schambereich, mitunter auch in der Leistengegend und innen am Oberschenkel. Vor und manchmal auch nach der Entbindung können Bewegungen wie Gehen, Treppensteigen und vor allem das Umdrehen auf die andere Seite im Liegen mehr oder weniger starke Beschwerden bereiten.

Sehr oft bekommen die Schwangeren auf die Frage, was das sei und ob es Mittel dagegen gäbe die Antwort: „Das ist ganz normal in der Schwangerschaft und vergeht wieder von selbst!"

Meine Erfahrung hat gezeigt, dass man, wie so oft bei Beschwerden, die Ursache und nicht die Symptome bekämpfen muss.

Die Ursache einer Beckenringlockerung ist eine Überdehnung der Bänder und Sehnen an der Schambeinfuge (Symphyse). Das zunehmende Gewicht des Föten lässt bei 10 % der Schwangeren die Schmerzen immer heftiger werden.

Sehr rasche Linderung konnte innerhalb von 2-3 Tagen mit Schüßlersalzen und Vitamin D erreicht werden:

Schüßlersalz Nr. 1 Calcium fluoratum D12: Es gilt als Hart- und Weichmacher in der Biochemie. Dies bedeutet, dass es die Sehnen, Bändern und auch alle Gelenke elastisch macht und auch gleichzeitig stabilisiert.

Schüßlersalz Nr. 2 Calcium phosphoricum D6: Es ist wichtig für die Bildung der Knochen, Bänder, Sehnen und auch der roten Blutkörperchen. Gleichzeitig verringert es die Schmerzen direkt in den Geweben, Bänder, Sehnen, Knochen und auch Gelenken.

Nr. 11 Silicea D12: es hat eine direkte Bindung zur Haut, den Haaren, den Nägeln und auch zum Bindegewebe. Es hat eine stabilisierende Wirkung direkt auf die Knochen, Bänder, Sehnen und Gelenke. Des Weiteren beugt es Schwangerschaftsstreifen vor.

Oleovit D3 (Rachitisprophylaxe) Behandlungsdosierung: Akute Phase: 3x6 Tbl. je Schüßlersalz Nr.1, Nr.2 und Nr.11 = insgesamt 54 Tbl. am besten in stillem Wasser auflösen und über den Tag verteilt Schluckweise trinken.

Bei Nachlassen der Beschwerden auf je 3x4 Tbl. je Schüßlersalz = 36 Tbl. Oleovit D3: 20 Tropfen am ersten Tag als Stoßtherapie, am 2.Tag 15 Tr., 3.Tag 10Tr. und anschließend täglich 5 Tr. bis zur Beschwerdefreiheit!

Schmerzlinderung: Seitenlage mit Polster zwischen den Beinen, keinen Schneidersitz und kein langes Stehen. Schonung!

Zusätzlich kann ein Symphysengürtel über die Krankenkasse verschrieben werden. Dieser spezielle Gürtel nähert die

Darmbeine einander an, dadurch wird das Becken stabilisiert und eine Schmerzlinderung erfolgt.

ÜBERTRAGUNGSZEICHEN BEIM NEUGEBORENEN

Ab der vollendeten 40. SSW spricht man von einer Übertragung. Die typischen Zeichen dafür sind beim Baby die Waschfrauenhände, wie wenn man zu lange in der Wanne gesessen ist. Die Fingernägel ragen weit über das Nagelbett hinaus. Die Käseschmiere ist zur Gänze weg und die Lanugo Behaarung sehr lange. Die Haut ist meistens sehr trocken und schuppt. Diese Kinder sollten nach der Geburt mit einem wertvollen Naturprodukt eingecremt werden.

ULULATION

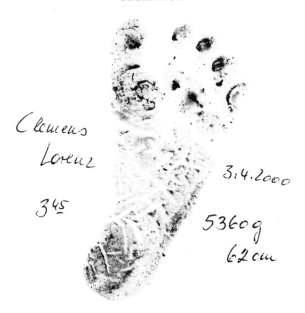

Unter Ululation versteht man einen langen, hohen Ton mit schnell schwankender Tonhöhe, eine besondere Art des Heulens. Wer ululiert, bewegt schnell Zunge und Gaumenzäpfchen und singt gleichzeitig einen hohen Ton. Bereits im antiken Griechenland war Ululation als Ausruf der Freude bekannt.

VORZEITIGER BLASENSPRUNG

Man spricht von einem vorzeitigen Blasensprung, wenn die Fruchtblase (FB) springt, bevor die Wehen eingesetzt haben. Auch ist der Zeitpunkt des Blasensprunges zu berücksichtigen. Platzt die FB am Termin, das heißt, 14 Tage vor dem EGT und 14 Tage nach dem EGT befindet sich die Frau am Termin und das Kind ist reif genug, um geboren zu werden.

Bei einem frühen, vorzeitigen Blasensprung also vor der 37. SSW muss die Schwangere eine Klinik aufsuchen, um einer Infektion vorzubeugen.

Nach einem vorzeitigen Blasensprung können Keime einfacher in die Gebärmutter vordringen und zu einer Entzündung der Eihäute oder einer Infektion des Kindes führen.

Liegt bei einem Blasensprung die Nabelschnur vor dem Muttermund, kann es zu einem Nabelschnur Vorfall kommen. Das bedeutet, dass die Nabelschnur eingeklemmt wird. Der Druck auf die Nabelschnur wird durch die sinkende Fruchtwassermenge zusätzlich erhöht, sie wird nicht mehr richtig durchblutet und kann das Kind nicht mehr wie vorher versorgen. Kommt es hier zu einem Versorgungsproblem, muss das Kind so rasch wie möglich entbunden werden.

VORZEITIGE WEHENTÄTIGKEIT IN DER FRÜHSCHWANGERSCHAFT

Immer wieder wurde ich mit hilfesuchenden Frauen konfrontiert, die vorzeitige Wehen während der Frühschwangerschaft hatten.

Setzte man sich dann an einen Tisch und fragte nach, welche Ursachen denn das Auslösen dieser Wehentätigkeit haben könnte, kamen immer wieder die selben Gründe zum Vorschein.

PHYSISCHER UND PSYCHISCHER STRESS!

Neben dem Arzneimittel ist eine **veränderte Lebensweise** das allerwichtigste! Die werdende Mutter muss erkennen, wo ihre Hauptbelastung liegt und, wie sie vermieden werden kann.

Eine Supermarkt Angestellte, die Regale einräumen muss, eine Friseurin, die den ganzen Tag steht, eine Schwangere, die ständig unter „Strom" steht, sind genau diese Frauen.

Probleme mit dem Chef, den Kolleginnen, dem Partner, den Eltern usw. sind wichtige Ansatzstellen.

Vorzeitige Wehen sollten als **"Warnsignal des Kindes"** verstanden werden. "Es ist mir einfach alles zu viel, ich brauche mehr Ausgleich und Ruhe!"

DIE WIRKUNG VON BRYOPHYLLUM

Bryophyllum (deutscher Name: Brutblatt) kommt ursprünglich aus Madagaskar und ist heute fast überall in tropischen Gefilden zu finden. Seinen Namen "Brutblatt" verdankt die Pflanze Bryophyllum ihrer Vermehrungsfreudigkeit: So ragen aus allen Einkerbungen an ihrem Blattrand kleine Brutblattprösslinge heraus, die sich weiter vermehren, sobald das Blatt den Boden berührt. Eine einzige Pflanze kann so im Laufe ihres Lebens hunderte Nachkommen hervorbringen.

Bryophyllum schafft eine **innere und äußere Gelassenheit** zwischen Anspannung und Ruhe! Das pflanzliche Mittel Bryophyllum findet aber auch in der Behandlung von unerfülltem Kinderwunsch Verwendung, da Bryophyllum eine ähnliche Wirkung wie das Hormon Progesteron haben soll.

Anwendung von Bryophyllum:
Seine beruhigende und entspannende Wirkung hat in der anthroposophischen Frauenheilkunde durch viele positive Erfahrungen einen ganz wichtigen Platz eingenommen.

War es früher üblich, den Schwangeren bei vorzeitigen Wehen eine wehenhemmende Infusion anzuhängen, die Nebenwirkungen wie starkes Herzklopfen, Kopfschmerzen und Blutdruckabfälle hatte, wird bei Bryophyllum eine absolut zuverlässige harmonische Wirkung erzielt.

Bei der Behandlung kommt es auf die **Intensität der Beschwerden** an. Von der Firma Weleda steht das Präparat **Bryophyllum 50% Pulver** (jetzt auch 50%-ige Tabletten) zur Verfügung. Nach wenigen Gaben dieses Pulvers war eine gute Verträglichkeit und eine zuverlässige Wirkung feststellbar.

Ich verordnete anfangs: alle drei Stunden eine Messerspitze voll auf der Zunge zergehen zu lassen.

Aber wie gesagt – es muss individuell entschieden werden und vor allem muss die Ursache der vorzeitigen Wehentätigkeit erkannt werden.

WASSERGEBURTEN

DIE VERSCHIEDENSTEN ARGUMENTE GEGEN WASSERGEBURTEN WURDEN IN DIE WELT GESETZT WIE:

1. Neugeborene ertrinken bei der Wassergeburt! Dem widersprach Eldering, der damals zahlreiche Wassergeburten begleitet hatte indem er erklärte, dass Kinder mit intaktem Diving-Reflex (Luftanhaltereflex beim Untertauchen des Kopfes) nicht aspirieren.
Das kann ich nach hunderten von Wassergeburten und aktiven Babyschwimmkursen mit Neugeborenen nur bestätigen. Die Babys strecken sofort die Zungenspitze heraus und holen erst dann Luft, wenn sie wieder aufgetaucht sind. Kinder, die von Anfang an trainiert werden, können dann ohne weiteres in ein Schwimmbecken fallen, ohne dabei zu ertrinken. Erst mit ca. drei Monaten verlieren Babys diesen angeborenen Diving Reflex, wenn nicht weiter mit ihnen getaucht und trainiert wird. Ich habe mehrere Videos

von nur wenige Tage alten Kindern und Kleinkindern gemacht, die dies bestätigen können.
2. Der Blutverlust im Wasser bei der Plazentalösung ist nicht kontrollierbar!
Dieses Argument war für mich nicht nur wegen des nicht kontrollierbaren Blutverlustes wichtig, sondern die Vorstellung, dass dann die Frau mit ihrem Kind in dem blutigen Wasser sitzt, gefiel mir überhaupt nicht.
Meine Lösung dafür war: sobald die Nabelschnur auspulsiert war, wurde abgenabelt und der Partner hat das Neugeborene übernommen. Die frisch entbundene Frau habe ich dann von der Wanne zum Bidet begleitet, warm zugedeckt und darauf gesetzt. Das Neugeborene wurde dann gleich dort das erste Mal angelegt. Durch das Saugen an der Brust, kontrahierte die Gebärmutter. Dadurch löste sich die Plazenta und rutschte von selber, ohne an der Nabelschnur ziehen zu müssen oder am Bauch herumzudrücken ins Bidet. Der Stöpsel war zu und so konnte auch ganz leicht die Blutmenge kontrolliert werden.
Nach Abgang der Plazenta wurde die Frau trockengelegt und spazierte mit ihrem Kind in den Armen zu ihrem Zimmer. Nicht selten war es sogar so, dass unmittelbar nach der Geburt gemeinsam am Tisch gegessen wurde, da viele einen riesigen Hunger hatten.
3. Eine kontinuierliche Herztonüberwachung ist nicht möglich!
Absoluter Unsinn, da mit jedem tragbaren Fetal Doppler, der für das Wasser geeignet ist, jederzeit die Herztöne gehört werden können.
4. Ärztliche Hilfe bei regelwidrigen Geburten ist unmöglich!
In der Praxis hatten die Frauen, bei denen Komplikationen während der Geburt auftraten, meist genügend Zeit, um sicher und rechtzeitig aus der Wanne zu steigen. Regelwidrige Geburtsverläufe entstehen zum Bei-

spiel bei Fehlhaltungen des kindlichen Kopfes, verzögerten Geburtsverläufen oder Geburtsstillstand in der Austreibungsphase. Komplikationen kommen nicht von jetzt auf gleich, sondern Risiken dieser Art kündigen sich mit ihren Symptomen rechtzeitig an, so dass selbst eine Transferierung in ein Krankenhaus noch überwunden werden kann.
5. Ein Dammschnitt ist im Wasser nicht möglich! Die nächste Unwahrheit. Sehr wohl habe ich – nur wenn es unbedingt nötig war – bei Erstgebärenden einen kleinen medialen (in der Mitte und nicht seitlich) Dammschnitt gesetzt. Die Blutung ist sehr gering, da das Köpfchen gleich unmittelbar darauf dagegen drückt. Nach der Geburt des Kindes war kaum eine nennenswerte Blutung im Wasser zu sehen. Die erhöhte Elastizität des Dammgewebes bei Wassergeburten wird durch den Vergleich von Geburten an Land mit denen im Wasser belegt. Bei den meisten Wassergeburts-Frauen stellte ich fest, dass der Damm unverletzt blieb.

GEBURTEN, DIE NICHT IM WASSER STATTFINDEN SOLLTEN:

Frühgeburten sollten spätestens ab der Geburt des Kopfes an Land stattfinden. Der besonders hohe Sauerstoffbedarf eines zu früh geborenen Kindes, das auch kein ausgereiftes Atmungssystem mitbringt, sollte nicht im Wasser befriedigt werden müssen.

Die Mutter könnte daher solange, wie möglich die Vorteile des warmen Wassers in der Eröffnungsperiode nutzen. Wenn der kindliche Kopf erscheint, muss das Baby die Gelegenheit bekommen, sofort selbstständig zu atmen. Wenn es dies nicht schafft, kann sofort unterstützend geholfen werden. Durch diesen Kompromiss werden die Vorteile des Wassers genutzt und dem Bedürfnis des Kindes nach Luftsauerstoff gleichzeitig Rechnung getragen.

Frauen die plötzlich ein unheimliches Gefühl während der Geburt im Wasser bekommen und ihre Angst aussprechen, sollten auf gar keinen Fall dazu überredet werden, im Wasser zu entbinden. Die Entscheidung dem Gefühl der Mutter zu überlassen, hat sich in den meisten Fällen als richtig erwiesen. Ängste übertragen sich nachweislich sofort auf das Kind.

Ein sehr wichtiger Aspekt ist auch dieser: bei einer Wassergeburt sollten nur Menschen anwesend sein, die vor dem Wasser keine Angst haben!

VORTEILE DER WASSERGEBURT, DIE ICH UND MEINE MÜTTER BESTÄTIGEN KÖNNEN:

1. Die absolute Schmerzlinderung war für die Frauen im Vergleich zur Landgeburt der am deutlichsten spürbare Vorzug.

2. Der Medikamentenverbrauch ist stark vermindert bis dahin, dass Medikamente überhaupt nicht erforderlich sind.

3. Durch das warme Wasser entspannen sich die Frauen viel mehr während der Wehentätigkeit, die Wehen sind kürzer, effektiv genug und reichen für einen zügigen Geburtsfortschritt.

4. Frauen sind nach einer Wassergeburt sehr kräftig. Sie stehen problemlos auf und gehen selbstständig mit ihrem Neugeborenen aufs Zimmer. Der Kreislauf ist viel stabiler.

5. Springt die Fruchtblase im Wasser, ist das für das Kind ein regelrechtes Glück, da durch den Gegendruck des Wassers keine Geburtsgeschwulst entsteht.

6. Das Kind erlebt einen sanfteren Übergang vom Fruchtwasser ins Wasser. Der Übergang vom passiven, vollkommenen „Versorgtsein" in die aktive und selbstständige Sauerstoffaufnahme passiert fließend.

7. Da die Kinder keinem Kältereiz ausgesetzt sind, bietet die Wassergeburt dem Neugeborenen einen langsamen, stufenweisen Übergang. Solange es durch die Nabelschnur mit der Plazenta verbunden ist, kann es deren Sauerstoffvorräte ausschöpfen und seine Atmung entsprechend seinen Bedürfnissen einpendeln lassen. Kein Wasserkind schreit nach der Geburt, wenn es im Wasser gelassen wird.

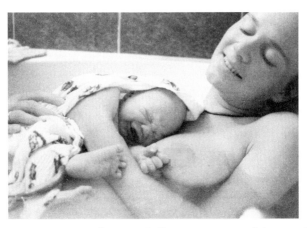

Die meisten liegen mit ihrer Wange angelehnt an der Brust und entspannen sich.

8. Alle Mütter bestätigten, dass diese Kinder – auch Tage nach der Geburt – viel gelassener und ruhiger waren. Bei den Vorsorgeuntersuchungen im ersten Lebensjahr, staunten die Kinderärzte meistens über die große Aufmerksamkeit und schnelle Auffassungsgabe dieser Kinder.

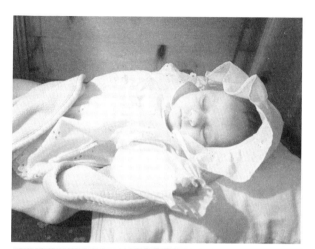

TCM AKUPUNKTUR LEITFADEN

MILZTYP

Beschwerden	Akupunkturpunkte beim
Übelkeit Erbrochenes: wässrig, viel unverdautes Essen nach den Mahlzeiten mit Appetitverlust, Epigastrisches Spannungsgefühl	Ma36 stärkt Ma und Mi Mi4 reguliert agressiven Qi-Fluß Ren10 Spannungsgefühl epigastral Ren12 stärkt Ma-Qi Ren13 reguliert Ma-Qi Pe6 löst thorokales Völlegefühl
Ödeme	Bl20 stärkt Mi- Yang Ma36 stärkt Mi-Yang Bl22 entfernt Feuchtigkeit Mi9 stärkt Milz
Geburtsvorbereitung 14Tage vor EGT	Di4 macht Meridiane frei „gr.Ausleiter" Mi6 stärkt Milz, reguliert Le u.Ni Ma36 Tonisierungspunkt Du20 (Baihui) Beruhigungspunkt
Plazenta Lösungsstörung	Ni16 re und li vom Nabel, reguliert den Uterus
Laktationsstörungen und Mastitis	Bl20 stärkt Mi- Yang Ma36 stärkt Mi-Yang Ren17 reguliert Qi Ma18 fördert Milchproduktion Dü1 steigert Milch

Therapieziele	Diätetik
Milz und Magen stärken, gegenläufiges Magen-Qi absenken und Erbrechen beenden. Völle-, Druck- und Spannungsgefühl epigastral und abdominal auflösen.	15 g frischen Ingwer zerhacken, Saft mit warmen Wasser und braunem Zucker herstellen, vor den Mahlzeiten langsam und in kleinen Schlucken trinken; rundkörnigen Reis kurz anbraten, mit Wasser aufgießen, dies als Tee mehrmals am Tag trinken. Spezielle Kräutermischung lt. TCM Apotheke
Milz-Yang stärken und erwärmen, Diurese fördern	Birkenblätter- und Zinnkrauttee trinken. Dadurch wird die Nierenausscheidung angeregt - 3 Tassen
Stärken und harmonisieren Mi, nährt Blut, reguliert Niere und beruhigt den Geist-Shen. Bei reifen Befund, Wehenauslösend	
lösen der Plazenta	
Qi und Blut stärken, Milchbildung und -fluß fördern	Milchbildungstee Homöopathie: Phytolacca D30

LEBERTYP

Beschwerden	Akupunkturpunkte beim
Übelkeit Erbrochenes: bitter, sauer, galliges Erbrechen, starker Durst, Kopfschmerzen	Le3 Ma36 Ren12 stärkt Magen Qi Ren17 Spannungsgefühl Thorax Pe6 löst thorokales Völlegefühl Gb34 bei galligen Erbrechen Du20 bei Kopfschmerz
Ödeme (beim Lebertyp eher unwahrscheinlich)	
Geburtsvorbereitung 14Tage vor EGT	Di4 macht Meridiane frei „gr. Ausleiter" Le3 entspannt u. reguliert die Le, Mi6 stärkt Mi, reguliert Le und Ni, Du20 (Baihui) Beruhigungspunkt
Plazenta Lösungsstörung	Ni16 re und li vom Nabel, reguliert den Uterus
Laktationsstörungen und Mastitis	Pe6 und Le3 besänftigen Le-Qi Mastitis, Ma18 fördert Milchproduktion, Dü1 steigert Milchmenge, Gb34 löst Druck- und Spannungsgefühl

Therapieziele	Diätetik
Leber besänftigen, Magen harmonisieren, gegenläufiges Magen Qi absenken und Erbrechen beenden Spezielle Kräutermischung lt. TCM Apotheke	Inhalt einer Wassermelone pürieren und als Saft über den Tag trinken. Bei Lust auf pikantes Essen, dem unbedingt nachgeben! Manchmal Heißhunger auf Gulasch :-)
Stärken und harmonisieren Mi, nährt Blut, reguliert Niere, entspannt Leber (rigiden MM) beruhigt den Geist-Shen Bei reifem Befund, Wehenauslösend	
Lösen der Plazenta	
Milchmenge steigern, Spannungen und Entzündungen (Mastitis) beseitigen, Milchstau beheben	

DANKSAGUNG

Danke an alle Mütter und Väter, die mir das Vertrauen geschenkt haben.

Ein großes Danke an meine drei Schwiegertöchter, die so selbstverständlich ihre Schwiegermutter als Hebamme bei ihrer Geburt dabei haben wollten.

Danke allen Babys die den Satz „Willkommen auf der Erde" gehört haben in dem Augenblick, in dem sie mit meinen Händen geboren wurden und unvergessliche Glücksgefühle bei mir auslösten.

Danke auch für die wunderbaren Momente, in denen mir Kinder deutlich gezeigt haben, dass ich ihre Verspannungen und Schmerzen bei einer Cranio Sacralen Therapie lösen konnte.

Danke für alle schwierigen Situationen rund um die Geburt, die mir mehr Wissen und Erfahrungen gebracht haben.

In tiefer Dankbarkeit an unseren Herrgott, dass ich keine Frau und kein Kind bei den Geburten verloren habe und immer sein Segen über meiner Tätigkeit war.

Ein liebevolles Dankeschön an meinen Raimund, der immer an mich geglaubt hat und erst durch ihn meine Hebammenarbeit und unser wunderschönes Entbindungsheim möglich wurde.

Danke an unseren ehemaligen Landeshauptmann Jörg Haider, der es mir ermöglicht hat, meine Ausbildung zu machen.

Ein herzliches Danke an meine Kinder, die mich in den Jahren meiner Ausbildung und während ich im Ausland war, entbehren mussten.

Ein dickes Dankeschön an unseren gemeinsamen Freund Franz, der mir tatkräftig bei der Vollendung meines Buchmanuskripts zur Seite stand.

Last but not least ein liebes Dankeschön an meinen Hans, der versuchte, den Text auch für Nicht-Kärntner lesbar zu machen.

LITERATUR

Balaskas Janet:
Aktive Geburt, Ein praktischer Ratgeber für junge Eltern,
Kösel Verlag, Kempten 1989

Busters-Hoffmann Bärbel Dr.:
Beckenendlage Mutter und Kind sind perfekt für diese Geburt eingerichtet. Artikel von einem Gastvortrag beim Hebammen Kongreß 5. April 2017

Enning Cornelia:
Erlebnis Wassergeburt, Ratgeber für Eltern und Geburtshelfer,
Vgs Verlagsgesellschaft Köln 1995

Jaskulski Wolf:
Kämpfer für das verlorene Glück.
Für die gewaltfreie Geburt in Geborgenheit,
Edition Tau, Bad Sauerbrunn 1992

Jorda Beate, Ilona Schwägerl:
Geburt in Geborgenheit und Würde,
Aus dem Erfahrungsschatz einer Hebamme
Heinrich Hugendubel Verlag, Kreuzlingen/München 1999

Pichler Erika Christine und Peter Rupitsch:
Noreia Blütenessenzen,
Stärken und Behüten mit den Gaben der Natur
Eigenverlag 2004

Stadelmann Ingeborg:
Die Hebammen Sprechstunde, Einfühlsame und naturheilkundliche Begleitung zu Schwangerschaft, Geburt, Wochenbett und

Stillzeit mit Heilkräutern, homöopathischen Arzneien und
ätherischen Ölen.
Eigenverlag 1994

Sutton Jean-Scott Pauline:
Die Optimierung der Kindslage
Edition Hebamme, Hippokrates Verlag Stuttgart 2001